Lb 34. 806.

L. 1156.
S.A.

Thomas tu
~~~ d'Embry

L'ISLE DES HERMA-PHRODITES NOVVELLE-ment descouuerte.

Auec les mœurs, loix, coustume & ordon-
nances des habitans d'icelle.

E monde est vn bouffon, l'homme
vne comedie,
L'vn porte la marotte, & l'autre
est la follie.

Ce sont des vers, Amy,
que les anciens nous ont souuent repe-
tez en leurs escrits, & que nous mesmes auons tenus pour veritables quand
nous auons consideré de pres les actiõs
humaines, mais sans faire le philosophe, disons que la loy de Dieu excep-
tée, tout est digne de risée. Que si quelque pauure Cybarite trouue ces termes
vn peu trop rudes pour ses delicates o-
reilles, & qu'il y vueille apporter quelque paraphrase Epicuriéne, qu'il lise ce

discours, & parauêture auant qu'il soit au milieu, il trouuera qu'il n'est luymesme autre chose qu'vn charlatan.

Le nouueau monde nous a produit en ce nouueau siecle tant de choses nouuelles, que la pluspart du monde ancien, mesprisant son antiquité, a mieux aymé chercher, au peril de mille vies, quelque nouuelle fortune, que se contenter de l'ancienne & viure en repos & tranquillité. Et ainsi desirant les hautes auantures ils rencontrent le plus ordinairemêt celles qui terminét tous leurs desirs sans auoir iouy du contentement qu'ils recherchoient : mais outre leur naturelle inclination les continüels remuements aduenus en l'Europe depuis tant d'annees, en ont encore persuadé plusieurs à quitter pour vn temps leurs anciennes demeures, de peur de seruir de personnages ou de spectateurs des sanglâtes tragedies qui se sont ioüees sur ce grand theatre. Or entre ceux-cy vn de nos Frãçois qui n'auoit pas moins de valeur que de prudence, mais à qui vne bonté naturelle auoit osté la puissance & la volonté de tremper ses mains dans le sang des siens, fit electiõ de courir pluſtoſt tout autre danger que de forcer en cela ſa nature, de ſorte que ſe baniſſant ſoymeſme & viuant errant par le monde, il veit en la longueur de pluſieurs années, tout ce qu'vn œil curieux ſçauroit deſirer. Mais en fin la renommée de la paix (que la France, s'eſt acquiſe par la valeur & bonne conduite de l'inuicible & tres-auguſte Monarque qui luy commande) s'eſtant reſpandue par tout le monde & iuſques au lieu où il eſtoit pour lors, il eut vne nouuelle enuie de voir encore vne fois ſa chere patrie & rendre de l'honneur & de l'obeïſſance à celuy qui luy auoit acquis & moyéné vn ſi grand bien. A ſon arriuee chacun de ſes amis & familiers le fut viſiter autant comme ie penſe pour apprendre des nouuelles comme pour ſe conioüir auec luy de ſon heureux retour, & me trouuât lors auec quelques vns de ceux que ie viens de dire, lors qu'ils firent la reſolution de le voir ie fus ayſément perſuadé à ce voyage, n'ayant pas moins de curioſité que les autres : & mettant ma deliberation en execution nous le fuſmes trouuer en vne ſienne maiſon, eſloignée de fort

A ii

peu du lieu où nous estions ou apres les bien-venues & bons acueils accoustumez, & que nous eusmes donné quelq̃ tréue aux paroles de courtoisie autant amies de la superfluité, comme elles sont le plus souuent ennemies de la verité, chacun l'enqueste de succés de ses voyages & des raretez, loix & façons de viure qu'il auoit veuës & remarquées parmy vne si grande diuersité de nations, à quoy il satisfit chacun en peu de paroles, aussi qu'il eust-il fallu plusieurs iournées pour en discourir au long comme il eut peu faire, ioinct que ce n'estoit que nous confirmer ce que nous en auions desia appris par les liures. Mais dit-il, laissant toutes ces nations dont les nouuelles semblent desia triuiales, Ie vous veux faire vn discours d'vn peuple dont peut estre vous n'auez encore iamais ouy parler: chacun le remercia de sa bonne volonté auec prieres tres-affectionnees de l'effectuer, & lors il commença ainsi.

La longueur de ma peregrination commençoit desia à m'estre ennuieuse, & l'ardante curiosité de mon esprit à se refroidir apres auoir visité & recherché tout ce qui est de rare & de prix aux terres nouuelles descouuertes, & deliberois d'arrester ma course, & m'habituer en quelque ville de ce pays là, quand la nouuelle de la paix entre les Roys de France & d'Espagne estant paruenüe iusques à nous, vn mien amy auec lequel i'auois faict la pluspart de mes voyages & qui auoit vne extreme enuie de se receuoir encore vnefois auec les siens, me persuada fort facillement le retour, si bien qu'ayans trouué vn nauire marchât qui estoit prest de faire voile, & qui tirnit deuers Lisbonne, nous resolumes incontinant de prendre ceste occasion & de nous y embarquer: mais à peine auions nous vogué vne demie iournée d'vn vent assez fauorable: la tempeste, & l'orage se leuant agiterent nostre vaisseau auec telle furie & impetuosité, qu'apres auoir esté çà & là deux iours & deux nuicts presque enseuelis dans les Ondes, tât la mer estoit enflée & irritée qu'en fin nostre mast rompu, les costez du nauire ouuerts, la sentine pleine d'eau, & le pilotte maistrisé du vent, nostre nauire alla finallement herter contre le port d'vne Isle que nous auions

A iij

descouuert de loin d'vne telle violence qu'en vn moment, il fut froissé en plus de mille pieces, & ceux qui estoiét dedans abandonnez à la mercy des ondes desquels les vns furent engloutis, les autres se sauuerent à nage, mais le Pilotte auec lequel mó. compagnon & moy auions vne familiere accointáce, ayát preueu de loing ce dáger nous auoit faict auec luy sauuer dás l'esquif: de sorte que finalement nous prismes terre si harassez & si foibles du trauail que nous auions eu, qu'à peine pouuiós nous cheminer, & si troublez, que nous n'auions sceu cósiderer du premier abord la nature de la terre où nǭ estions abordez. Mais apres que nous eusmes vn peu repris nos esprits, & que les genoux flechis en terre & les yeux leuez vers le ciel, nostre ame eut chãté nouueaux Cantiques & actiõs de graces au conseruateur de toutes creatures, nous veismes que la terre sur laquelle nous marchions estoit toute flotante, & qu'elle erroit vagabonde sur ce grand Occean sans aucune stabilité, Lors saisis de nouuelle fraiyeur nous ne sçauions quelle resolution prendre, trouuant le faict tant estrange, qu'à peine pouuions nous adiouster foy à nostre veuë: Toutesfois ne nous pouuant pis arriuer que l'estat auquel nous estions, nous deliberasmes de tenter le hazard & de visiter ce nouueau vaisseau terrestre, que nous veismes par tout si fertile & florissant que nous croyons la fable des champs Elisées estre vne pure verité, & que par ie ne sçay quel mouuement celeste ils auoient esté trasportez en ces terres si longuement incogneuës. Nostre Pilote qui mouroit de faim, & qui plus accoustumé que nous à la queste, sçauoit comme il falloit prendre sans demander, s'en alla au pourchas des viures, & tandis nous nous vismes à contempler vn edifice assez proche de nous, la beauté duquel rauit tellement nos esprits, que nous auions plustost opinion que ce fust vne illusion qu'vne chose veritable. Le marbre, le Iaspe, le Borphire, l'or, & la diuersité des émaux, estoit ce qu'il y auoit de moindre: car l'architecture, la sculpture, & l'ordre que l'on y voyoit compassé en toutes ses parties, attiroit tellement l'esprit en admiration, que l'œil qui peut voir tant de choses en vn instant n'estoit

A iii

pas assez suffisant pour comprendre tout le contenu de ce beau palais. Et comme la beauté est vne chose qui attire ordinairement à soy ce qui en est (ce semble) le plus esloigné, oubliant nos lassitudes & les trauaux que nous auions si longuement soufferts, nous fusmes tentez ou plustost forcez par la curiosité, de voir plus particulierement ce rare chef-d'œuure de la nature: Toutesfois nous attendismes le Pilote, qui n'arresta pas lõg-temps à retourner chargé de viures, desquels nous rassasiasmes la faim, qui à la verité nous pressoit, ayant esté si long-temps sans mãger: mais apres auoir fortifié nos corps & que le courage nous fut vn peu reuenu, nous dismes nostre intentiõ à nostre pouruoyeur, à la charge que si nous nous separions par hazard les vns des autres, nous ferions au moins en sorte de nous retrouuer tous le lendemain au mesme lieu. Le Pilote qui auoit dés-ja remarqué quelques singularitez dans l'isle, & mesmes auoit appris qu'on l'appelloit l'isle des *Hermaphrodites*, dit qu'il estoit content, & que tandis que nous irions d'vn costé il s'en iroit de l'autre, & qu'au retour chacun rapporteroit à son cõpagnon ce qu'il auroit appris. Ainsi nous nous separames, le Pilote vers les lieux habités de l'Isle, & nous deux vers ce riche palais où nous arriuasmes en peu de temps, & trouuasmes de premier abord vn long Perystile ou rãg de colõnes Caryatides, lesquelles auoient pour chapiteau la teste d'vne fẽme: de là nous entrasmes dans vne grãde court de laquelle le pauement estoit si luisãt & si glissãt qu'à peine s'y pouuoit on tenir. Toutesfois l'enuie de passer pl⁹ outre, nous feit aller tous chancelãs au grand escalier, au deuant duquel estoit vn perron entouré de douze colomnes, accompagné d'vn portail si superbement enrichy qu'il estoit impossible de le considerer sans s'esblouyr, au dessus de l'architraue duquel, se voyoit vne statuë d'elbastre, sortant le corps à demy hors d'vne mer, qui estoit assez bien representée par diuerses sortes de marbres & de porphires. Ceste statuë estoit autant bien proportionée qu'il se pouuoit, laquelle tenoit en l'vne de ses mains vn rouleau où estoit escrit ce mot *Plantandrion*. A peine osiõs nous partir de ce lieu tant nous estiõs pleins de merueille d'y

A v

voir vne si grande solitude, que nous n'auions encore rencontré personne depuis que nous estiõs entrez. Toutesfois la curiosité nous ayant dõné la hardiesse de passer outre, nous veismes lors vne merueilleusement grande multitude de gens qui alloient & venoient de tous costez : lors nous auisames de nous separer auec condition toutesfois de nous retrouuer à la sortie, ou pour le moins au rédez-vous que nous nous estions desia donnez.

Ainsi continüant mon chemin, ie monte enuiron huict degrés de l'escalier, au bout desquels ie trouué à main gauche vne porte ouuerte, dans laquelle entrent quelques hõmes, l'vn desquels portoit vn linge & vne assiette dorée, vn autre auoit vn plat couuert & d'autãt que c'estoit enuirõ sur les onze heures du matin, ie croyois que c'estoit le disner du seigneur du lieu, q̃ ie trouuois fort mécanique, veu la superbe magnificẽce du logis, & la multitude de ceux qui estoient à son seruice. Ie me meslay dõc assez hardimẽt parmy ceux cy, qui ne me refuserent point l'entree de la chambre : car à ce que i'apris de puis, elle estoit toute libre quand il y estoit iour, qui n'y commençoit iamais à poindre qu'il ne fust pour le moins dix heures: Dés que i'eus mis le pied dans la chambre, ie senty la plus suaue odeur qu'il estoit possible d'imaginer, & aussi tost ie vy vn petit vase faict en forme d'encensoir à la Mosaïque, duquel sortoit la vapeur qui remplissoit tout le lieu. Ceste chambre estoit fort superbement tapissée, & les meubles y estoient fort riches & precieux: mais d'autant que ie voulois voir que deuiendroit ma compagnie, ie ne m'amusay pas si particulierement à les considerer pour l'heure. Ie vy donc qu'ils s'en alloient droict à vn lict assez larges & spatieux, lequel auec l'espace qu'il laissoit entre luy & la muraille tenoit vne bonne partie de la chambre. Aussi tost ceux cy ayãs toᵘ la teste nuë s'arresterét vers les pieds, en attãdant que l'vn d'entr'eux eust tiré le rideau: mais celuy qui estoit dans le lict commença à se plaindre qu'on l'auoit réueillé en sursault, & qu'il estoit trop matin, les siens s'excuserent du mieux qu'ils peurent, & entrebaillant vn peu les contre fenestres luy firent voir que le

A vj

Soleil estoit leué. Luy donc encore endormy se mē[t] en son seant, & aussi tost on luy mit sur les espaules vn petit manteau de satin blanc chamarré de clinquant, & doublé d'une estoffe ressemblant à la pane de soye. Ie n'auois encore veu ce que c'estoit qui estoit dans ce lict, car on ne voyoit point encore les mains ny le visage: mais celuy qui luy auoit mis le manteau vint aussi tost luy leuer vn linge qui luy pendoit fort bas sur le visage, & à luy oster vn masque qui n'estoit pas des ostoffes, ny de la forme de celuy que portent ordinairement les Dames, car il estoit comme d'vne toille luisante & fort serrée, où il sembloit qu'on eust mis quelque gresse dessus, & si il ne couuroit pas tout le visage, car il estoit eschancré en ondes deuers le bas de peur que cela n'offençast sa barbe qui commençoit à cotonner de tous costez: apres on luy osta les gands qu'il auoit aux mains, & qu'il y auoit eu toute la nuict, à ce que ie peus iuger, puis vn des siens qui sembloit plus faire l'entendu que les autres luy apporte vne seruiette moüillée par le bout, de-alquelle s'estant frotté le bout des doi8[t] fort delicatement, on luy presenta le bouillon qu'on luy auoit apporté, lequel à le voir auoit forme de quelque preſſis ou reſtaurant, qu'il prit iuſques à la derniere goutte: apres lequel on luy preſenta dans vn autre plat quelques paſtes confites, faictes en forme de rouleaux, où il y auoit quelque apparence qu'il y euſt de la viande meſlée parmy, deſquels apres auoir mâgé trois ou quatre il ſe fit oſter le reſte de deuant luy & lors on luy rapporta vne autre ſeruiette moüillée de laquelle s'eſtât encore laué & eſſuyé on luy rebailla ſes gands qu'il meit en ſes mains, puis le valet de chambre luy ayant remis ſon maſque & baiſſé ſa cornette, luy oſta le manteau: ie fus eſtonné que mon homme ſe raualą dans le lict & apres l'auoir couuert on retira le rideau, diſant qu'il s'en alloit taſcher à repoſer encore vne petite heure. Ie croyois au commencement qu'il fuſt malade, mais voyant ſa gayeté, ſon bon viſage, & comme il auoit mangé de bon appetit, ie changeay auſſi toſt d'opinion. Quant à ceux qui l'auoient ſeruy chacun ſe retira pour en aller faire, peut eſtre, autant que le m-a ſtre, ſi bien qu'il me faut ſortir quant & eux, mais ie ne demeuray gueres ſans trouuer giſte, car oyant parler aſſez pres de là, ie m'approche du lieu pour voir ſi i'y pouuois auoir entrée, qui ne me fut point refuſée, mais à peine fus-ie entré dans la chambre, que ie vy trois hommes que l'on tenoit aux cheueux auec de petites tenailles que l'on tiroit de certaines petites chauffrerettes: de ſorte que l'on voyoit leurs cheueux tous feumeux. Cela m'effroya du commencement & eu toutes les peines du monde à m'empeſcher de crier, penſant qu'on leur feiſt quelque outrage; mais quand ie les euz conſiderez de plus prés, ie recogneu qu'on ne leurs faiſoit point de mal: Car l'vn liſoit dans vn liure, l'autre gauſſoit auec vn valet, & l'autre entretenoit vn qui ſe diſoit philoſophe, vous euſſiez dit que l'on vouloit faire de leurs cheueux comme de ces roulleaux d'eſtamine tant ils eſtoient bien entortillés entre des tenailles, & quand toute ceſte ceremonie eſtoit acheuée, leur teſte reſſembloit à vn temps pommelé. De ceſte chãbre on entroit dans d'autres, leſquelles pour eſtre ouuertes on y voyoit tout ce qui c'y faisoit, aux vns on oſtoit de petites cordes auec leſquelles leurs cheueux eſtoiét entortillés, aux autres on ſecoüoit tellemét la teſte qu'on euſt pélé que c'eſtoit quelque arbre de qui on deuoit faire choir du fruict. Il y en auoit d'autres auſſi à qui vous euſſiez dit qu'on auoit baillé vn ceton, Chacun d'eux auoit pluſieurs hommes à l'étour de la chaiſe où ils eſtoiét aſſis, l'vn defaiſant ce que l'autre auoit faict, l'autre tenant en ſes mains vn grand miroir (vn autre auoit en ſes mains vne boiſte plene de poudre ſéblables à celle de Chipre auec vn groſſe houppe de ſoye laquelle il plongeoit dans ceſte boiſte, & en ſaupoudroit la teſte du patient. Quand cela eſtoit paracheué, Il en venoit vn autre ayant en la main vn petit pinceau de fer duquel il ſe ſeruoit de tirer l'abondance des poils des Sourcils, & n'y laiſſer qu'vn traict fort délié pour faire l'arcade. Quelques vns ſe ſeruoiét de certaine gommes faictes par petits rouleaux fort deliés à peu pres comme de la cire d'Eſpagne donc les Dames ſe ſeruét pour cacheter leurs lettres, leſquels ils faiſoiét fódre à vn flábeau qui estoit pour cet effect sur la table & l'appliquerent apres sur le sourcil autant qu'on en vouloit oster, puis aussi tost on arrachoit ceste gomme, auec le poil, non toutesfois si dextrement que cela ne feist beaucoup de douleur au pauure patient. Durant que toute cette ceremonie se faisoit i'en voyois vn au coing de la chambre qui par vn certain instrument, qu'ils appelloient des sublimatoires, faisoit exhaler le mercure en vne certaine vapeur, laquelle remassée & espoissie il venoit appliquer sur les jouës, sur le Front, & sur le Col de l'Hermaphrodite. I'en voyois d'autres qui vsoient de certaines eaux dont on les lauoit qui auoient telle puissance qu'elles pouuoient d'vn teint fort grossier en faire vn delicat. Il est vray que i'ay appris depuis qu'elles auoient vne autre proprieté, c'est qu'apres auoir pour vn temps clarifié le teint, elles faisoient du visage comme vne mine de rubis, rendant par ce moyen vn homme riche en vn instant. Ie pensois que ce frottement de leures seroit la derniere ceremonie, mais ie vis à l'instant vn autre se mettre à genoux deuant luy & le prenant à la barbe, luy faisoit baisser la maschoire d'enbas puis ayant moüillé le doigt dans ie ne sçay quelle eau qu'il auoit là auprés de luy dans vne petite escuelle de verre, il prit d'vne certaine poudre blãche, de laquelle il luy frotta les genciues & les dents, puis ouurant vne petite boistelette, il tira ie ne sçay quels ossements, lesquels il luy feit entrer dans la genciue les attachãt auec vn fer bien delié, des deux costez où il pouuoit auoir quelque prise. Celuy qui luy auoit coloré les ioües vint apres auec vne petite coquille, & vn pinceau en la main, duquel il se seruit pour luy changer la couleur de sa barbe qui estoit à peu prés de la couleur de feu. On apporta vne autre certaine toille assez claire, faite en forme de gãds, de laquelle il se frottoit les ioües, qu'il enfloit & boursoufloit à fin de faire mãger le poil qui luy croissoit en trop grãde abondance. Il y en auoit aussi qui s'aydoient d'vne escarlatte : mais cela ne leur seruoit pas de beaucoup. Apres que cela estoit fait, celuy qui luy auoit tortillé les cheueux venoit auec vn petit ferremẽt, qu'il mettoit dans la chaufferette, que ie disois cy-dessus, qui luy releuoit si bien le poil de dessus la bouche, que vous eussiez dit d'vne goustiere : & à la verité l'inuention n'en estoit pas mauuaise en hyuer, à ceux principallement qui veulent obseruer les reigles ne la proprieté. I'en voyois d'autres aussi à qui on sauōnoit la barbe auec de certaines boulettes, qu'on lauoit apres, auec de certaines eaus de senteurs.

Ceste belle & precieuse teste si bien attifée, ie voulois me retirer, & pensois auoir veu tout du premier coup tout ce qui estoit de plus rare en ce lieu : mais ie vy aussi tost vn des siens qui luy aportoit des chausses badées & boursoufflées ausquelles tenoient vn long bas de soye, il les auoit dessus ses bras de peur de les gaster tandis qu'on luy chaussoit d'autres chausses de toille fort deliée, puis on luy mit celles de soye, vn autre vint incontinēt apres apporter vne petite paire de souliers fort estroicts & mignonnement decoupez: ie me mocquois en moy mesme de voir si petite chausseure & ne pouuois comprendre à la verité comme vn grand & gros pied pouuoit entrer dans vn si petit soullier, puis que la reigle naturelle veut, que le contenant soit plus grand que le contenu, & toutesfois c'estoit icy le contraire: vous luy eussiez veu frapper de grands coups côtre terre & faire par son mouuement trembler tout ce qui estoit sous luy, puis on luy baille de grands coups contre le bout du pied, Cela me faisoit ressouuenir de ceux qui veulent representer quelque chose en vne comedie. Car ie voyois vn hôme le genoüil en terre & l'autre en l'air, sur lequel il auoit mis vne jambe, & frapper de la main, tantost le bout du pied, tantost le talon, puis auec vne certaine peau faire entrer iustement la chaussure, iusques au lieu où elle deuoit aller. De certains grands liens seruoient apres à la faire tenir plus ferme, lesquelz ou façonnoit en sorte qu'ils sembloient vne rose ou quelque autre fleur semblable. Chose merueilleuse que ce pied, qui m'auoit semblé si grand deuant que d'estre chaussé ie le trouuay apres si petit qu'à peine le pouuois-ie recongnoistre, & l'eussiez quasi pris pour le pied de quelque griffô. Ils disoient que tout cela se faisoit pour la multiplication des corps, qui n'est pas vne petite sciéce en la nature

Cecy acheué ie veis venir vn autre valet de chambre tenāt en ses mains vne chemise, où i'y voyois par tout le corps & par les māches force ouurage de poinct coupé, mais de peur qu'elle ne blessast la delicatesse de la chair de celuy qui la deuoit mettre, car l'ouurage estoit empezé on l'auoit doublée d'vne toille fort defée. Celuy qui la portoit l'approcha prés du feu, que l'on fit faire vn peu clair, où apres l'auoir tenuë quelque espace de temps ie vy leuer l'Hermaphrodite à qui on osta vne longue robbe de soye qu'il auoit, & de certaines brassieres de couleur, puis sa chemise qui estoit fort blanche: Mais à ce que i'ay appris ils ne laissent pas de changer ainsi en ce pays-là de iour & de nuict, encore y en a il quelques vns (rares toutesfois) qui ne se seruent iamais deux fois d'vne mesme chemise, ny d'autre linge qu'ils ayent, ne pouuāt endurer que cela qui les doit toucher ayt esté lesciué. Mais ceux qui ne sont pas du tout si ceremonieux les enuoyent blanchir quelques vns en des contrées loingtaines, où ils sçauēt qu'ō a cesté industrie de bien blanchir, les autres par necessité s'accommodent aux lieux où ils sont: mais c'est toutesfois apres s'estre bien faict enquerir des plus parfaicts en cet art. Ceste chemise baillee de laquelle on rehaussa aussi tost le collet, de sorte que vous eussiez dit que la teste estoit en ambuscade. On luy apporta vn pourpoint, dás lequel il y auoit comme vne forme de cuirassine pour rendre les espaules esgales, car il en auoit vne plus haute que l'autre, & aussi tost celuy qui luy auoit baillé son pourpoint luy vint reuerser ce grand collet de point couppé que ie disois cy dessus & que i'eusse presque creu estre de quelque parchemin fort blanc tant il faisoit de bruit quand on le manioit, Il falloit le renuerser d'vne mesure si certaine, qu'auant qu'il fust à son poinct il haussoit & baissoit ce pauure *Hermaphrodite*, que vous eussiez dit qu'on luy donoit la gesne: quand cela estoit mis e[n] la forme qu'ils desiroient, cela s'appelloit le don de la rotonde, Ce pourpoi[nt] estoit vn peu eschancré par deua[nt], & [la] chemise de mesme, afin de monstrer v[n] peu la blancheur & polissure de la go[r]ge: mais outre ceste eschancrure on n[e] laissoit pas de voir encore quelques d'[autres] telles de point couppé, au trauers desquelles la chair paroissoit, afin que ceste diuersité rendist encore la chose plus desirable. Aussi laissa-on quelque boutons de propos deliberé quand on le commença à bouttonner, qui ne fut pas sans peine, tant cet accoustrement estoit iuste au corps : on disoit que ceux qui en vsoient ainsi le faisoient pour obseruer les reigles de la sobrieté & de la ciuile conuersation quand ils seroient aux festins : mais d'autres qui aymoient mieux la bonne cheré que la bonne mine, se vestoient vn peu plus au large. Lors on commença de l'attacher, mais deuant on luy secoüa les iambes & les cuisses assez rudement, & sembloit qu'on luy voulust apprendre à faire quelque geste de pantalon, c'estoit pour estendre le bas sur la iambe & sur la cuisse afin que la forme en parust plus belle : mais ce n'estoit rien de tout cecy au pris de la peine qu'il y eut à ioindre ce bas au hault : car estant tous deux fort courts il falloit que l'esguillette seruit icy comme d'vn bandage d'arbalestre à ialet. Il y en auoit d'autres qui se faisoient emmailloter les iambes les vnes apres les autres, où il n'y auoit pas peu d'obseruation à tirer la bande esgale, afin qu'vn des bouts ne passast point l'autre. Apres qu'il fust attaché, on luy vint renuerser de grandes manchettes d'ouurage qui couuroient enuiron la quatriesme partie du bras, tandis qu'vn autre accommodoit fort curieusement la dentelle du collet, car il failloit qu'elle fust vn peu releuée afin de mieux faire la roüe. Aussi auois-ie oublié à vous dire qu'au collet du pourpoint il y en auoit encore vn autre attaché d'vne autre couleur que n'estoit le pourpoint, fort piqué & cottonné, qui se playoit & renuersoit de sorte qu'alors que le collet de la chemise estoit dessus, il estoit fort esloigné du corps du pourpoint. Comme tout cecy se faisoit il sortit d'vne garderobe là aupres de certains petits Pigmés, l'vn portoit vne assiette d'argent sur laquelle il y auoit ie ne sçay quelle compositió, l'vn tenoit vn bassin, l'autre vne esguiere, & l'autre vn linge ployé fort menu: cela resembloit la pompe de quelque sacrifice à l'antique, & ne restoit plus que la victime pour immoler, laquelle ie n'auois point encore veuë

Mais aussi tost ie veis tout ce monde s'arrester deuant ceste demy-femme, & chacun luy faire vne profonde reuerence: Ie le croyois estre sans mains, car ie ne les y auois point encore veuës, mais lors il les tira comme hors d'vn estuy, & commença à les frotter auec la composition qui estoit sur l'assiette, & apres auoir longuement frotté & laué, vn que l'on disoit estre gentil-homme seruant, luy presenta la seruiette. Apres cela on luy apporta vn petit coffret qu'ils appellent vne pelotte, dans lequel il y auoit force anneaux: il commanda qu'on en prist quelques vns qu'on luy mit aux doigts. Il se fit aussi apporter vn petit estuy dans lequel il y auoit quelques bagues, d'où on prit deux pendans que on luy pendit aux oreilles, & vne petite chaisne de perles entremeslée de quelques chiffres qu'on luy mit au bras: vn autre luy apporta vne grande chaisne qui estoit en deux ou trois doubles de grains de musc, entremeslez de perles & de petits grains d'or, & reprise par endroits, auec de certaines olives taillées, à l'entour desquelles on auoit appliqué force petits diamans: Au milieu de la

chaisne

chaisne il y auoit vn chaton qui brilloit de toutes parts pour la quantité des pierres précieuses dont il estoit couuert, après cela on luy apporta vn miroir faict à peu pres en forme d'vn petit liuret qu'on luy mit dans la pochette droite de ses chausses, puis on luy mit vn chappeau qui ne luy couuroit que le sommet de la teste, de peur qu'entrant plus auant il n'eust gasté ceste belle cheuelure, dont le cordon assez large & tout recamé de perles & entrelassé de pierreries, ne se rapportoit pas mal au cer de teste que nos femmes souloient porter, il y a quelque temps. A costé du chappeau il y auoit vn grand pennache non de plumes, comme nous les portons ordinairement: mais de forces pierreries agencées en forme d'aigrette: aussi tost celuy qui luy auoit mis le chapeau sur la teste, reuint auec deux grands sachets de parfun, qu'il portoit les mais estendues, & auec vne profonde reuerence les vint presenter à l'*Hermaphrodite*, lequel faisant leuer celuy de dessus, print vn linge fort delié, & fort proprement ployé, qui estoit dessus l'autre, lequel il mit dans l'vne de ses pochettes. Tout cecy paracheué, il en vint vn qui auoit façon de maiſtre d'hoſtel, qui faiſoit apporter derriere luy deux boiſtes, l'vne deſquelles il print, & apres l'auoir ouuerte, la preſenta à ſon Seigneur & Dame, lequel y prit de certaines paſtes confites, leſquelles il ſe fit enuclopper dans vn papier, & dans l'auſtre boiſte il y auoit de certains petits morceaux de ſuccre d'vne compoſition, à ce qu'on diſoit fort excellente, pour donner quelque vigueur à ceux qui denoient, ou qui faiſoient porter le faix, deſquels auec vne cueillier d'argent, il ſe fit mettre quelque quantité dans vne petite boiſtelette d'argent doré fort mignonnement élabourée, qu'on luy auoit apportée, & dans laquelle il y auoit vne petite cueillier, de meſme eſtoffe, pour les pouuoir prendre plus aiſement, & fit mettre, tant ladicte boiſte, que le papier dans la poche, où il auoit mis ſon mouchoir: puis on luy apporta vne petite paire de gans fort déliez, qu'il fut fort long temps à eſtédre ſur ſa main, de ſorte qu'apres qu'il eut fait, ils ſembloient y auoir eſté collez, & puis on luy en bailla d'autres fort parfumez, & decoupez à grandes taillades par les bords, leſquelles estoiẽt doublées de satin incarnadin & ratachée auec des petits cordons de soye, de mesme couleur. Ce deuoit estre icy, ce me sembloit, la derniere ceremonie : mais ie vy qu'on luy mettoit à la main droicte vn instrument qui s'estendoit, & se replioit, en y donnant seulement vn coup de doigt, que nous appellons icy vn esuentail, il estoit d'vn vélin aussi delicatement découpé, qu'il estoit possible, auec de la détrelle à l'entour de pareille estoffe, il estoit assez grand : Car cela deuoit seruir comme d'vn parasol, pour se conseruer du hasle, & pour donner quelque rafraischissement à ce teint delicat : Car nous estions dés-ja fort auancez en la saison, & les chaleurs fort violentes en ce pays là. Tous ceux que ie peus voir aux autres chambres en auiẽt vn aussi de mesme estoffe, ou de taffetas auec de la dentelle d'or, & d'argẽt à l'entour, lors commença à se remuer de luymesme : car iusques alors il n'auoit eu mouuement, que par l'ayde d'autruy : mais il bransloit tellemẽt le corps, la teste, & les jambes que ie croyois à tous propos qu'il deust tomber de son long. I'auois opinion que cela leur arriuoit, à cause de l'instabilité de l'isle : mais l'ay appris depuis, q̃ c'est à cause qu'ils trouuét ceste façon là plus belle, que pas vne autre. Ces deux que ie disois aussi cy-dessus, le vindrent aborder auec le mesme geste : & apres quelques propos communs, qui durerent quelque peu de téps ie les vy fort empeschez de leurs personnes, & comme gens qui ne sçauoient que faire, ny à quoy passer le téps : mais l'*Hermaphrodite*, que i'auois esté plus curieux de voir habiller, que pas vn des autres, leur proposa d'aller voir celuy, en la chambre duquel i'auois entré premièremét: Ce que les autres ayant trouué bon, il en print vn par la main, & aussi tost s'appuyant nonchalamment sur son espaule, sortirét de la chambre, commandant à leurs pages de les suyure, les vns portans des manteaux tout ployez sur leurs espaules, les autres des espées, ie leur demãdois si c'estoit la façon des pages de ce pays-là d'estre ainsi habillez, ils me dirent que cela n'estoit point de leur accoustrement, & que c'estoit à leurs maistres, lesquels portoiét quelquefois leur manteau: mais que pour les espées que ce n'estoit que pour la mine, qu'ils ne s'en seruoiēt point, si ce n'estoit quād ils vouloient faire les vaillans, contre ceux qui n'osoient, ou qui ne se sçauoient pas deffendre : Ce que ie creu facilement, veu leurs façons de faire, & aussi qu'ayant consideré les gardes, ie vy bien qu'elles n'estoient pas pour soustenir de grands coups : elles estoient toutes fort mignonnement faictes, les vnes dorées, les autres damasquinées; quant à la lame, elle n'estoit guere plus large ny plus lourde qu'vn foüet, & si parfumées qu'encore qu'elles eussent des fourreaux de cuir couuert de velours, l'odeur ne laissoit point de les penetrer, & de se respandre en dehors; on disoit que cela estoit cause que les coups en estoient fauorables: car ils n'estoient pas si roidemēt tirez qu'on en mourust, que si cela arriuoit, au moins la mort estoit fort heureuse, qui estoit dōnée par vne si belle espée : Durant tout cecy, il vint vn nombre de fuyuans, parmy lesquels ie me meslay, afin d'entrer en toute asseurance & liberté, au lieu où ils alloiēt (encore que ce ne fust point la chābre deffenduë :) mais auparauāt que d'entrer, ils enuoyerēt querir quelques vns,

B iij

qui chantoient des mieux, & quelques ioüeurs de Luth, lesquels commencerēt à ioüer & châter vn air, le subjet des paroles duquel me sembloit auoir ouy-dire autresfois estre dans Petronius, aux amours de Trimalcion, lequel ayāt acheué, aussi tost la chambre leur fut ouuerte, en laquelle ils entrérent en la mesme posture qu'ils estoient sortis de l'autre chambre. Cest homme s'appuyant, & se soustenant, tout branslant sur l'espaule de l'autre, & le troisiesme entrant tout sautelant, vous eussiez dit que c'estoit quelque mascarade, & à la verité ils estoient dés-ja assez desguisez: mais ils ne firent point d'autres figures, que de s'en aller du mesme geste à la ruelle du lict, nous autres suyuions apres, & trouuasmes ceste chambre toute jonchée de roses, giroflées, & autres fleurs: mais c'estoit auec beaucoup d'espesseur: Car on disoit que cela soulageoit fort les pieds de celuy qui estoit seigneur du lieu, lesquels autrement se fussent offensez aux lambris de la chambre, quand il y eust marché, toutes les fenestres du costé du couchant estoient lors ouuertes, & les rideaux du lict tirez, de sorte qu'on pounoit voir vne partie de ce qui s'y faisoit. Ce lit estoit bien l'vn des plus richemēt parez qu'on eust sceu voir : Car le ciel estoit fait par carrez, dont le fond estoit de toille dargent, rehaussez d'or, & de soye, où estoit representée l'histoire de l'ancien Cenée, qu'on voyoit fort naïfuement, se transformer tantost en femme, & incontinent apres retourner en homme. Les montans estoient d'or nuez de relief, & le double ciel : car ils ne pouuoient pas dormir en ce pays là sous vne simple couuerture de carrez de point couppé. Sur le lict estoit vne grande housse à bastons de velours vert, chamarrée de clinquant, à bastons rompus qui estoit vn secret hieroglifique du pays, elle estoit trainante à vn pied pres de terre, & au dessous se voyoit le souzbassement de mesme estoffé : au milieu du lict on voyoit vne statue d'vn homme à demy hors du lict, qui auoit vn bōnet à peu pres fait de la forme de ceux des petits enfans nouueaux vestus, il y auoit seulement ceste difference, qu'au lieu des boüillons qu'on a accoustumé de mettre entre les découpures, c'estoit des cheueux frisez, arangez, & poudrez,

B iiij

il auoit des brassieres de satin incarnadin tout de broderie de nuances, où estoient dépeintes les amours d'Adrian, & d'Antonius, & toute la tapisserie de la chambre representoit fort au long la mesme histoire en plus grands personnages, aussi auoit elle nom l'autel d'Antinous, ainsi que ie l'ay peu apprendre du depuis. Le visage estoit si blanc, si luysant, & d'vn rouge si esclatant, qu'on voyoit bié qu'il y auoit plus d'artifice, que de nature, ce qui me faisoit aisément croire que ce n'estoit que peinture. Il auoit vne fraise empesée, & godronnée à gros godrons, au bout de laquelle il y auoit de belle & grande dentelle, les manchettes estoient godronnées de mesme: pour les brassieres elles estoient fort amples, & s'estendoient fort largement sur le lict, il auoit les mains nuës, & en ses doigts quelques anneaux qui auoient vn merueilleux esclat, sous ces bras, il y auoit deux oreillers de satin ramoisi, en broderie, afin de les luy soustenir sans peine: sous le lict on voyoit vn grand marchepied, & à la ruelle force sieges de mesme parure que le lict, & houssez pour la mesme consideration: En ceste ruelle allerent les trois

personnes que ie difoy cy-deſſus, & cõ-
mencerent à inuoquer ceſte idole par
des noms qui ne ſe peuuent pas bien re-
preſenter en noſtre langue, d'autant que
tout le langage, & tous les termes des
Hermaphrodites ſont de meſmes ceux que
les Grammairiens appellent du genre
commun, & tiennent autant du maſle
que de la femelle : toutesfois deſirant
ſçauoir quels diſcours ils tenoient là, vn
de leur ſuitte, de qui ie m'eſtois accoſté,
& qui entendoit bien l'Italien, me dict
qu'ils donnoiét mille loüanges à ſes perfections, & entre autres qu'ils loüoient
fort la beauté & la blãcheur de ſes mains:
mais tous leurs diſcours ne l'eſmou-
uoient pas: car elle demeuroit muëtte &
immobile, iuſques à ce que celuy que
i'auoy veu habiller de pied en cap, luy
vint paſſer la main ſur le viſage, comme
pour le flatter: mais auſſi toſt ce que i'a-
uois tenu pour müet, & ſans vïe, commença à parler, & d'vne parole toute ef-
feminée, & toutesfois auec deſdain &
meſpris, luy dire : Ha que vous eſtes im-
portun, vous me gaſtez ma fraize, l'autre
incontinent auec toute l'humilité & la
ſubmiſſion qui ſe pouuoir, le ſupplia de

luy pardóner auec, beaucoup de persuasions que ie ne peus acheuer d'entédre, d'autant qu'ils y mesloiét plusieurs mots de charité, & de fraternité, que mes oreilles eurent en horreur: aussi ne voulant point interrompre leurs mysteres, & n'estre point polu de la veuë de tels sacrifices, ie me retiray de ceste chambre pour entrer en vne autre qui estoit voisine de ceste-cy, que ie trouuay beaucoup plus richement emmeublée: Car on y voyoit de tous costez l'or, les perles, & les pierreries, on disoit qu'elle auoit esté faicte à l'imitation de la salle du Roy de la Chine, qui est en son Palais de la ville de Suntion, ou cité celeste, que nous autres auons nommé Quinsay, en laquelle il dóne audience aux Ambassadeurs des grãds Princes. Aussi tost que ie fus entré ie vy vn *Hermaphrodite*, à peu pres attiffé comme l'autre, qui estoit dãs le lict de l'autre chãbre, & quatre ou cinq à l'entour de luy, semblables à ceux que ie venois de laisser, il venoit de sortir du lict, & on luy mettoit vne grande robbe de chambre, d'vne estoffe fort riche, & qui n'est point cómune en ce pays, qui auoit tout à l'entour de la broderie, de perles large d'vn demy pied: Ie luy auois veu aussi apporter des mules de velours, brodées & parsemées de perles, & par endroits il y auoit quelques pierreries. Aussi tost qu'on eut mis sa robbe, deux de ses plus fauoris le prirent par dessous les bras, & le menerent enuiron quelque vingt pas, & aussi tost ie vy hausser la tapisserie par vn des autres, qui le suyuoiēt & ouurir vne porte, dans laquelle ils entroiēt les vns apres les autres, ie les vouloy suiure, car il me sembloit que tout estoit permis, & que l'entrée ne me deuoit point estre deffendue de pas vn lieu, veu la facilité que i'y auois trouué iusques icy: mais on me dict qu'ils tenoient icy leurs cōseils plus secrets, & traictoiēt là de leurs priuez affaires. De sorte que personne n'y auoit d'accez, que les plus familers. Ils appelloient cela d'vn nom pareil à celuy que nous disons icy la garderobe: de sorte que les laissant là, ie m'amusay à considerer la richesse & l'excellence de la tapisserie, qui me sembloit estre toute d'enigmes: Car en la premiere piece, sur laquelle ie iettay ma veuë, ie vy vn homme habillé à la Romaine, auec vne robbe triomphale, & à

B vj

l'entour de la teste vn Diadême, couuert de pierreries, qui estoit monté sur vn petit enclos, à peu prés fait comme vne tribune aux harangues: à l'entour de luy il y auoit vne grande multitude de femmes qu'il sembloit haraguer, & à l'entour desquelles il y auoit vn mot latin qui veut dire en nostre langue compagnons d'armes: En vn autre piece, ie voyois ce mesme homme estendu tout nud sus vne table, & plusieurs a l'entour de luy qui auoient diuerses sortes de ferremens, & faisoient tout ce qui leur estoit possible pour le faire deuenir femme: mais à ce que i'en pouuois iuger par la suitte de l'histoire il demeuroit du genre neutre. En vne autre on voyoit des hommes liez sur plusieurs roües qui tournoient en l'eau, & à l'eau, & à l'entour estoit escrit en la mesme langue *amis Ixioniques*. A la piece qui estoit tout auprés ie vois ce mesme genre d'hommes assis à table auxquels on presentoit toutes sortes de mets, mais ils n'estoient que de cire, de bois peint, d'yuoire, de marbre & de pierre, & à chaque mets on leur faisoit lauer les mains comme si elles eussent esté salles. On leur apportoit aussi fort souuent à boire, encore qu'ils n'eussent point mangé: ie trouuois tout cecy fort plaisant, mais l'autre piece qui estoit auprés de celle-cy estoit d'vn subjet plus triste: car c'estoit plusieurs hommes assis sur des licts à la façon des autres, ausquels on faisoit bonne chere, iusques à les faire enyurer, puis on ostoit les lumieres, car c'estoit de nuict, & aussi tost on faisoit entrer des Ours, des Lyons, & des Leopards, ausquels on auoit osté les griffes & les dents: de sorte que la pluspart de ces paures gens mouroien de frayeur, ne sçachant pas le secret de ce mystere. Ie voulois acheuer de voir tout le reste de ceste histoire, mais voyant vn des domestiques de là dedans qui me sembla d'vne façon assez accostable s'approcher de moy: ie pensay qu'il valoit mieux apprendre que signifioit tout cela: & iugeant qu'il entendoit la langue Latine, d'autant que i'en auois ouy dire aux autres quelques mots par cy par là: Ie le priay au mesme langage de m'expliquer ces figures qui estoient là representées, ce quil s'offrit de faire librement, me disant en vn mot que ceste chambre s'appelloit l'autel d'Heliogabale, & que c'estoit sa vie ce que ie voyois là dépeint. Ie le creu aussi tost, me resouuenant de ce que i'en auois autrefois leu : ioint qu'en iettant ma veuë vn peu plus loing ie vy quelques vnes des actions les plus dissoluës que ce Monstre commettoit. Il vouloit passer plus outre à m'en faire la description, mais ie luy dy que i'en auois autrefois ouy parler, & que i'aymois mieux apprendre quelque chose que ie n'eusse point encore ouye, que ce que ie sçauois desia. Lors cognoissant que i'estois estranger nouuellement arriué en ceste contrée & desireux d'appendre choses nouuelles, il dit qu'il estoit content de contenter en quelque chose ma curiosité, & me disant q̃ ie le suyuisse il me mena à vn lieu à costé de la ruelle du lict, où leuant la tapisserie il ouurit vne porte dans laquelle il me fit entrer : mais en passant ie luy demanday qu'elle histoire estoit representée au ciel du lict, qui estoit encore beaucoup plus enrichy que le precedent. Il me dit que c'estoit les espousailles de l'Empereur Neron auec son mignon Pythagoras.

Ainsi passant plus outre nous entrasmes en vne galerie aſſez large, & de moyenne lõgueur, en laquelle il y auoit force tableaux de part & d'autre, entre leſquels i'y remarquay le rauiſſemẽt des Sabines, les paternelles affections d'Artarxerxes auec ſa fille Atoſa. La bãde des Commourans auec Marc Anthoine & ſa Cleopatre, l'infortune du pauure adoleſcent Acteon, non de celuy qui fut tranſmué en Cerf, mais de celuy qui fut mis en pieces par ſes amans. Les laſciues occupations de Sardinapale, les meditations de l'Aretin rapportée aux Metamorphoſes des Dieux, & autres telles infinies repreſentations fort viuement & naturellement repreſentées. Au bout de ceſte gallerie, il y auoit vn porche de menuiſerie fort mignonnement ouuragé, & ſouſtenu par deux Satyres. Au deſſus de l'architraue eſtoit le bon pere Liber, ſa teſte entourée de pampres de vigne, & force raiſins qui pendoient de tous coſtez: De ces deux mains ſortoient deux rouleaux qui s'eſtendoient de part & d'autre &, de la bouche des Satyres, ſortoit auſſi deux eſcriteaux qui regardoient ce gros degouſté, l'vn luy demandoit en ces mots. *Quis Li-*

ber? & il respondoit en son rouleau, *Cui licet vt voluit ducere vitam.* L'autre Satyre luy faisoit aussi vne autre question en ces termes: *Quæ tibi summa boni est?* & il luy respondit comme à l'autre: *Vnéla vixisse patella nunc semper & assiduo curata cuticula Sole.* Dans la frise estoiét escrits ces mots: *Contemptus perages si vivere cum Ioue tendis,* la lecture de tout cecy me fit penser que ie verrois icy quelque chose de plus rare que tout ce que i'auois veu auparauant: de sorte que deuenu plus curieux que iamais ie suiuy ma guide auec vn grand desir de voir tous les secrets de ce lieu, puis que l'occasion s'en presentoit. Ainsi continuant mon chemin ie vis vne infinité de choses rares, que ie serois trop lōg à deduire icy particulierement, car le lieu estoit grand & tout remply de choses plus curieuses que necessaires, aussi n'y estoient-elles amassées & arrangées que pour contenter l'œil. Il y auoit là dedans plusieurs chaires brisées qui s'allongeoient, s'eslargissoient, se baissoient, & se haussoiét par ressorts, ainsi qu'on vouloit. C'estoit vne inuention *Hermaphrodique* nouuellement trouuée en ce pays-là: car à ce que i'ay appris ils s'eſtudient quelquefois aux Mathematiques, mais c'eſt pluſtoſt pour apprendre les mouuements terreſtres que les celeſtes, qui leurs ſont incognus, ſi ce n'eſt pour leur en gauſſer. Il y auoit mille autres ſortes d'iuentions ſur ce ſubject, que ie lairray, pour vous dire que ie vy à vn des coſtez de la chambre douze Statuës d'albaſtre repreſentées au naturel, & quaſi comme reuiuifiées par vne tranſmigration, toutes aſſiſes en des ſieges faits en forme de chaire currule. Il eſt vray que les quatre du milieu auoient leurs ſieges plus eſleuez, qui repreſentoient quelque forme de throſne, car les deux eſtoient encore plus eſleuez, & plus proches que les deux autres : de ſorte que cela faiſoit à peu prés la figure d'vn carré en perſpective. Toutes ces Statuës eſtoient fort richement decoreés, & paroiſſoit bien à la grande curioſité qu'on y auoit apportée qu'elles eſtoient fort cheries & en grand reſpect, leurs accouſtremens eſtoient entremeſlez, de l'vn & de l'autre ſexe, ſans qu'on peuſt bien diſtinguer lequel leur eſtoit le mieux ſeant : Leurs noms eſtoient eſcrits ſur leur diadeſmes, les quatre du costé droit s'appelloient Anthonius, Neron, Othon, & Vitellus. A main gauche estoient ces quatre autres, Galenus, Sporus, Demetrius, Apicius : les deux qui estoient moins esleuez n'auoient point de diademes, mais, l'vn auoit vn Aigle auprés de luy, & estoit encore sans barbe, qui me fit iuger que c'estoit Ganimede : aussi vy-ie aprés son nom escrit au pied de son siege, l'autre auoit comme deux visages en vn, dont l'vn des costez estoit d'homme & l'autre de femme. A ses pieds estoit *Hermaphroditus genius hulus Insulæ*, les deux autres d'au dessus s'appelloient, l'vn qui estoit à main gauche, *Sardanapalus author, Hermaphrodi.* & sur l'autre estoit escrit *Heliogabalus PP. restaur. ac inst. volup.* Ie me souuins en moy-mesme du choix que ce peuple auoit fait de leurs deitez, & iugeay bien que leur vie n'estoit pas pour engendrer beaucoup de melancholie, ny pour aller prescher la penitence. Et comme i'estois en ceste meditation celuy qui me conduisoit me monstra à costé dudit Heliogabale vn grand liure fort proprement relié, & tout escrit en lettres d'or, qui estoit supporté d'vn poulpitre, à fin que ceux qui venoient en ce lieu peussent voir à toutes heures ce qui estoit contenu en iceluy. Il me dit que c'estoit le liure des loix & coustumes des habitans de l'Isle que cet Empereur auoit instituez, & ausquelles on auoit depuis adiousté quelques vne particulieres, selō que la necessité l'auoit requis, & l'ouurant ie vy qu'il m'auoit dit la verité. mais d'autant qu'il y auoit beaucoup d'escriture, & que ie ne pouuois pas tout lire à cause que l'heure s'approchoit du disner. Il me dit que ceux de ceste Isle fauorisoient sur tous autres les estrangers, comme ceux de qui ils peuuent apprendre beaucoup de façons nouuelles, & qui font par apres respandre leur renommée par tout le monde vniuersel. Et d'autant qu'on est bien aise de sçauoir tousiours les coustumes des pays où ils frequentent, on leur faisoit cognoistre auparauant les secrets meslez par-cy par-là dans plusieurs liures: mais depuis on s'aduisa pour plus grande facilité, & à fin de se concilier d'auantage leur amitié & bien-vueillance, & les attirer tousiours d'auantage en ces contrées, de leur faire faire vn extraict de toutes les loix & couſtumes les plus neceſſaires, à ſçauoir, & ce qu'on a iugé eſtre le plus propre pour eſtre introduit par l'vniuers: de ſorte qu'il y en a touſiours pluſieurs coppies toutes preſtes pour ceux qui en ſeront curieux:& moy qui n'eſtois pas des moindres le priay fort inſtamment de m'en faire part. Ce qu'il fit, ouurant vne porte où il y auoit vn petit cabinet, dans lequel eſtoient quelques armoiries, ſur quelques vnes deſquelles il y auoit des liures & ſur les autres pluſieurs papiers; dans quelques vns il y auoit des Paſquins, Satyres, & autres ſortes de poëſies, & ſur les autres eſtoient les coppies dont i'ay parlé cy-deſſus, dont il m'en bailla vne en Latin que i'ay depuis traduitte en noſtre langue, comme vous pourrez voir dans ce papier, s'il vous plaiſt d'en faire la lecture. Et la deſſus faiſant apporter vne caſſette il en tira vn papier, où nous trouuaſmes ce qui s'enſuit.

EXTRAICT DES
LOIX, STATVTS, COVSTV-
mes & Ordonnances des
Hermaphrodites.

Mperator *Varius*, *Helio-gabalus*, *Hermaphroditi-cus*, *Gomorricus*, *Eunu-chus*, *semper impudicissi-mus*.

Desirans remettre sus la superbe republique des *Hermaphrodites*, qui s'est comme aneantie durant l'Empire de Trajan, Anthoine Pie, Marc Aurelle, Seuerus, & autres nos predecesseurs bigots, & sans prudence. Et d'autant que tout homme bien aduisé la doit tenir pour la plus polie, la plus delicieuse, la plus corporelle, & la plus conforme aux sens exterieurs & interieurs, & qui sçait le mieux s'accommoder aux passions humaines qui soit au demeurant du monde, l'estimát à ceste occasion digne de commander à tout l'vniuers. Et afin qu'à l'aduenir quelque impertinent voulant establir ses opinions chimeriques, ne vueille vn iour desraciner ce qui a esté estably auec tant de contentement & de volupté, auons iugé estre tres-necessaire de leur donner quelque loix & ordonnances, afin que selon icelles ils se puissent conduire à perpetuité, & faire reuiure & regner au monde leur monarchie, quelques reglements (que nos aduersaires appellent de pieté & religion) qu'on leur voulust mettre en auant. Nous du conseil de nostre tres-honnorée Dame & mere Varia, & de nostre tres-chere & bien-aymée femme Semiamira, de l'aduis de nos plus chers *Hermaphrodites*, gens de nostre Senat, & autres officiers & voluptueux subiets de cestuy nostre Empire. Et de nostre tres-certaine science, pleine puissance & authorité, Auons estably, statué & ordonné, establissons, statuons & ordonnons ce qui ensuit.

ORDONNANCES SVR LE
faict de la Religion

LES ceremonies de Bacchus, & de Cupidõ & de Venus, soient icy continuellement & religieusemét obseruées, toute autre religion en soit bannie à perpetuité, si ce n'est pour plus grãde volupté. Toutesfois nous n'empeschons de s'accommoder auec les autres religions, pourueu que ce ne soit qu'en apparence & non par croyance.

La plus grande volupté soit tenuë par tout cest Empire pour la plº grande sainćteté: La conseruation de la vie, en laquelle nous disons consister le point d'honneur, pour valeur, & generosité: ce qu'on appelle presomptueuse vanité, pour vne parfaicte cognoissance de soy-mesme: ce que les songe-creux ont nommé effronterie, soit entre nous reputé pour gentillesse, pour vne graue asseurance, & pour vn braue entregent.

Et toutesfois à cause des calomnies &

peuplades qui se font de nous ordinairement par toutes les contrées du monde, il est besoin de s'accommoder aux imperfectiōs qui se retrouuent parmy les peuples, afin de ce concilier, la biē-ueillance des nations. Nous conseillons à tous nos subjets, quand ils se rencontreront auec ceux qui font cas de la pieté, ce qui doit estre fort raremēt, de discourir auec beaucoup de zele de la deuotion. Quand ils seront auec ces Hercules, & ces Cesars, qu'ils soient encore plus Rodomonts en paroles, que les autres ne sont braues aux effects, pourueu que ce soit lors qu'ils se sentent appuyez & supportez, autremēt conuertir tous les affronts en risee. Quāt à l'effronterie, nous entendons qu'elle se face auec discretion, regardant à qui on s'addresse, soit aux paroles, en actiōs de volupté, ou de vanité, de crainte, qu'il n'en arriuast du danger.

Nous voulons & entendons que tous ces mots, de conscience, temperance, repentance, & autres de pareil subject, soient tenus tant en la substāce, qu'aux termes, pour choses vaines, & friuoles. Au contraires nous voulons que ceux-cy
ayant

ayent seulement cours parmy nous à sçauoir, de liberté, prodigalité, mespris de religion, & autres comme plus propres, & plus conformes à nostre Estat.

Nul n'aye aucune souuenāce de la mort, & ne se trauaille l'esprit, s'il y doit auoir vne autre vie.

Nous reputons la bonne mine & l'apparence en toutes choses que ce soit, beaucoup plus que l'action, d'autāt qu'elle cache beaucoup d'effects auec moins de peine. C'est pourquoy nous exhortōs tous nos subiects, de quelque estat, qualité, ou condition qu'ils soyēt de l'acquerir, autant dissimulée que faire se pourra & de la preferer à toute autre vertu.

La volonté par tout cestuy nostre Empire soit tenuë pour raison sans qu'il soit loisible de s'esleuer par dessus les sens sans leur contrarier, ou resister, en façon que ce soit, à peine d'estre tenu pour ennemy de soy-mesme, & de sa propre nature, & estre priué de toute felicité

Ceux de nos subiects qui voudrōt assister aux prieres publicques: (Car ceste loy est volontaire) pourrōt s'asseoir, & auoir la teste couuerte, si bon leur sem-

C

-ble, durant quelque myſtere qu'on y puiſſe traicter, ſi ce n'eſt que quelqu'vn ſe vueille deſcouurir pour chaleur, ou de peur de gaſter la friſure de ſa cheuelure: Car lors il pourra bailler ſon chapeau à quelque page ou laquais. Que ſi quelqu'vn veut y apporter quelq reſpect, & vueille adorer, nous luy defendons de ployer plus d'vn genoüil, ſouz lequel on mettra quelque carreau de velours, ou quelque couſſinet picqué, & cottonné, de crainte qu'il ne ſe bleſſe contre terre: mais ſur tout, qu'il y demeure fort peu de temps, car cela le laſſeroit & luy empeſcheroit ſa deuotion.

Ceux qui ſe voudront tenir debout nous leur deffendons tres-expreſſément de ſe tenir en vne place, n'y d'vne meſme poſture. Car la bienſeance des ſubiects de ceſt Eſtat, c'eſt d'eſtre touſiours en action, & d'auoir en eux ſe mouuement perpetuel, ſoit de la teſte, du corps & des iambes, & ſur tout nous tenons les façons ſautelante & branſlante, pour les plus aggreables & mieux ſeantes.

Chacun aura ſon liure à la main fort mignonnement relié, doré & marqueté espais d'vn demy doigt, & de la lõgueur d'vn demy pied, ou enuiron, & non plus lõg ny plus espais ny plus gros, de peur que cela ne pese trop à la main, & ne lasse celuy qui y voudroit lire: Lequel liure traictera le plus souuent d'amour, ou de quelque chose de plaisir, auquel toutesfois on regardera rarement: mais on deuisera assez hault, les vns auec les autres, de la bonne chere, de l'amour, & autres choses de plaisir. Nous tenons mesme que le riz est en cecy vne partie de la bien-seance, pourueu qu'il ne soit pas continuel.

Qui aura quelque maistresse, ou quelque amis, les pourront entretenir aux Eglises, qui sont és autres contrées, les prier se mettre à genoux deuát elles, les persuader pour les rendre pitoyables à leurs intentions, par toutes sortes de gestes, & de paroles, qu'ils péseront necessaires pour cest effect, que s'ils les trouuent fauorables à leurs desirs, pourront vser de l'occasion, sans aucũ scrupule ou reuerence du lieu, auquel ils pourroient estre, attendu que les mysteres veneriés sont preferables à tous autres.

Et à fin d'inciter de plus en plus nos

ſubjects, à ce qui eſt de la volupté & du plaiſir, que nous tenōs pour noſtre ſouuerain bien. Nous auons par tout ceſtuy noſtre Empire, remis ſus l'ancienne bande ſacrée des Thebains: mais d'autant que nous auons la vie d'vn de nos ſubjects plus chere, & plus precieuſe que la mort de mille de nos ennemis, nous y auons apporté ſeulement ceſte differen-ce que ceux-là vouloient s'acquerir de la renommée en s'expoſant à toutes ſortes de dangers: mais nous voulons que les noſtres combattent ſeulement en camp clos pour eſtre plus promptement ſecourus aux accidens qui leur pourroiēt arriuer.

D'autant que nous ſommes touſiours nets, & purifiez de toutes ſortes de deuotions, eſleuations, contemplations, & autres bagatelles & inuentions de nos cōtraires: il n'y aura poinct d'autre luſtration, n'y d'autre eau beniſte par tous les tēps ſignalés de ceſtuy noſtre Empire, q̃ de belles parolles des courtoiſies, & de belles promeſſes qu'on ſe fera les vns aux autres, ſãs toutesfois qu'on ſoit obligé de dire, ou de faire paroiſtre ce qu'on a dans l'ame ny d'accomplir ce qu'on aura promis, si la force ou la necessité n'y contraint.

Le mois de May soit celebré entre to⁹ les mois de l'année, nul en iceluy ne face aucune œuure spirituelle, ny manuelle, s'il n'est parauanture reduit en vne condition pire qu'il ne desiroit: car lors il peut estre priuilegié, à condition toutesfois qu'il aura cõtinuellement en sa pésée, les mysteres de Cupidõ, & Venus, & s'efforçera de les accõplir à toutes les occasiõs qui se pourront preseter.

Les festes des Roys, & de Caresme-prenant cõsacreés à Bacchus soient les plus celebres de toute l'année, les octaues desquelles seront de semaines, & non de iours: auec permission toutesfois, la derniere sepmaine que ceux qui sont plus rustiques, & moins entendus appellent saincte, de feindre quelque reformatiõ, & toutesfois auec vne ferme intention de ne changer iamais de façon de vie, & de retourner aux exercices accoustumez si tost que leurs superstitions seront paracheuées.

Nous enioignons aussi, & cõmandons tres-expressément à ceux qui seront les plus esleuez en dignité, & à ceux à qui la

C iij

richesse, & l'abondance ne peut manquer de faire cõtinuer chez eux, & auec leurs plus priuez amis les bacchanales toute l'année. Que si elles ne se peuuent celebrer de iour, à cause de leur qualité, qu'au moins elles soient solemnisées la nuict.

Ceux qui auront moins de commodité pourront celebrer tant de festes qu'il leur plaira, & selon leur deuotion, & commodité : Car les iours que les anciens appellent festes, sont condamnez par tout cest Empire, comme ennemis du repos du plaisir & contentement humain. Si quelques vns sont practiquez, c'est par souffrance, & non par commãdemẽt exprés, ains seulemẽt pour le bien & vtilité de nos pauures subjects, en esperãce de secoüer quelques fois le joug de la pauureté : Car lors nous leur deffẽdons tres-expressément de faire aucuns iours ouurables, ains de tenir toute l'année comme vn iour, & vne feste continuelle.

Les ministres ordinaires du temple seront chantres, baladins, comediens, farceurs, & autres de semblable estoffe. Les predicateurs seront choisis entre les poëtes les plus lascifs, sans qu'autres puissent estre appellez à ceste vacation. Car nous tenons pour prophanes heretiques & schismatiques, tous ceux qui escrivent ou qui annoncent la pudicité, la saincteté, ou qui par leurs Satyres se veulēt gausser de nostre façon & maniere de viure.

Les liures qui se liront le plus communement, & desquels on prendra le subject de l'exhortation, seront Ouide, Catulle, Tibulle, Properce, traduicts en plusieurs & diuerses langues, selon l'vsage des nations, on y pourra entremesler quelquefois Aristophane, Anacreon, Gallus, & autres traictans de pareil subject.

Voulons que ce que lesdicts ministres chanteront soit pris des liures intitulez mignardises, follastreries, & gayetés, si ce n'est que quelqu'vn pour conuertir le cœur de celuy ou de celle qu'il ayme ayt fait quelques vers representant la violence de leur martyre, pour inciter l'aimé à quelque compassion : Car lors il leur sera permis de les faire chanter par lesdicts ministres la nuict, ou autre heure du iour, telle qu'ils iugerons la pl^o

C iiij

propre pour leur contentement, & selō l'humeur de celuy ou de celle qu'ils recherchent.

Et encore que nous n'entendiōs point qu'il y ait aucune superiorité entre lesdits ministres, & que nous voulons que chacun ait si bonne opinion de soy, qu'il s'estime autant, ou plus habile que son compagnon, Nous desirons, toutesfois, & exhortons tous nos subiets qu'ils rendent plus de reuerence & d'honneur à celuy d'entre eux, qui sçaura pl⁹ mignardement, & plus lasciuement exprimer les plus secrets mysteres d'amour.

Et d'autant que c'est par eux, principalement que nostre Empire se peut maintenir, accroistre & amplifier, estant bien raisonnable qu'ils se ressentent de la dépouille de leurs ennemis, & des nostres: desirant liberalement les gratifier en tout ce qui nous sera possible, & pour aucunement les recompenser de leur labeur, Voulons & entendons qu'outre les dons & presens ordinaires, que chacun de nos subiects, leur pourra faire selon qu'ils seront par eux employez au soulagement de leurs passions: Que ces benefices qu'on appelle communement

Abbayes, & Prieurés, leur soient particulierement affectez, à fin que la grandeur du reuenu soit employé à l'accroissement de cet Estat, sans qu'on les puisse rendre deuolutaires sur eux, ny que ces mots d'incapacité, inhabilité, & symonie, puissent estre mis en auant pour leur regard, ains seulement contre nos aduersaires.

Comme aussi nous entendons qu'il y ait par tout le môde plusieurs Euesques laiz, curez de robbe courte, & autres beneficiers, ayant charge d'ame sans rendre conte: mais seulement qu'ils iouyssent des benefices, se contentans seulement d'en faire quelque pension à quelque pauure malotru, sous le nõ duquel ils le pourront tenir en toute asseurance, employant le surplus en leurs delices & le despendant voluptueusement, & prodigalement, y faisant plus de dégast en vn an qu'ils les possederont, que les vrais titulaires n'eussent en vingt ans.

Par grace & priuilege special, nous permettons aux Ecclesiastiques qui se voudront conuertir à nous, & viure selon nos loix, statuts, & ordonnances, de

C v

vendre à leurs diocesains, & parrochiés les choses qu'ils tiennent pour les plus sainctes. D'aller le moins qu'il leur sera possible en leurs dioceses, & autres lieux de leur iurisdiction : mais seulement de frequenter les temples plus renomméz de cestuy nostre Empire. Leur permettons aussi de viure en ignorance de l'Escriture qu'on appelle saincte, sans estre contraints de donner instruction à ceux qu'ils ont en charge. Que s'ils y sont sçauās en quelque chose, nous les exemptons de la croyance. Trouuons bon toutesfois qu'ils vsent de leur sçauoir seulement pour se faire paroistre. Voulons qu'ils puissent renoncer en eux mesmes à tous vœux & professiōs qu'ils pourroient auoir faictes, les exhortant seulement à se donner du bon temps, & passer leur aage viril en pōpes & en delices, & leur vieillesse en banquets & bonne chere, & autres voluptez surnaturelles. Desirons toutesfois qu'ils soiēt meslez & employez en toutes les affaires du monde, pourueu que la grandeur de leur courage, que nos contraires appellent ambition, les y porte, & que cela ne les priue point de leurs voluptez.

Afin aussi que ceux qui voudront estre catechisez en nostre religion, puissent estre instruits en peu de mots de toute la substance d'icelle, nous auons redigé en huit articles les plus sommaires que no⁹ auons peu, tout ce qu'elle peut contenir.

ARTICLES DE FOY DES
Hermaphrodites.

NOvs ignorons la creation, redemption, iustification, & damnation, si ce n'est en bonne mine, & en paroles, & seulement pour pipper nos aduersaires, & nous accommoder au temps.

Nous ignorons s'il y a aucune temporalité, ou eternité au monde, ny s'il doit auoir vn iour quelque fin, de crainte que cela ne nous trouble l'esprit, & nous cause de la frayeur.

Nous ignorons toute autre Diuinité, que l'Amour, & que Bacchus, que nous disons resider essentiellement dans nostre desir, auquel nous rendōs tout honneur.

Nous ignorons vne prouidence superieure aux choses humaines, & croyōs que tout se conduit à l'aduenture.

Nous ignorons tout autre paradis, que volupté temporelle, que nous disons recognoistre par le sens. C'est pourquoy nous les recherchons, & cherissõs par dessus toutes choses.

6 Nous ignorons toute autre vie que la presente, & croyons qu'apres icelle tout est mort pour nous. C'est pourquoy nous nous efforçons iusqu'au dernier iour à nous donner tout le plaisir que nous nous pouuons imaginer.

7 Nous ignorons tout autre esprit que ce qui nous est persuadé par le plaisir que nous croyons se rẽdre visible en nos passions & affections. C'est pourquoy nous leur adherons autant que faire se peut.

8 Nous ignorons que ce qui est sur la terre puisse quelquefois seruir, à ce que on dit, estre au ciel. C'est pourquoy nous tenõs pour follie toute autre communion que celle qui se trouue en nos assemblées, que nous croyons ne pouuoir estre maintenuës que par le moyen de l'ancienne opinion des gnostiques.

Iurons & protestõs de viure & mourir en ceste croyance à peine d'estre tenus pour bigots, superstitieux, mal-aduisez, & d'estre toute nostre vie en continuelle inquietude sans aucune tranquilité.

POVR CE QVI CONCERNE
la iustice, & Officiers de cet Estat.

Vant à la iustice qui se doit rédre entre nos subiects, nous voulons & entendons que ceux qui obserueront de point en poinct les presentes loix & ordonnances puissent viure en toute liberté, franchise & asseurance qui se puisse desirer, sans crainte d'estre repris de iustice, quoy qu'ils puissent commettre. Aussi interdisons nous la cognoissance de leurs actions a tous iusticiers (s'ils ne sont particulierement & specialement deleguez par le souuerain, pour quelque cas fort notable, où il y alle de sa vie & de son estat.

C'est pourquoy nous ne tenons point pour crime l'homicide, quand bien l'ennemy auroit esté pris à son desauantage au contraire nous voulons que ceux qui auront eu l'asseurance de prendre vengeance de quelque iniure, tant petite qu'elle soit, & en quelque maniere que ce soit, puissent marcher la teste leuée deuant vn chacun, auec la reputation d'vn galand & vaillant *Hermaphrodite*.

Exemptons toutesfois tous ceux que on tiendra pour les plus brauaches des perils & dangers de la guerre, auec permission de se retirer à sauueté quand il y aura du danger, ny de n'affronter point l'ennemy quand les forces seront esgales.

Les parricides, matricides, fratricides, & autres actions de telle qualité, ne seront point recherchées sur les nostres, pourueu que ce qu'ils en auront fait accroisse leurs richesses & commoditez. Que si quelques vns plus scrupuleux s'abstiennent du sang de leurs parens, ils prieront au moins pour l'abbregement de leur vie, n'estimant point raisonnable que quelque vieillard radoteux, ou quelque humeur rustique possede ce que merite vn de nos braues galands.

Quant aux duels nous n'entendons point qu'ils se mettent en practique que le plus rarement que faire se pourra, & seulement lors qu'on aura esté surpris voulant neantmoins que la chose soit sceuë en plusieurs lieux, & qu'elle paruienne iusques aux oreilles du

Prince de la prouince où cela arriuera, à fin que par amis, ou par authorité, cela se puisse rompre auec honneur: & que si par hazard on tire quelque coups, qu'vn bola puisse conseruer la vie. Les autres qui en vseront autrement nous les tenons pour indiscrets & sans ceruelle.

Voulons aussi que ce que nos contraires nomment adultere, soit en vogue, en honneur, & reputation par tout cestuy nostre Empire, comme chose tresnecessaire pour la manutention de nos subjets, sans que les maris en puissent en façon quelconque estre moins estimez, au contraire seront honorez & fauorisez. D'autant que nous tenons le nom de Cornes signifier plustost esleuation & augmentation de dignité, ainsi que le prenoient les anciens Hebrieux, que pour abaissement ou mespris: au contraire nous voulons qu'on face cas d'vn mary en proportion de la multitude des cornes qu'il portera, ainsi que les chasseurs font des Cerfs. Aussi entendons nous qu'on se demande l'vn à l'autre combien vn tel porte-il, à fin qu'on luy rende l'honneur qu'il merite. Voulons aussi que ceux qui deux-mesmes se les pourront planter par leur industrie, bonne conduite, & pour leur grande vtilité seront venus pour les plus aduisez.

Que si il y a quelque mary qui soit ialoux de sa femme, encore qu'il merite quelque punition pour vn si grand crime, nous leur permettons neantmoins de porter la clef de ce dont leurs femmes auront la serrure, de les tenir renfermées le plus qu'ils pourront, pourueu qu'il y ait quelque petite ouuerture par où puisse entrer la pluye de Danaé. Entendons que ceux ou celles qu'ils leur bailleront pour gardes, ou pour espies, leur seruent des moyés pour les corrompre. Voulons semblablement que les femmes ne s'atrestêt point à tout ce q̃ leurs pourroiẽt dire leursdits maris, mais se donnẽt tousiours du bon temps le plus qu'elles pourront, conseillons toutesfois de s'y comporter le plus secrettement que faire se pourra, de crainte qu'il ne leur suruienne appoplexie accidentelle, ou quelque mal de cœur supernaturel.

Nous donnons pour armes ausdits

maris trois brins de patience en chant de Coucou, auec permission deporter lesdites armes tymbrées en forme de massacre de Cerf.

Si quelque vieillard espouse quelque ieune fille, nous voulons qu'elle puisse s'ayder de la loy de Lycurgus Lacedemonien, & celle de qui le mary sera trop lasche & poltron, pourra se seruir de celle de Solon.

Les rauissements, violemens, & autres galanteries seront tenües en reputation par tout cet Empire, pourueu qu'on s'addresse à ceux qui seront de beaucoup inferieurs, & que l'offence ayt plus de crainte de l'aggresseur que desperace de Iustice, quand bien il s'en viëdroit plaindre.

Pour le regard des incestes du pere auec la fille, du frere auec la sœur, du gendre auec la belle mere, & autres, que les fols & mal-aduisez tiennent à si grand crime, nous voulons & entendons qu'ó en puisse vser auec toute franchise & liberté, attendu que cela cócerne & augmente d'autant plus les familles, si aucune consanguinité peut estre distinguee parmy eux.

Nous permettons aussi aux peres & aux meres de trafiquer leurs enfans pour seruir de sacrifice à l'amour, pourueu que ce soit à quelque grand qui leur donne bonne recompense, & sur lequel ils puissent fonder vne belle esperance.

Nous voulons & entendons que les Ambassadeurs, agens, ministres, procureurs, & autres negociateurs pour les affaires d'amour soient recherchez, prisez, & estimez par tous nos subjects. Et pour les inciter de plus au deuoir de leur charge, voulons qu'ils soient enrichis & esleuez aux dignitez les plus honorables. Et quant aux femmes qui se mesleront de pareille vacation, voulons qu'elles ayent leur passe-par-tout, & qu'elles soient qualifiées du nom de mere Dame d'honneur, & autres noms semblables. Commandons à tous nos subjects de les bien & fauorablement recompenser, & les faire iouyr de toutes sortes de priuileges, franchises, & immunitez. Que si les vns ou les autres, de ceste qualité, à sçauoir hommes & femes, passent par la ruë, ou vôt en quelque lieu, deffendons à tous, de quelque qualité ou condition qu'ils soient, de leur faire piou piou, ou de leur dire autres termes de mocquerie, à peine d'estre bafoüez par toutes sortes digne de risée, & d'estre tenus pour gens inciuils & sans discretion.

Nous n'entendons point qu'il y aye parmy nos subjects aucuns degrez de consanguinité, si ce n'est en ce qui regardera les biens & possessions, & pour ceste consideration seule nous auons voulu retenir les noms de frere, sœurs, oncle, nepueu, cousin germain, & autres. Ne croyans pas que pour le regard du sang on se puisse dire d'vne famille plustost que d'vne autre, à cause de la multitude des peres que chacun peut auoir, & des suppositions qui se peuuent faire. C'est pourquoy nous abolissons dés maintenant & pour tousiours ces noms de pere, mere, frere sœurs, & autres, ains voulons qu'on vse seulement de ceux de Monsieur, Madame, ou autres de pareil honneur, selon la coustume des pays.

Nous faisons tres-expresses inhibitions & defenses d'vser d'oresnauant de ce nom de bastard ou fils de putain, ains les auons dés maintenant & pour tousiour declarez pour vrays & legitimes heritiers, principalement ceux qui ont esté conçeus en adultere, ainsi que nos aduersaires l'ont nommé, sans qu'ils ayent besoin de lettres de Magistrat tāt seculier qu'Ecclesiastique, puis que le nom du mary leur sert assez d'adueu & de legitime.

Et encore que nous tenions le mariage pour vne chose ridicule & du tout contraire à nos desirs & volontez, dissipant les affections le plus souuent plustost qu'il ne les entretient. Toutesfois d'autant qu'il apporte des commoditez à l'amour d'vn secōd, nous en auons permis l'vsage, ioint que sous ceste couuerture les choses se mettent plus facilemēt à couuert, qui autrement seroient diuulguées à tout le monde.

Permettons aux plus galands d'entre les nostres de ce faire braues & s'aioliuer aux despens d'autruy, empruntant de tout le monde sans auoir aucune intention de rendre. Que si quelque creácier importum & de mauuaise sorte les vouloit tourmenter par procedure & chiquaneries pour r'auoir ce qui leur pourroit estre deu, nous commandons tres-expressément à tous nos iusticiers de leur donner autant de delais qu'ils en sçauroient demander. Que si quelquefois ils sont contrains par l'importunité desdits creanciers, de les condamner dans vn certain temps, & le terme expiré à faute de payement, leurs aduerses parties les vueille faire mettre en lieu seur & à couuert, ou vser sur eux de main mise. Nous leur permettons de repousser cet outrage par rebellions, violences, ruptures, & autres voyes de faict pour intimider de plus en plus leurs ennemis, sans que pour chose qu'ils puissent auoir faicte, ils doiuent auoir quelque crainte d'en estre recherchez à l'aduenir.

Ceux qui auront vsurpé sur autruy terres, rentes, seigneuries, argent, meubles, & autres choses, ne seront point subiets à restitution, ains les retiendront à main forte s'ils les ont pris sur leurs inferieurs, sans que les autres s'en osent plaindre, s'ils ne veulent donner leur bon argent aux mauuais, & mettre en danger leur propre vie apres auoir perdu leur bien.

Pour le regard des differans que nos

subiects pourroient auoir les vns auec les autres, voulons que celuy qui aura le plus d'authorité, d'amis, de richesses & & de dignité, soit celuy qui gaigne sa cause, quelque iniuste que puisse estre son droict, voulons que ce que les censeurs de nos actions appellent faueur & corruption, soit tenu pour iustice par tout cet Empire.

C'est pourquoy nous permettons à tous nos iusticiers & officiers, qui seront du nombre de nos plus fidelles & affectionnez subiects de prendre à toutes mains, iuger sur l'etiquette, feindre quelque *deficit* ou taire quelque chose importante, supposer de faulx tiltres, ne se souuenir que des raisons de ceux à qui ils voudront faire iustice: c'est à dire fauoriser, adiouster, & reformer les sentences ou arrests qui auront esté donnez déclarer les secrets & opinions de l'assemblée, obmettre aux enquestes & interrogatoires beaucoup de chose de propos deliberé, faire la leçon aux faux tesmoings, prolonger le iugement ou le haster selon l'vtilité de leurs amis & autres inuentions necessaires au deu & exercice de leurs charges, sans que pour cecy ils doiuent apprehender d'estre iamais reprits, ou craindre aucune Mercuriale, d'autant qu'en toutes ces choses nous tenons qu'on doit vser de la proportion Geometrique. Aussi auons nous osté les balances de nostre iustice, & luy auons donné de bons yeux & de bonnes mains.

D'autant aussi que nous voulons & entendons que leurs arrests & sentences puissent longuement viure, sans que la longueur du temps y puisse apporter de la coruption : nous conseillons aux nostres de n'espicer pas mediocrement & selon que raisonnablement il peut appartenir pour la vacation : mais qu'ils espicét de sorte que la pointe s'en puisse sentir iusques au vif par ceux qui en auront tasté, voire long-téps, mesmes apres qu'ils auront esté donnez.

Et quant aux iusticiers qui voudront vser de la proportion Arithmetique, ou harmonique rendāt le droict à qui il appartient, & qu'on appelle coustumierement bons Iuges & gens de bien, nous les tenons pour aueugles & sans iugement. C'est pourquoy nous defendons de prendre leurs voix & suffrages, au
moins

moins le plus tard que faire ce pourra, ny d'adherer à leurs opinions, si faire se peut. Au contraire voulons qu'ils soient subjets à l'ostracisme (ainsi que cest idiot d'Aristides) à toutes les occasions qui se pourront presenter, les banissant le plus souuét que faire se pourra, de peur qu'ils n'esclairent trop particulierement les nostres: & les empeschent au deu & en l'exercice de leurs charges, comme ils desirent abolissant pour tousiours le crime & le nom de concussion.

Nul ne soit si hardy, ny si temeraire de former aucune plainte, ou d'intenter quelque action côtre nosdicts iuges, & officiers, pour quelque cause que ce soit, s'il ne veut estre rigoureusement chastié par sa bourse, outre la perte de ce qu'il demande, si c'est matiere ciuile, & de patir mille affronts, & ignominies, en cas de crime: voire mesme d'y perdre l'hôneur & la vie, si le cas y eschet.

Les peres & meres plaideront ordinairement contre leurs enfans, & les enfans contre leurs peres, les tiendront en tutelles, ou leur feront accroire qu'ils ont perdu le sens, à fin de iouyr de leur bien: Que si quelque bonne fortune à esleué lesdits enfans en quelque grade plus honorable, que celuy de leurs peres, voulons qu'ils les desdaignent, & les renonçent pour parens, principalement s'ils sont d'vne nature simple, & bonnace, ou s'ils veulent viure sans ceremonie.

Ceux qui auront le maniement de nos finaces, seront tenus & obligez d'entendre sur toutes choses ces deux reigles, de substraction, & de multiplication, pour s'ayder de l'vne en leur recepte, & de l'autre en la despence. Aussi voulós nous qu'ils sçachēt enfler les rooles : Quadrer les lignes, Monter les sommes totales, Supposer voyages, & autres parties, à fin qu'en leurs comptes ils puissent dresser vn chapitre de deniers comptez, & non payez, ausquels ils comprendront aussi les parties dont ils n'auront payé que le quart, ou le tiers, pour le plus, cōme dós, recompences, gages, acquits de debtes, payemēt de rentes, mandemēs, & autres natures de deniers lesquelles toutesfois ils coucheront tout au long en leur despence, supposeront de non valeurs, tireront souz main des ordonnances non ordonnées, baillerōt les deniers royaux à interest, change, & rechange, lesquels tourneront à leur profit, & non pas à celuy du Prince, au seruice duquel ils seront.

Ceux qui seront souz eux leur feront plusieurs presens, de gibbier, vin, fruits, espiceries, draps de soye, pierreries, & autres: toutes lesquelles choses se nommeront la patience du receueur, sans que pource ils doiuent craindre aucune chambre royale, ny qu'on les puisse accuser de crime de peculat: ains leurs auōs mis & mettons pour l'aduenir, toutes ces parties là en souffrance, sans qu'ils puissent entrer en crainte d'en estre recherchez, pourueu qu'ils ayent l'induduſtrie d'arrouser à propos leurs aduersaires, auec de l'eau prise au fond du fleuue de Pactole, ou de la riuiere de la Plate.

Ceux qui seront employez aux commissions pour leuer imposts, emprunts, tailles, & autres subsides, que les Princes & Potentats, au seruices desquelles ils seront, pourront mettre sur leurs subjects, Nous voulons qu'ils puissent vser de la cruë à leur profit, & toutesfois que les fraiz de la commission, & des recompences des officiers employez sous icelle se montent si haut, que le tiers de deniers leuez ne reuiennent pas net aux coffres du Prince: Car c'est en cela que se descouurira la gentillesse de leur esprit: & sur tout, si apres toutes ces choses ils ont l'asseúrance de demander recompence de leur fidelle seruice.

Nous voulons & entendons q̃ nosdits financiers venus de bas lieu, & dont la lie de l'origine s'est seulement clarifiée dans leurs coffres, qui sans aucun fond, & reuenu, ou pour le moins auec fort peu de chose auront fidelement acquis en la maniere qui a esté dicte cy dessus en bien fort peu d'ãnées de tresgrandes richesses Et par le moyen d'icelles tiré de bonnes descharges de leur administration, puissent porter le tiltre de Seigneurs pour les terres qu'ils auront acquises: auoir chez eux des meubles tres-riches, & precieux & faire bastir plusieurs palais, & maisons superbes, en toute asseurance sans qu'on leur puisse demander où ils ont peu prendre tant d'argent, ny qu'ils puissent estre subiects à aucune reuision de compte, encore qu'on congnoisse manifestement que toute leur opulence ne peut venir que de la pauureté publique : mais au contarire voulons qu'ils soient honorez & respectez, & que eux ou leurs descendans soient capables de tenir les plus grands estats des republiques où ils se rencontreront.

Nous tenons aussi entre les particuliers financiers, ceux-là les plus habiles qui acquerront de leurs maistres les meilleures terres, qu'ils ayent, quand bien ils seroient entrez chez eux auec la mandille, ou auec l'estrille, & le bouchon, ou quelque office de pareille qualité, & toutesfois que leursdicts maistres leurs soient tellement reliquataires par la reddition de leurs comptes, que le reste du bien soit mis en criées, & vendu à vil prix, ayant reduit les enfans de leurs seigneurs en telle necessité, qu'ils soient contraints de les venir rechercher, & leur faire la cour, se faisant ainsi honorer à leur tour. Que s'ils leurs donnent par hazard quelque main leuée, ou leurs permettent de iouïr de quelque peu de chose : Nous voulons qu'ils soient tenus pour fort charitables, & recognoissans, & voulons qu'ils puissent dire haut & clair deuant tout le monde, & sans rougir, qu'ils se sont faicts paunres pour bien seruir leurs peres, & qu'ils n'en ont iamais tiré autre recompence, que beaucoup de debtes, qu'ils leur ont laissé sur les bras.

Que si quelque Prince establit par dessus eux vn superintendant, qui parauenture découure leurs inuentions, & vueille faire le profit de son maistre. Nous voulons qu'il soit subject à la hayne de tout le monde, par l'artifice desdits financiers, & leur permettons de mesdire de luy à toute reste, & de rascher par leurs artifices de le rendre suspect au Prince, afin qu'estant disgracié, ils puissent recommencer leurs anciennes & loüables coustumes, comme ils faisoient auparauant.

Quant aux officiers qui sont pres la personne du Prince, & ont cognoissance de ses affaires plus secrettes, Nous voulons & entendons qu'ils soient pensionnaires & facteurs des autres Princes, leurs voisins, leur permettons de découurir leurs secrets, & leur donner aduis de tout ce qui se passe, sans que pour cela ils en soyent moins cheris & caressez de leurs maistres, ny moins recompencez de leur fidelité.

Quant a ceux qui voudront estre traistres à eux-mesmes, & faire le bien d'autruy par leurs conseils, & par leur siléce. Nous voulons qu'ils soyent mesprisez, comme gens stupides, & sans esprit, & que les autres soient redoutez, à cause que (comme ils disent) ils feront mal, & ceux-cy tenus pour gens de peu, à cause qu'ils ne le veulent pas faire. C'est pourquoy nous ordonnons que les nostres soient enrichis, & que leurs contraires s'appauurissent.

Nous voulons aussi que les susdicts officiers soient partisans à fin qu'ils puissent faire bailler les fermes, aux rabais, & que le Prince se puisse vanter, que sa richesse n'est pas en sa bourse: mais en celle de ses subiects. Pourront prendre des pots de vin, & autres menus droicts, & auec ce entrer au party pour vn quart, ou pour autre portiō, selon la somme qu'ils y apporterōt, sans que pour cela ils laissent de prendre quelques presens, s'ils en faut venir aux diminutions; car telle est la loy de tous les officiers de cest Empire, qui sont nos subjects, de prendre à toutes mains, quand le cas y eschet,

D. iiij

POVR CE QVI CONcerne la police.

AVANT aux reformateurs & gens de police, qui seront de nos sujets, ils permettront les faux poix, faulses mesures, déguisements, sophistications, & autres iolies inuentions, que nos pauures subjects peuuent inuenter, pourueu que ceux qui vseront de telle chose, en facent ausdits officiers, la recognoissance qui leur est deuë.

Lesdits officiers permettront aussi tous discours & libelles diffamatoires contre l'honneur du Prince, & de son Estat, que si pour leur honneur ils sont contraints d'en faire quelque recherche & qu'il arriue qu'ils prennent les coulpables, ceux qui auront dequoy, il leur sera permis de les laisser sortir par la porte dorée, les autres qui seront necessiteux, & ne mettront rien en leurs mains de peur qu'elles ne s'enflent, esprouueront la rigueur de iustice pour donner d'autant plus au monde vne bonne impression de leur preud'hommie & fidelité. Que s'il y a quelque niais qui vueille faire pratiquer la rigueur des loix & ordonnances du pays où il sera sans autre recompence, qu'vn fol & vain honneur, d'estre tenu par nos contraires pour hôme de bien, tant en ce que nous auons dit cy dessus, qu'en ce que nous dirons cy apres : nous voulons que les nostres courent sus telles manieres de gens, leur imposent toutes sortes de calomnies, & les accusent eux mesmes de concussion, & leur donnent tant de trauerses, qu'ils soient en fin contraints de se taire, s'ils ne sont parauenture de la race des anciens Catons. Car alors nous conseillôs à nosdits officiers de se tenir sur leurs gardes, & de faire leurs petites affaires le plus secrettement que faire se pourra.

Defendons aussi tres-expressément à nosdits officiers de rechercher ceux qui passent leur vie sans rien faire, encore qu'ils n'ayent aucun moyen, car nous tenons tous nos subjects pour Gentilshommes, & voulons que pour ce regard ils viuent selon la loy de Lycurgus, sans toutesfois les assubiectir aux exercises du corps, si ce n'est à ceux qui peuuent inciter à la volupté. L'oisiueté estant la vertu la plus necessaire pour la nourrir & entretenir.

Quand aux lieux sacrez de Vertumnus, Bacchus, & Venus, nous voulons qu'ils seruent d'oresnauant d'asile & de refuge à tous ceux que nos aduersaires nomment Safraniers, Cessionnaires, Bãqueroutiers, & autres gens de bagage de nostre suitte, sans que nosdits officiers leur puissent faire aucun desplaisir, trop bien leur sera-il permis de composer auec les ministres desdits lieux & en tirer quelques censiues & droicts seigneuriaux, pour marque qu'ils sont subjects & vassaults de nostre Empire.

Nous voulons aussi que ceux qui auront faict faute, non par necessité mais d'vne volonté premeditée par vne gentillesse d'esprit se transportant eux & l'argent de leurs creanciers en quelque pays vn peu esloigné, faisant cependant par le moyen de leurs amis vne composition de prime auec leursdits creáciers, soient tenus pour les plus habiles & mieux entendus d'entre les nostres, quand bien ils auroient vsé cinq ou six fois de la mesme galéterie, pourueu que l'on trouue chez eux de beaux liures de raison & autres papiers iournaux bien escrits où se puisse voir clairement toutes leurs debtes, mais qu'ils ne facent aucune mention de ce qu'ils possedent, ny de ce qu'on leur doit.

Les années que le bled & le vin sera pl⁹ rare que de coustume, aux pays principalement où il n'est pas en trop grãde quantité, nous permettons aux nostres d'en faire magazins, & ne le debiter qu'à l'extrémité, à fin de tirer plus aisément tout le mauuais sang du public qui leur vient durant les années de l'abondance, & par vne subtile alchimie le conuertir en leur substance : Deffendans à nosdits officiers d'y mettre autre taux, soit ausdits bleds & vins, ou autres denrées necessaires à la vie, que ceux que lesdicts Chirurgiens publics y voudront, pourueu qu'ils les fournissent de tout ce qui sera necessaire à l'entretenemẽt de leur maison & famille.

Et d'autant que quelques vns des anciens Romains, apres quelque signalée victoire, se faisoient conduire au son des flustes, voulons renoueller ceste ancienne coustume que nous auons iugée iuste & ciuile, pour gratifier aussi de plus en plus ceux qui auront tousiours approuué nostre maniere de vie, & pris en main nostre party, & lesquels ont leurs demeures prés des forests & hautes fustayes. Par vne grace & priuilege special nous leur auons permis de faire iouer des hauts-bois toutes & quantesfois qu'il leur plaira, sans que les reformateurs puissent apporter leurs distinctions de bois mort & mort bois. Mais voulons que tous chablis, soit qu'on leur ait mis le feu au pied, ou autremét, soient bois d'vsage, nostre intention estant telle, que pour leur regard toutes forests soient de la nature du bois de Danaé, à sçauoir que les gruyers n'y puissent iamais donner coup de marteau.

Quant ausdits Reformateurs & autres sous-officiers de nos affectionnez subjects, ils pourront émonder, esserter, ou élaguer lesdictes forests aux lieux qu'ils verront les plus commodes pour leur vtilité. Et quand on leur ordonnera de vendre quelque quâtité de pieds d'arbres, nous voulons qu'ils ne s'arrestent pas au pied de la lettre, côme on le préd communément, mais selon leur intelligence: à sçauoir de compter autant d'arbres pour vn pied, comme on compte ordinairement de poulces pour composer vn pied Royal, estant bien raisonnable, puis qu'ils sont officiers Royaux, qu'ils se gouuernent aussi à la Royalle.

Quant aux moindres officiers desdictes forests, nous leur permettons de faire toute sorte de merrin, bardeau, & autre bois d'vsage soubs le nom des pauures marchands, s'accommodans auec les pauures maneuures de nos subjects proches desdictes forests. Que s'il y a quelqu'vn desdicts maneuures qui ait quelque moyen & vueille faire son cas à part: commandons ausdits gardes de leur permettre de prendre les plus beaux arbres & de meilleure sente pourueu qu'ils les recompensent : de sorte que les vns puissent couutir leur maisons de quarts d'escu, les autres acheter par ce moyen toutes leurs commoditez, & tous ensemble soient souuent caressez chez le bon pere Silenus, & n'en sortent iamais sans faire retenir dans lesdictes forests le sainct nom d'Euoé.

Par cestuy nostre Edict & ordonnance irreuocable nous auons supprimé dés maintenant, & pour tousiours, l'office de Censure, voulons que tous Censeurs, pour quelque chose que se puisse estre, soient interdits par tout cestuy nostre Empire, & commandons à tous nos subiects de les fuir comme gens excommuniez & de mauuaise sorte, comme ceux qui peuuent causer tout trouble & empeschement, soit au desir, soit au plaisir. Que si quelqu'vn d'entr'eux est si temeraire de se mesler parmy les compagnies, & vueille mettre en prattique & dogmatiser sa pernicieuse doctrine, nous voulons qu'il en soit incontinant banny par toutes sortes d'affronts & d'ignominies qu'on luy pourra faire souffrir.

S'il y a quelque mary qui soit las & ennuyé de sa femme, ou quelque femme qui vueille changer de mary, nous leur permettons de faire diuorce, & leur bailler vn libelle de repudiation.

Que s'ils sont en pays où la coustume ne permette point repudier, nous leur conseillons de mettre en auant l'impuissance de l'vne des parties, encore q̃ cela ne soit point & qu'ils ayent des enfans l'vn de l'autre : ce seul mot „ estant tout puissant pour dissoudre toutes sortes de tels contracts & alliances.

Ceux qui voudront donner quelques aduis qu'ils diront estre pour le public, nous defendons tres-expressement de les ouyr, ou pour le moins s'ils sont ouys nous voulons qu'ils soyent tenus en si grande longueur sans rien effectuer de leurs intentions, qu'ils soyent en fin lassez de tant de bonnetades, & quittent là toute leur entreprise, quand mesmes il en arriueroit beaucoup d'vtilité au Prince de la prouince où ils seront. Mais voulons & entendons que ceux là soient seulement choisis & executez, qui apporteront de la ruine & du dommage au public, & qui pourront aliener les volontez des subjects de l'obeissance & fidelité qui se doit rendre au souuerain.

Chacun pourra s'abiller à la fantasie, pourueu que ce soit brauement, superbement, & sans aucune distinction ny consideration de sa qualité ou faculté. Que si vne estoffe mise en œuure, quelque precieuse qu'elle soit, n'est enrichie auec superfluité de broderie d'or, d'argēt, de pierreries, & de perles, & le plus souuent sans bien-seance, nous tenons tels accoustrements pour vils, mesquins, & indignes d'estre portez aux bonnes compagnies, reputans toute modestie en cela pour bassesse de cœur & faute d'esprit. Aussi tenons-nous pour vne reigle presque generale parmy nous, que tels accoustremēts honorēt plustost qu'ils ne sont honorez: car en ceste Isle l'habit faict le moine, & non pas au contraire.

Les accoustremens qui approcheront plus de ceux de la femme, soit en l'estoffe ou en la façon, seront tenus parmy les nostres pour les plus riches & mieux seans, comme les plus conuenables aux mœurs, inclinations & coustumes de ceux de ceste Isle, voulons toutesfois que les façons changent tous les moys & que ceux qui porteront plus long temps vn accoustrement, soyent tenus pour tacquins, auares, & inciuils, toutesfois ils pourront bié renoueller les vieilles façons, & les mettre en credit comme si elles estoient nouuelles inuētées, encore qu'elles ayent esté en vsage plus de soixante ou quatre-vingts ans auparauant. Et à fin que ces choses se puissent faire plus commodément, & qu'on recherche à loisir les inuentions, Nous conseillons à nos plus fauoris d'auoir chacun vn valet de chābre tailleur auec lequel ils puissent passer vne bōne partie du temps à inuenter de nouueaux patrōs. Car outre l'vtilité qu'ils en retirerōt, ils retiendront par ce moyé, beaucoup de termes necessaires, pour discourir à propos auec les Dames, ou auec leurs semblables, quand ils se voudront priuément entretenir, comme discours tres-solides & dignes de leur verité.

Les meubles des logis & maisons de particuliers seront en toutes choses le plus riches que faire se pourra, voire iusques à surpasser les facultez de ceux qui les possederont, sans qu'on leur puisse mettre en auant que ce n'est pas leur qualité: Car ceux qui ont l'honneur d'estre enroollez au nombre de nos subjects, sont assez qualifiez, tous les aures estats, noblesses grandeurs principauté, ayant esté plustost inuentées pour la mine que pour chose necessaire à ce faire valoir. Aussi permettons nous à nosdicts subjects qui viuent en leur particulier de faire dorer les portes, fenestrages, lambris, & autres endroicts de leur logis, d'auoir plusieurs chambres tapissées de riches tentures, rehaussées d'or & de soye ou embouties, & autres façons de broderie. Les sieges couuerts de soye & chamarrés de clinquát & faire des Tableaux où il n'y ayt rien de representé que toutes choses qui peuuent inciter à volupté. Deffendons tres-expressément d'en auoir aucũs qui ressentent en façon que ce soit leur sainteté, ou chose qui incite à ce qu'on appelle vertu. Quant aux meubles de bois, nous voulons qu'ils soient tout dorez argentez, & marquetez: & que tous lesdicts meubles, principallement les chalits soient, si faire se peut, de bois de cedre, rose, & autres bois odorans, si quelqu'vn n'ayme mieux en faire d'Ebeine d'Iuoire.

Et d'autant que tous les licts sont autant d'Autels ou nous voulons qu'il se face vn sacrifice continüel à la déesse Salambona, nous desirons qu'ils soyent aussi plus riches que le reste, houssez & caparassonnez pour la commodité des plus secrets amis, sçachans aussi que les actions vulgaires se fôt sous vn ciel qu'ô appelle lunaire. Et les mysteres de Venus estans esleuez deux degrez au dessus. Nous entendons que chacun ait double ciel en son lict, & que celuy qui sera au dedans ne soit pas moins riche, que celuy du dehors, voulons que l'histoire en soit prise des Metamorphoses d'Ouide, desguisemens des Dieux & autres choses pareilles pour encourager les plus refroidiz. Que le derriere soit plus remarquable que le deuant pour sa largeur, comme plus conuenable aux Hermaphrodites estant le lieu le plus propre pour l'entretien. D'autant aussi que la terre n'est pas digne de porter chose si précieuse, nous ordonnons qu'on estendra sous lesdicts licts quelques riches cairins, ou autres tentures de soye.

Les bãquets & festins se feront plustost de nuit, que de iour auec toute la superfluité prodigalité, curiosité & delieatesse que faire se pourra, & selon que l'inuention & l'opulence des riches presens ou aduenir la pourra permettre, voulons qu'on vse de toutes sortes de crestes & de lãgues, entre autre des Cocs de Paons, & des Rossignolz, comme fort salutaires pour le mal Epileptique. Que toutes les viandes soyent desguisées & que pas vne ne se recognoisse en sa nature, afin que nos subjects prennent nourriture en pareille forme qu'ils sont composez. C'est pourquoy nous estimons toutes sortes de patisseries, confitures seiches & liquides, & que tant plus elles seront apportées d'vn climat esloigné de celuy où on sera, qu'elles en soyẽt plus estimées, d'autant qu'elles seront plus cheres: que s'ils veulent quelquefois par curiosité vser de poisson, nous voulons quelque distance qu'il y ayt de la mer au lieu où il se mangera qu'il soit mariné. Et pour le regard des Omelettes voulons qu'elles soyent saupoudrées de musc, ambre & perles, & quelles reuiennent chacune depuis cent, iusques à cinquante escus les moindres: en esté on aura tousiours de reserue en lieux propres pour cest effect de grands quartiers de glace, & des monts de neige, en quelque pays chaut qu'on puisse estre, pour mesler parmy le breuuage, quand bien cela deuroit engendrer des maladies extraordinaires. Car ceux qui sont veritablement nostres, ne doiuent rien craindre pour iouïr de la volupté, ains plustost ils doiuent s'exposer à toutes sortes de perils pour vn si grand bien & contentement.

Chacun se pourra aussi habiller à sa fantasie quelque bizarre que puisse estre l'inuention, pourueu que l'inuenteur ait en luy, la vertu que nos contraires appellent effronterie: que si celuy là est parauenture de nos plus fauoris, chacun de ceux qui n'ont point d'inuention meilleure, l'imiteront & s'habilleront à sa mode.

Encore que nous tenions la charité pour vne pure nyaiserie comme vne inuention qui ne sert qu'à vuider les bourses, que nous voulons que les nostres ayent tousiours pleines, toutesfois d'autant qu'elle est en reputation parmy le monde & que l'on faict cas de ceux qui l'embrassent. Nous conseillons aux plus sages & mieux aduisez d'entre les noſtres d'aſſiſter & prendre le party d'vn pauure contre vn riche lequel neātmoins ne ſera pas tant appuyé & fauoriſé qu'eux afin qu'en aydant à l'vn, ils puiſſent deſpoüiller l'autre & que de leur auarice leur reuienne vn renom de liberalité. Que s'ils font quelques autres aumoſnes que ce ſoit le plus rarement que faire ſe pourra, & qu'elles ne ſoyét iamais diſtribuées qu'au veu & au ſceu de tout le monde.

Nous ordonnons auſſi que les enfans des noſtres ſoyent nourris en toute liberté ſans les forcer ny contraindre pour quoy que ce ſoit, ny meſmes les chaſtier ſi ce n'eſt en ce qu'ils pourroient faillir à l'entregent ou à auoir bonne grace, on leur apprendra auſſi des leur plus tendre ieuneſſe, les termes de la volupté, & frequenteront le plus communement ceux qui les y peuuent inſtruire, apprenant d'eux les preceptes, enſeignemens, loix, & ordonnances neceſſaires pour ſe rendre capables d'eſtre vn iour parfaicts *Hermaphrodites*, & paruenir au rang des plus cheris & fauoriſez d'entre les noſtres.

Les ieux floraux & ſceniques ſeront en

reputation parmy les nostres sans qu'il
soit iamais permis à aucun de les abolir
comme la plus vtile & facile escolle où
se puissent apprendre les premiers Ru-
dimens de nostre doctrine.

Les hospitaux maladeries, & autres
lieux de pareille retraicte seront en reputation non pour leur bien faire, ou
aumosner quelque chose, mais pour seruir de retraicte à ceux que les nostres y
pourront enuoyer par leur industrie.
Aussi voulons nous que les maistres &
gardes d'iceux, ayent plus soing des ba-
stimens que des malades & necessiteux
car pour le regard du reuenu qui leur est
dés-ja tout acquis, nous entendons que
lesdicts maistres en disposent comme de
leur chose propre & qui leur appartient
de droict.

Quant aux mendians, belistres & autres de pareille estoffe, nous deffendons
à tous nos officiers de police, de leur
empescher leurs gueuserie & mendicité
quand bien ce seroit sans subiect & seulement pour mener vne vie faineante, &
de crainte de se donner trop de peine
comme aussi nous voulons qu'il leur
soit permis de se faire des vlceres & des

playes artificielles sans estre subjects à
reuisitation pourueu qu'ils exerçent la
mesme charité enuers nosdicts officiers
qu'on a pratticqué en leur endroict, leur
faisant couler vne partie dãs la manche
de ce qu'on leur a mis en la main.

Nous voulons que tous ceux qui sçauent l'ayder du poulce, couper la corde
sãs faire sonner la clochette, iouër de la
harpe & se seruir de leurs ongles crochus, ceux qui sont bons chatz-huãts, &
chauue-souris & ont de bonnes aisles
pour la nuict soyent en seureté, & que
lors qu'ils prendrõt l'air d'vn costé, nosdicts fidelles Officiers tirent de l'autre,
de peur de la rencontre & de quelque
mauuais augure, bien est vray que nous
leur permettons d'aller en leurs nids &
là leur faire rẽdre compte du butin sans
toutesfois en faire rien rendre à ceux à
qu'ils appartiennent, mais partager esgallement amiablement par ensemble
les choses conquises, pourueu que par
mal-heur lesdicts oyseaux nocturnes &
autres de leur suitte ne tombent point
entre les mains de ces déloyaux officiers
qui sont mis adueu de nous, de crainte
qu'ils ne les feissent estre la proye des

autres

autres oyseaux qui volent de iour, ou pour le moins seruir de miroir pour la contemplation des secrets de la nature.

Quant à la calomnie & à la trahison, nous defendons tres-expressement qu'elles soient punies ny chasties, si ce n'estoit que le Prince souuerain s'en voulust mesler pour le bié de son estat, mais pour ce qui regarde les particuliers, n⁹ voulons que les nostres qui auront ces deux perfections soient en honneur & reputation: les vns pour auoir vn entregent, les autres vne subtilité & gentillesse d'esprit, que l'on recognoistra en ce qu'ils seront larges & prodigues en paroles, & chiches en fidelité. Ils serōt aussi tout ensemble ce que nos contraires appellent flatteurs & trompeurs: de sorte que si leurs amis perdēt par le moyen de ces deux notables vertus, le bien l'hōneur, ou la vie, voire tous les trois ensēble, pourueu qu'il en arriue de l'vtilité aux nostres, soit du bien ou de l'aduancement de la fortune, nous les tenons pour galands & bien aduisez *Hermaphrodites*.

Chacun pourra s'estudier en l'art chimique, selon la subtilité de son esprit &

E

la commodité des lieux, & pourront apprendre aux plus riches qui voudront se rendre maistres en cest art comme il faut conuertir le Sol en venus, & la Lune en Saturne, pour puis apres faire euaporer le tout en Mercure volatil : mais sur tout nous voulons que les maistres des monnoyes, & autres officiers d'icelles qui sont de nos fideles subiects, soient fort versez aux alliages poix sur cent, sur trente, sur dix, & autres pieds, façons & manieres de parler *Hermaphroditiques*, qui seront toutesfois compris sous ce nom de pied de Roy : voulons aussi que ils entendent à billonner, rogner, & autres exercices de cet estat ; sans qu'ils puissent estre subiets à recherche, pourueu qu'ils facent glisser dans la boëtte à l'espreuue quelques fideles especes pour le contentemét de leurs superieurs, qu'ils cognoissent estre de nos plus loyaux & plus fideles officiers.

Defendons à nosdicts officiers politiques d'auoir esgard sur tous les artisans qui inuenteront des façons nouuelles de peu de durée & de grande despence afin que nous puissions voir plus aysement le fonds du reuenu de tous nos subjects : & sur tout ordonnons que les mestiers les plus inutiles soient ceux qui ayent la plus grande vogue, qui s'enrichissent plus promptement, & qui soiēt les plus honorez, les autres n'estant que les valets de ceux-cy.

Et d'autāt que par vne science prophetique nous sçauōs qu'aux siecles à venir il y aura bien peu de Solons, de Lycurgues, & de Platons, qui se mettēt à voyager par le monde, soit pour prendre les meilleures loix des lieux où ils irōt pour les faire pratiquer apres en leur pays, soit pour enseigner eux-mesme les peuples où ils frequēteront. Au cōtraire sçachans que la pluspart de ceux qui voyageront seront le plus souuent les plus corrōpus & dissolus d'entre les peuples, vrais Alcibiades, & qui n'auront ny foy, ny amitié, ny façon de vie arrestée. Nous ayans consideré que toutes ces choses sont fort conformes à l'humeur des habitans de ceste Isle, qui ayment la nouueauté, auons permis à tous estrangers de s'y habiter, & en fort peu de temps d'obtenir les charges & iouyr des mesmes honneurs que les naturels du pays, voire bien souuent d'estre preferez à iceux, ainsi que le cas y eschera, leur faire la loy, ou tirer toute leur substance naturelle, les remplissant au lieu, de vices & de curiositez pour faire voile incontinent apres où ils penseront faire aussi bonne ou meilleure fortune.

POVR CE QVI CONCERNE l'entregent.

TOVS ceux des nostres qui voudront frequenter les compagnies porteront sur le front vne medalle qu'on appelle impudence, & sur le reuers l'effronterie, à fin que cela puisse enseigner à tous les peuples qu'ils sont capables de faire & de souffrir toutes sortes d'affronts.

Chacun d'eux taschera de faire le beau, l'agreable, & le discret, encore qu'ils ne soient rien de tout cela, auront beaucoup de submission & d'humilité en leurs paroles à la bien-venuë ou en la separation, & aux occasions où il faudra vser de supercherie pour attrapper son compagnon, mais en tout le reste de leurs actions seront pleins de vents de presomption & de bonne opiniõ d'eux-mesmes : Chanteront eux-mesmes leurs loüanges, & entretiendront les compagnies du recit de leurs actions, encore qu'on fust bien aise de ne les point ouyr.

Leur langue sera comme le ressort d'vne horloge qu'on a desbandé, elle ne pourra s'arrester tant qu'ils ayent deuidé tout ce qu'ils auront enuie de dire, & chacun permettra à son compagnon de parler le moins qu'il pourra, quand ce ne seroit que pour estouffer sa gloire, & empescher sa reputation.

Leurs discours seront le plus souuent de choses controuuées, sans verité, ny sans aucune apparence de raison, & l'ornement de leur langage sera de renier & de blasphemer posément, & auec grauité faire plusieurs imprecations & maledictions, & autres fleurs de nostre Rethorique pour soustenir ou pour persuader le mensonge, & lors qu'ils voudront persuader vne chose fausse ils commenceront par ces mots. La verité est.

Ceux qui n'auront pas la parole bonne, ny à commandement, seront toutesfois tenus pour habilles, pourueu qu'ils

E. iiij

puissent dire, vn C'est cela, vn Ie vous en
asseure, Ie vous en respons & autres pa-
reils termes en branslant la teste & le
corps, & qu'ils ayent ceste industrie de
se ranger tousiours du costé des plus
forts.

S'il y a quelqu'vn qui veuille faire
l'entendu & se faire estimer par dessus
les autres, nous trouuons fort bon que
par mespris il n'escoute pas ce que diront ceux qui sont en la compagnie,
mais plustost que d'vne voix plus haute
que tous les autres, & contre-bratte, il in-
terrompe leurs discours par quelque galanterie, que nos contraires appellent
niaiserie: & si de hazard les autres veulent paracheuer leur propos encômen-
cé, qu'ils ne laisse pas pour cela de continuer tousiours le sien.

Sur tout nous conseillons aux nostres
de perdre plustost vn bon amy, qu'vn bô
mot, & que leurs paroles soient toutes
remplies de traits & de pointes si poi-
gnantes, qu'elles puissent percer à iour
l'honneur & la reputation, ou pour le
moins qu'elles offensent tousiours celuy
à qui elles sont dictes, en luy reprochant
couuertement son imperfection, quand

bien on seroit entaché du mesme mal: car c'est lors qu'ō paroist beaucoup plus habille que les autres quand on accuse quelqu'vn de la faute dont on est coulpable, & qu'on rejette sur autruy en se gaussant, les imperfectiōs qui nous sont les plus familieres.

Les amitiez ne seront seulemēt qu'en bonne mine, & seulement pour passer le temps, ou pour l'vtilité : Que si vn amy a de la necessité, ou s'il est en quelque danger, ou bien accusé de quelque crime, nous defendons de l'assister de commoditez, de secours, & d'assistance; permettrons ce qu'on apelle perfidie, trahison, & ingratitude, que nous tenons pour sagesse, bonne conduitte, & gentillesse d'esprit.

Les mieux disans d'entre les nostres mesleront tousiours en leurs discours, quelque traict de moquerie & de risee cōtre les choses que nos aduersaires appellent Sainctes; en tireront leurs comparaisons, s'il est questiō de faire vn bon conte, afin qu'elles soient d'autant plus mesprisees, & qu'on y adiouste moins de foy.

La mesdisance leur sera fort familiere
D iiij

sans aucune distinction de parenté, société, ou amitié : Car scandalizer & calomnier aux despens de l'honneur & de la reputation de ceux auec qui on a quelque amitié fort estroittement iurée, est vn precepte des plus communs & necessaires pour l'entregent.

Nos plus loyaux subiects & vrais *Hermaphrodites* se tiendront les vns aux autres quelques propos d'amour & de volupté ou de quelque inuention nouuelle pour s'abiller. Pourront aussi discourir de la singularité des eaux & composition des fards, comme il faut friser les cheueux: Sçauront tout ce qui est necessaire pour l'accoustrement des femmes pour s'en sçauoir accommoder & aioliuer. Et defendons tres-expressément à nosdits subiects de s'entretenir & discourir des graces & perfections diuines de la sainteté de vie, reformation, & autres inuentions de nos aduersaires cõme du tout contraires à nostre façon & maniere de viure. Que si quelqu'vn estoit si temeraire d'en entamer le propos, qu'il soit houpé, bassoué, & moqué comme sot & mal appris aux reigles de l'entregent.

Par grace & priuilege special nous voulons aussi qu'il soit permis à nos subjects d'inuenter les termes, & les mots necessaires pour la ciuile conuersation, lesquels seront ordinairement à deux ententes: l'vne representant à la lettre ce qu'ils aurōt enuie de dire: l'autre vn sens mystique de voluptez, qui ne sera entendu que de leurs semblables, ou qui aurōt esté leurs legionaires, auec ceste obseruation, que le son en soit doux, en le prononçant, de peur d'offencer la delicatesse de leurs oreilles, auec deffences d'en vser d'autres, quelque substance, proprieté, ou signification qu'ils puissent auoir de ce qu'on voudra dire. Et à fin que la continuation ne leur puisse apporter quelque ennuy. Nous estimōs qu'il est fort à propos de les chāger tous les ans, à fin que si à la longue le vulgaire en vouloit vser, ils puissent quant à eux auoir tousiours quelque chose de particulier.

Commandons aussi à tous les nostres, de ne dire iamais à leur Prince, que choses plaisantes, ou de ne leur parler iamais quand bien ce silence luy pourroit causer de la ruine: Car il vaut mieux qu'il

E v

souffre quelque dommage qu'eux mesmes s'exposent à l'auenture de receuoir quelque mauuais visage. C'est pourquoy nous voulons qu'ils ayent la flatterie en singuliere recommandation, & qu'ils la tiennent pour vne souueraine vertu, laquelle nous tenons auoir lors atteint sa perfection, tant plus elle sera esloignée de la verité, & qu'elle persuadera le plus a la volupté.

D'autant que les nostres ont entre eux plusieurs menées, conspirations, desseins, & entreprises secrettes, soit pour l'amour, soit pour l'Estat. Nous leur auons permis & permettons d'auoir dés maintenant & à tousiours quelque langue, ou iargon composé à leur fantasie, qu'ils nômerôt de quelque nom estrange, comme Mesopotamique, Pantagruelique, & autres. Ils et ont aussi des signes au lieu de paroles, à fin d'estre entendus en leurs pensées plus secrettes, par leurs consçachans, & sans estre descouuerts.

Nous voulôs aussi qu'il y en ayt quelques vns des nostres qui parlent fort souuent contre les vices, & voluptez. Qu'ils se plaignent des des bordemens, tant puplics, que particuliers, & toutesfois que leur vie soit toute dissoluë, voluptueuse, lasciue, & sans aucun desir, de ce qu'on appelle vertu, ce qu'ils diront en cela, n'estant que pour pouuoir mesdire auec plus d'asseurance, afin qu'ō pense que ce qu'ils en diront soit plus par pitié, que pour offencer. Et de ceste façon ils pourront discourir des actions du Prince auquel ils seront subiets, des affaires de son Estat. Parleront hardiment contre sa façon de gouuerner, & de ses magistrats, en toute compagnie impunément, & sans crainte. Et encore qu'ils ayent la volonté du tout esloignée de son seruice, ils se diront les tres-fideles, & affectionnez subiects. Et que c'est la force de la douleur qu'ils ressentent de voir tout aller si mal, qu'il leur faict tenir ce langage: encore que leur dessein soit d'aliener les volontez de l'obeissance qu'on luy doit rendre, afin de s'ayder apres de ceux qu'ils auront ainsi corrompus.

Et d'autant que nous voulons, que nosdicts subiects seruent de lumiere, & d'exemple, à tous les autres. Nous entendons aussi qu'ils soyent

E vij

meslez parmy les sciences, afin d'en pouuoir discourir auec ceux qui n'y entendent gueres, & seulement pour les faire admirer. Car nous ne leur conseillons pas d'employer du temps, des veilles, & de la peine: mais qu'ils en prennent quelque superficie, comme de sçauoir les termes de l'art, auoir en main quelque exemple, ou quelque comparaison encore ne voulõs nous pas qu'ils se trauaillent en cecy. Car quelque pauure philosophe sera trop heureux pour quelques caresses, qu'ils luy pourront faire, de leur rediger en quelques petits fueillets de papier, ce qu'il aura apris en plusieurs années auec vn grand trauail, & pourueu qu'ils loy ayent dict qu'il soit bien & dignement satisfaict, & qu'il se tienne pour content.

Leur estude continuelle sera sur les ouze inuentions de la Cyrenienne, aux liures que Leontien tres sçauante en la philosophie d'amour, escriuit contre Theophraste, aux ordonnances par nous faictes & decretées en plain sanat, aux sept arts liberaux rapportez au sens Mystique aux preceptes d'Epicurus, reigles d'Apicius, les liures d'Antiphanes, Aristophanes, Callistrate, Cephalus, Alcidamus, & autres bons liures de pareille substance, & vtiles & necessaires, pour bien, & heureusement viure, comme aussi nous voulons qu'ils puissent continnellement lire cest ancien decret du Senat Romain, mis en deux tables au temple de Venus. Et qu'ils ayent tousiours en main quelque Comedie folastre & lasciue, afin qu'ils puissent tousiours apprendre quelque nouuelle ruse, pour les rendre plus dignes du rang qu'ils tiennent, & qu'ils soient à la fin des plus braues, & galands *Hermaphrodites.* Car il faut qu'ils nourrissent leurs ames de ces choses sacrées, & leur en donnent vne teinture, afin qu'en estant parfaictement imbues, elles puissent facilement resister aux tentations des prophanes qui leur voudroient persuader leurs sottises.

C'est pourquoy nous voulons que tous ceux qui auront de ces sciences qu'on appelle vertueuses, & qui veulent faire les Docteurs, les Philosophes, où les Censeurs, tous ceux qui voudront faire admirer les œuures diuines, & inciter les autres à quelque contemplation, toutes sortes de manieres de gens doiuent estre tenus par les nostres pour resueurs, pedans, pleins de manie, & sans raison, veu que tous leurs discours ne peuuent estre fondez en la raison humaine, puis que toutes ces choses sont sur-naturelles.

Que s'il y a quelqu'vn à qui on vueille rendre du respect, & qui face cas de toutes ces bagatelles, nous conseillons aux nostres de ne laisser perdre aucune occasion pour rompre le discours, soit sur ce qu'il se dira, soit sur ce qui se presentera, feront redire beaucoup de fois vne mesme chose, & feindront de ne le pas comprendre, pour ennuyer & lasser tant celuy qui parlera, feindront de sçauoir quelque chose de nouueau, qu'ils ont crainte d'oublier, ou bien de se trouuer mal, feront semblablement de s'endormir & autres riches inuentions, à ce peu sufaire, que les nostres rechercheront incessamment selon les occasions pour les deliurer de toutes ces importunitez.

Nous ne trouuons point mauuais,

neantmoins que les nostres aillent quelquesfois aux predications publiques, par forme d'entregent pour œillader, carresser, & entretenir ceux & celles qu'ils affectionneront le plus, pour faire les beaux, & faire monstre de quelque invention nouuelle en accoustremens, & pour se gausser de celuy qui aura presché, & s'en entretenir le reste de la iournée, soit sur ces termes, ou sur son action. Deffendons tres-expressément d'en tirer aucune instruction, n'y de changer de forme de vie à l'aduenir, pour chose qu'ils ayent dicte. Car nous voulons que l'interieur soit tout nostre, & affectionné à nostre religion. Pour l'exterieur il leur sera permis d'en faire part à qui bon leur semblera, pourueu que nous en ayons les premices, & que nous soyons tousiours preferez à tous autres, pour quelque honneur, vie & salut qu'on leur puisse annoncer. Car telle est la Loy inuiolable de cet Estat, d'estre saincts en apparence parmy ceux qui font cas de telles denrées, & toutesfois d'estre tousiours lascif en la conscience, & dissolu en toutes les actions qui se pourroient faire secrettement, ceste vertu que nos contraires appellent hypocrisie, estant tres-necessaire pour le repos & tranquillité de la vie humaine, pource qu'on s'en puisse servir selon les occurrences.

Ceste vieille drogue d'antiquité sera tenuë en fort grand mespris, par les nostres, qui se gausseront de tout ce qu'elle enseigne, comme fables de vieilles inuentions à plaisir, & hors la possibilité de la nature, & toutesfois en se moquant de ses coustumes. Ils s'en pourront seruir en ce qui sera de l'inuention des accoustremens, des meubles, & des richesses, les conuertissans & les desguisans, comme si cela venoit d'eux, & de leur industrie, que s'il y a quelque chose assez basse, & triuiale (comme cela leur sera plus ordinaire, qu'autrement) nous voulons qu'ils puissent dire qu'ils ont eu la conception haute, mais que c'est qu'ils l'ont voulu ainsi expliquer bassement, à fin qu'en quelque façon que ce puisse estre ou les treuue tousiours pour fort habilles, & entenduz à toutes choses.

Aussi voulons nous que nos plumets, & ceux qui ont la mine releuée soyent redoubtez sur tous autres, & que chacun leur face place en quelque lieu qu'ils aillent, quand bien ils seroient vilains de quatre races & lasches poltrons comme des poules, car le panache qu'ils portent leur donnera assez de noblesse & de valeur.

Nous tenons pour gens d'honneur ceux qui despendét beaucoup plus qu'ils n'ont vaillant, & qui veulent paroistre, soit en despence de bouche, de meubles & sumptuosité d'habits beaucoup plus grandes qualités, & moins ils auront de commodité, & plus ils s'exerceront en ceste vertu que nous venons de dire, nous voulons qu'ils en soyét beaucoup plus estimez: car c'est cela que nous appellons auoir le cœur bon.

Tous histrions, bouffons, gausseurs, escornifleurs, chercheurs de repues franches, mouches de cuisine, amis de table, & autres manieres de gens d'esprit & plaisás venerables qui ne sont que pour

l'inuention des bons mots, & des faulses, nous leur donnons permission d'a-
uoir tel entregent que bon leur semblera, s'habiller & parler à leur fantaisie, viure en liberté de conscience & de façons
de faire, voire mesmes auec les plus grãds
ausquels il sera permis de leur dire tout
ce qu'ils voudront, sans que pour cela on
leur en face plus mauuais visage, au
contraire nous voulons qu'ils soyent re-
cherchés comme gens de bonne com-
paignie, & qui sçauent de bons contes
pour faire rire les autres.

C'est pourquoy nous leur conseillons
de remarquer & d'esplucher fort particulierement toutes les paroles, actions
gestes, entregens, vices & imperfectiõs
de ceux où on leur donnera vne familiere entree, & où on leur fera le meilleur
visage (, comme gens qui n'entrent en
deffiance aucune de leur conuersation)
pour en faire apres leurs contes aux lieux
où ils n'auront pas tant d'accez ny d'entrée, afin que cela incite les autres à les
rechercher, chacun estant bien aise d'entendre des nouuelles de son compagnon
pour le scandaliser & auoir subiect de le
mespriser.

Nous conseillons pareillement aux Princes qui voudront sçauoir particulierement des nouuelles de leurs subjects, sans qu'ils s'en apperçoiuent, & sans que leursdits subjects puissent descouurir comme leurs plus secrets affaires peuuent estre venuz à la cognoissance du souuerain, de leur ayder pour cet effect de nosdicts bien aymez parasites, car ils descouuriront plus de clapiers auec ces furets, en vn iour, qu'ils ne feroient en vn moys auec toute leur chasse Royalle, pourueu qu'ils permettent aussi ausdicts Histrions de fureter quelquesfois dans leurs bources.

D'autant que le cours ordinaire de la nature est de faire que les choses seiches & arides soiet aussi plus subiettes à inflammation, Nous qui voulons suiure autant que faire se peut les naturelles inclinatiōs ausquelles nous sommes naturellemēt addōnés sans les forcer ny cōtraindre en sorte & maniere que ce soit, Permettōs à nos vieillards les plus decrepits d'estre autant ou plus addōnez à l'amour q la ieunesse. Mais d'autāt que leur pouuoir n'est pas pareil, Nous voulōs qu'ils ayent au moins cōtinuellemēt le desir, la pensée & les attouchemens & que leurs familiers deuis soient de la volupté auec les gestes les plus lascifs qu'ils pourront inuenter pour tousiours nourrir & entretenir leur belle humeur & qu'ils puissent au moins dire ce qu'ils ne peuuent faire.

Ceux d'entre les nostres qui sont d'habitation ou d'humeur plus meridionale que les autres, nous leurs permettons de se mesler auec des natures du tout esloignées de la leur, quãd bien il en deuroit sortir quelque monstre, D'autant que nous faisons cas de ce qui surpasse le cours ordinaire des actions vulgaires, bien qu'il n'y peut rien auoir de monstrueux, pour nostre regard.

Les jeux, esbatemens, & passe-temps plus ordinaires de nos plus fauoris, seront au boute-hors, aux barres, Cheual fondu, cache cache bië si tu las, à cubas, à reuersis, Iean de Rencontre, & toutes sortes de Ieans : excepté celuy de Iean qui ne peut, que nous voulons estre banny de toute bonne compagnie, (comme tout contraire à nos statuts & ordonnances) à la chasse entre deux toilles, prendre les oyseaux à la pipée, au tiers,

au propos interrompu, courre la bague
pourueu qu'elle soit nouuellement mise en œuure, aux dames rabattuës, dames poussées, au trictrac, pourueu qu'il
soit ioüé selon nostre vsage, & autres
jeux qu'ils pourront cy-apres inuenter
pour passer le temps auec plus de plaisir
& de contentement.

Voulons aussi que tous valets & affranchiz qui auront espié les actions &
descouuert les secrets de leurs maistres
ou qui auront participé à leurs menées,
conspirations & autres actions vertueuses soient crains, honorez & respectez
d'iceux, aduâcez & enrichis côme leurs
propres enfans, sans qu'ils osent en façon quelconques les offenser, de crainte qu'ils ne descouurét ce qu'on veut tenir caché, mais plustost que leursdicts
maistres leur obeïssent en tout ce qu'ils
pourront desirer, à fin que chaque chose
ait sa vicissitude & que chacun serue
à son tour.

Lesdicts affranchiz & autres de parei-
le qualité qui auront esté tirez de la misere & de la pauureté par les bien-faicts
de leurs Seigneurs oublieront pour jamais le lieu de leur origine & perdront

la memoire des plaisirs receuz: de sorte qu'ils feront, & croiront estre cõpagnõs auec leursdicts maistres, quelques grãds qu'ils soiẽt, iusques là mesmes qu'ils les pourront publiquement desdaigner & mespriser, & les rabroüer en bonne cõpagnie, ce qu'ils feront & diront sans respect ny discretiõ leurs maistres souffrans patiemment la reprimande, & les adoucissans le plus qu'il leur sera possible, & auec les termes les plus doux qu'ils pourront choisir.

Deffendons aussi à ceux qui seront de nos subjects plus affectionnez d'auoir iamais de resolution arrestée, au cõtraire leur commandons tres-expressément de changer d'aduis à tous momens pour quelque occasion importãte que ce soit, & quelq̃ solidité qu'il y ait audit aduis: voulõs aussi qu'ils se representẽt aussi tost qu'ils auront mis quelque chose à execu-tiõ, & qu'ils croyẽt qu'ils eussent mieux faict s'ils en eussent vsé autrement, à fin que toutes ces choses leur tiennẽt tousiours l'esprit en ceruelle, car cela le leur rendra plus subtil, & plus prompt aux extrauagances dont les nostres ont besoing d'vser à tous propos comme choses fort agreables & necessaire, à l'entregent.

Ceux qui sçauront le mieux leur entregent s'accommoderõt tousiours aux pensees, aux passions, & aux affections de ceux de qui ils pensent tirer de l'vtilité & de l'auancement ne parleront que par leur bouche & n'auront autre iugement de couleurs, de gousts n'y de cognoissance des choses que celle qui leur plaira quand bien la pensee des autres seroit contre le sens commun: car nous tenons que les nostres ne doiuent auoir autre sentiment que l'vtilité & la volupté & que bien souuent delectable, cede à l'vtile, comme celuy qui conduit à l'autre. Trouuons fort à propos que les nostres s'enquieront fort soigneusement de toutes choses nõ pour y adiouster foy, mais par curiosité, que si en leurs propres affaires ils ont besoin de l'aduis des autres, nous leur conseillons de leur demander mais que ce soit sans y rien croire ny sans rien faire de ce qu'on leur conseillera, au contraire qu'ils preferent tousiours leur conseil à celuy d'autruy comme meilleur, plus iudicieux, & plus solide, d'autant qu'il sera en tout & partout plus conforme à leur volonté laquelle nous voulons qu'ils croyent, se cõduire mieux par son propre mouuement que par aucune instructiõ estrangere: car de dire qu'elle doibt estre illuminée par l'intelligẽce, & conduitte par raison, nous tenons que ce sont vieilles resueries pedãtesques qui repugnent au sens commun, puis que tous nos subiects sçauent par experience que c'est leur vouloir qui regit, & gouuerne tant l'ame que le corps, que si quelquesfois ceste raison a du commandement en quelque chose, ce doibt estre par force & par contraincte, non par cõtentement, bien est vray qu'ils effectueront souuent leur desir en l'imagination que de le reduire en action, mais ce n'est que pour faire d'auantage paroistre l'excellence de leur nature, le reste du monde n'estant pas digne de voir les effects des choses si haultes si sublimes & surpassantes la capacité de leurs esprits.

S'ils se reconsilient les vns auec les autres, nous voulons que ce ne soit qu'en bonne mine, & en l'apparence & que toutes leurs ambassades soyent autant de liens qui estraignent plus indi-
solu-

solublement leur inimitié que nous entēdrons debuoir viure eternellement & se transporter de generation en generation quelque multitude de morts, qu'il y ait peu auoir de part & d'autre. C'est pourquoy nous permettons à ces caualiers, qui ont perdu la marque de la vieille stampe, & qui ne sont plus de ces angelots à la grosse escaille, de s'ayder du boucon, & du stilet, comme instrumens tres-propres pour executer leurs actes plus heroïques, & genereux, & qui descouurent aux yeux de tout le monde leur hayne enracinée, ou plustost la constance immuable de leur courage. Que s'ils ne peuuent s'ayder de ces moyens, ils espieront les occasions pour humilier leurs ennemis lors qu'ils verront que la fortune leur voudra tourner le doz, les ruinans peu à peu, afin qu'ils languissent plus lōguement, & qu'ils se sentent mourir. Les calomnieront, scandaliseront & ietterōt à tous propos le chat aux iābes, afin qu'ils reculent au lieu d'aduancer, si par hazard ils estoient accompagnez du bon heur, & fussent trop fauorisés: Toutes lesquelles choses s'appelleront leur faire de bons offices, & viure les vns auec les autres

F

en bonne paix & traquilité *Hermaphrodi-tique*, se faisans tousiours bonne mine, & s'entretenans de discours plaisans, & plains d'honneur, & de ceremonie, voire mesme se loüeront les vns les autres, & chacun fera retentir les perfections de son compagnon, pourueu que ce soit en la presence l'vn de l'autre : Car en l'absence nous voulons qu'ils en vsent comme nous auons dict cy dessus, principallement si c'est vn ennemy qui soit de qualité, & qui ait de l'authorité. Car ceux là ne doiuent estre en façon du monde espargnez. On aura toutesfois esgard deuant qui ces discours-là se tiendront, de crainte qu'ils ne luy soient rapportez : q̃ s'il se trouue aux compagnies, quelqu'vn de sa faction, alors il se faut plustost mettre sur la loüange, que sur la calomnie, afin que cela luy estant redit, il oste toute deffiance, & que par la croyance de l'affection qu'on luy porte, il tombe plus aisément, & sans soupçon dans le piege qu'on luy aura preparé.

LOIX MILITAIRES.

D'Autãt que nous auõs plusieurs bons & loyaux subjets, entre les plus petits, qui pour leur bas lieu, & pour n'auoir point esté nourris aux arts mecaniques, ne se peuuent tirer de la misere, sans vne grace speciale de nous: Desirans benignement les fauoriser, comme ceux qui gardent religieusement en leurs cœurs les loix, & statuts de cest Empire: D'autant aussi que la guerre est celle qui les peut plus promptement aduancer, enrichir, & hónorer. Faisons commandement tres-exprés à tous Preteurs, Tribuns Militaires, Céteniers, & autres ayãs charge de nous, de faire leuée de gens de guerre, de les choisir tousiours entre la lye des peuples, & depreferer à tous autres ceux qu'ils verront les plus enclins à nostre façon & maniere de viure.

Ne voulans point qu'il y ait aucune diuision entre les noſtres, & ſçachans aſſéz que les degrez d'hõneur entre ſoldats cauſent de l'enuie, de la jalouſie, & bien ſouuent de la ſedition, nous n'entédons point qu'il y ait aucun ordre de preferéce entre nos legionaires, & auõs pour touſiours ſupprimé ces rangs de Princes & Triairiens, que nous auons tous cõpris ſouz le nom de Velites, qu'en d'autres païs on a accouſtumé d'appeller enfans perdus, que nous voulons eſtre pluſtoſt nommez enfans trouuez, comme miraculeuſement nez de la terre, ſans origine ny genealogie.

Les anciens Capitaines, nos anceſtres, s'eſtans ſouuent ſeruis des goujats, valets de camp, & autres gens de ſuitte, en pluſieurs ſtratagemes, & ruſes de guerre, ioint que les armées s'en monſtrent plus grandes, & plus eſpouuentables aux ennemis: Nous voulons que la multitude deſdits goujats, & autres, ſoit trois fois plus grãde que toute l'armée enſemble, à fin que nos ſoldats ſoient mieux ſeruis en l'armée, que ſ'ils eſtoient en leurs maiſons, & que tandis que les vns ſeront près de leurs maiſtres, les autres ſoiét à la prouision, & à donner ordre à la cuisine.

N'estant pas raisonnable, que ceux qui ont l'honneur d'estre enroollez, soubs nos enseignes, & qui combattent soubs nos auspices, souffrent beaucoup de trauaux, tandis que leurs valets seroient en repos : Nous voulons que lesdicts goujats portent les espées, & autres armes de leurs maistres, lesquels ainsi deschargez ne lairrôt pas de cheminer à petites iournées, de peur d'estre trop lassez, ou hors d'haleine, s'il les falloit affrôter l'ënemy.

Ayans iugé que plus les armées tiennent de pays, & plus elles doiuent estre grandes. Nous à fin de tromper dauantage nos ennemis, voulons que les nostres se respandent le plus qu'ils pourront par les pays, où ils doiuent faire la guerre, & que deux ou trois mille hômes tiennent tousiours dix ou douze lieuës de pays, & se logent dans les meilleurs villages, & principalement en ceux qui sont le plus à leur deuotion. Car nous tenons pour barbares, & gens inciuils tous ceux qui veulent viure sous des tentes, comme les Nomades, & croyons que ceux qui se retranchent & s'enferment dans l'enclos des fossez, & fascines, sont plus peureux que des liéures, & meritent d'estre pour iamais dégradez, comme indignes du nom de soldats.

Nos ancestres ayant tenu que les personnes heroïques estoient nez de quelque Dieu, & la commune opinion estát telle qu'il n'y a personne d'heroïque que ceux qui manient les armes, Nous voulons que tous nos soldats soient tenus pour enfans de la Deësse Picorée: Et lors que son influéce regnera par les cháps, que les paysans cherchent le couuert à eux, & à leurs bestiaux, à peine d'estre rendus de bonne prise, & d'estre consacrez à ladit Déesse pour passe-temps & pour butin.

L'ancienne coustume des peuples Septētrionnaux, estant telle qu'ils se serrēt les poulces, & se les lient estroictement. quand ils vouloient contracter quelque alliance qui fust de durée, Nous entendons aussi que nos soldats ayans en main quelque contadin ou marchant qu'ils vsent de la mesme façon, à fin de faire vne estroicte alliance auec leur bource. Que si cela n'est suffisant pour les faire condescendre à vn si grand bien, Voulōs qu'ils leur puissēt dōner le Diadéme soldatesque, ou leur chausser les escarpins, & les faire dācer sans bouger de leur place, auec autres iolies inuentions, que la subtilité de leur esprit, pourra rechercher.

L'argēt estāt le nerf de la guerre, il faut par consequent que le soldat qui en a le plus, soit le plus fort contre l'ēnemi. Voi-là pourquoy nous exhortons les nostres de remplir leur bourse le plus qu'il leur sera possible, & d'ēployer toute leur valeur, & leur industrie, pour cet effect, & plustost de contracter auec les demons, & resueiller les morts pour trouuer des tresors, & faire plustost la guerre à la terre, mesme comme les soldats de nostre prédecesseur, que de n'en point auoir.

D'autant qu'vn camp volant est bien plus propre aux surprises, qu'vn qui est arresté en vn lieu, & pesamment armé, Nous ordonnons que les nostres volerōt plustost qu'ils ne chemineront, afin qu'ils ne puissent donner le loisir à leurs ennemys de mettre leurs bōs amis, (à sçauoir l'or & l'argent) en tel lieu, qu'ils ne les puissent voir ny rencontrer: mais iront à la debandade, sans tenir corps d'armée iusques au lieu de leur rendez-vous, où lors ils se r'allieront pour leur proffit:

Car de vsant ceste façon de faire, ils serōt moins découuerts.

Que s'ils trouuent de la resistance noˢ leur permettons d'vser de brisemens, bruslemens, violemens, & rançonnemens, quand bien ce seroit sur nos propres subjects (sur lesquels ils doiuent le mieux faire leurs affaires) Car estans nos officiers on leur doit rendre l'obeissance aussi promptement qu'ils aurōt parlé.

Ils n'auront point de Dieu, qu'é la bouche, lequel ils nommeront fort souuent non par inuocation, mais par derision, sans estre assujettis à coustumes, ny religions, en quelques pays qu'ils puissent aller: Le soldat qui sera des nostres ayant ce priuilége de viure à sa fantasie, & de se forger vne religion, telle que bon luy sēble.

La discipline estant pour les enfans, & non pour les hommes qui ont atteint vn aage raisonnable, que ceste vieille radoteuse d'antiquité faisoit cy deuant obseruer, permettons aux nostres de viure à discretion sans autre obseruation de reigles ny de loix, que leur fantasie, ny sans autrement respecter leur chef, si ce n'est par contrainte, d'autant que nous tenons que la crainte abbaisse & rẽd le courage plus lasche, au contraire que la liberté que nous donnons aux nostres les rend plus temeraires & hardis, pour le moins de paroles.

Ayant pris nosdits soldats en telle affection, que nous tenons ceux qui leur seront côtraires pour ennemis, nous voulons que celuy qui aura le plus tué de ses ennemis soit de sang froid, de guet à pend, par surprise, ou en quelque sorte & maniere que ce soit, soit craint & redouté par tous les autres qui ne nous auront pas tant rendu de seruices, & ne seront pas arriuez à ceste perfection. Voulons aussi qu'il soit estimé plus vaillant que le pere de nostre ancien fondateur, & côme tel qu'il puisse luy-mesme chanter hautement les nations susdites pour preuue de sa vaillance.

Leurs exercices continuels seront de plumer la poulle, courre la vache, battre le tabour à coup d'osselets, hausser le gobelet, faire inuentaire des biens meubles qu'ils trouueront chez leurs hostes, ietter la barre contre les portes & les coffres des manans, combattre l'honneur des filles & des femmes, & en emporter la victoire à quelque prix que ce soit, iouer à remuer mesnage si tost que ils seront entrez dans vn logis, & autres plaisans exercices pour passer ioyeusement le temps.

A fin aussi que les nostres puissent mieux faire paroistre qu'ils n'ont en rié cedé à ceste vieille antiquité, ayans assez ouy loüer les actions valeureuses des soldats d'Alexandre le Grand : & sçachant aussi l'ordre qu'ils tindrent à leur retour des Indes, leur armée ressemblant plustost vne comedie sur vn theatre, que des gens de guerre allant par pays. Nous entendons aussi qu'alors que les nostres marcheront en gros, ils facent reuiure les anciennes Bacchanales, & qu'on se donne l'vn à l'autre plus de coups de verre que de coups de traict contre l'ennemy. Voulons aussi qu'ils soient quelquefois conduits au son des flustes comme les anciens Lacedemoniens à fin d'aller plus gayement au combat, auquel toutesfois ils ne feront que la mine, de crainte de retourner plus tristement qu'ils ne sont partis.

Toutes choses estant subiectes à s'aneantir & à prendre fin en peu de temps par la dissolution, comme d'ailleurs elles se conseruent & prennent nouuelle vie par la generation, desirans que nos soldats soient non seulement entretenus, mais aussi multipliez: ioint que par ce moyen nos legions sont tousiours remplies de nouueaux soldats, nous voulons qu'il y ayt tousiours en nostre camp vne fort grande multitude de filles de ioye, afin que ceux qui en seront engendrez se puissent dire nez, nourris & esleuez à la guerre: ioint aussi que les soldats ne seront point contraints de sortir de leurs regiments pour ce subject, comme le soldat de cet Empereur Macedonien, ains auront tousiours en leur departement dequoy contenter leur desir.

Les nostres euiteront autant qu'il leur sera possible les charges de redoutés, sentinelles perdues, auant-coureurs, & autres qui n'ont esté inuentez que pour la ruine des pauures soldats, trop bien pourront faire la sentinelle qui sera proche du corps de gardes, & se tenir tousiours vers l'arriere-garde pour la seureté de leurs personnes & du bagage: car il suffit que l'ennemy soit espouuenté de leur regard, sans qu'il soit necessaire que ils se mettent en plus grand peril, ains leur conseillons d'en laisser la charge à d'autres qui sont moins entendus au mestier de la guerre, moins versez & plus mal-habiles pour viure selon nos loix & statuts.

Les vieux routiers qui auront couru çà & là, & vendu leur sang & leur liberté au plus offrant & dernier encherisseur, apres auoir enfariné le monde de leur corruption, garderont le son pour la ruine de leurs pays, seruant d'autāt de flambeaux pour emflammer le cœur de la ieunesse à nouueaux remüemens afin de faire quelque acte memorable au préiudice de leurs citoyens pour acquerir vne renommée, que nos contraires appellent damnable, & que nous disons tres-recommandable à la posterité: toutes lesquelles esmotions nous disōs toutesfois deuoir estre fondées sur quelque pretexte apparent: comme pour la religion, le bien puplic, ou pour la royauté, afin que l'opinion d'Alexandre le grand soit rendue veritable, lequel disoit que toutes les guerres du monde se faisoient pour auoir pluralité de Dieux, de loix, & de Rois.

Ne croyant point que ce soit la seureté de cet estat de transporter les gens de guerre en pays estrange, & desgarnir en ce faisant les contrées de cet Empire, nous voulons que nos soldats soient plus propres & plus habiles à la guerre ciuile qu'à l'estrangere, car en ce faisant ils auront & trouueront toutes choses plus à propos, & sans souffrir les incommoditez que ceste belle antiquité vouloit faire endurer aux siens : Toutesfois nous n'entendons pas qu'ils espargnent moins leurs plus proches, & les traittent plus doucement que ceux qui leurs seront les plus incogneus, mais que ce soit sur eux qu'ils facent le mieux leurs affaires & leur fortune.

D'autant que tout homme qui ne sçait ny obeir ne commander est tenu pour inutile, & qu'estre soldat est vn des premiers degrez d'honneur, & par consequent dignes de tout commandement: ioint que ceux de cet Empire tiennent l'obeissance pour vne chose inuentée à plaisir, & à laquelle on n'est obligé q̃ par la force. Nous voulons q̃ nosdits soldats soient tousiours plus propres pour commander que pour obeir, afin qu'estans en nos armées chacun puisse faire à sa fantasie ce qu'il iugera estre à propos pour le bien de nostre seruice, & donner enseignement & instruction à ceux qui pourroient auoir quelque commandement sur eux, & leur contredire aux choses qu'ils leurs pourroient ordōner, principalement si ce qu'ils leurs cōmandent préiudicioit en quelque sorte, à leur plaisir & commodité particulier car estant la loy fondamentale de cet estat, il faut que toute autre loy luy cede.

Quant aux chefs, nous entendons qu'ils paruiennent plustost aux dignitez par hazard que par eslection, ou par cognoissance de leur valeur, afin qu'ils puissent dire que les biens leur sont venus en dormant, & que par après ils se laissent conduire à l'aduenture sans autre consideration, que ce que la rencontre leur presentera deuant les yeux, Car nous tenons toutes ces phenomenes ou meditations pour des sottes niaiseries, qui n'apportent autre fruict que d'alambiquer la ceruelle de ceux qui s'y amusent: Au contraire la precipitation sera tenuë par les plus suffisans d'entre les nostres, pour sagesse & marque de generosité, à fin que s'il leur suruient quelque desconuenuë, ils en puissent remettre la coulpe sur la fortune. Ce qu'ils ne pourroient veritablement dire s'ils auoient executé les choses d'vne deliberation pourpensée.

Estant plus necessaire que leur reputation s'augmente entre les leurs sans peril que sur les ennemis auec beaucoup de danger : ioint que les nostres ne prennét pas garde ordinairement à ce qui est de l'honneur en son entier, mais seulement sur vn poinct d'honneur : nous voulons qu'il y ayt force cartels de deffy les vns côtre les autres, sans toutesfois en venir iusques au sang, qui doit estre tousiours precieusemét & cherement gardé. Mais nous entendons qu'il se trouue quelques vns qui pacifient les choses auparauant que d'en venir aux mains, & que par ce moyen ils soient tenus pour gés de cœur sans danger. Ce pendant nous trouuons bon qu'ils ayent intelligéce auec l'ennemy, & qu'ils luy descouurent les secrets & stratagemes, éuitant par ce moyen les perils, & faisant cōtinuer l'exercice militaire plus longuement auec bonne recompence, sans toucher au tresor du

Prince, mais au contraire appauurissant tousiours son ennemy.

La promptitude & la legereté ayant esté de toute antiquité recommandable aux soldats, nous entendons que nos armées soient composées de passe-volās & de soldats de nom pour faire trebler l'ennemy à la monstre, la vistesse & agilité desquels sera telle qu'ils se rendront incontinent inuisibles lors qu'il faudra rendre combat: de sorte qu'il n'y aura que les plus lents & tardifs qui paroistront sur le champ. Et d'autant que ce choix & cette election desdits passe-volans doit estre faicte par les chefs qui commanderōt en nos armées, auec toutesfois l'intelligence & l'industrie de nos questeurs. Nous voulons que lesdits chefs & questeurs leur facent la paye à discretion, retenant pardeuers eux la meilleure & plus grande partie de la monstre, estans lesdits passe-volans trop cupides d'honeur pour s'amuser au profit: ioint que par vn priuilege special, nous les auons faez & rendus du tout inuulnerables.

Les loix de la guerre n'ayant rien de commun auec celles de la paix, estant mortelles ennemies & directement contraires l'vne à l'autre, il ne seroit pas raisonnable que nos soldats fussent assubjectis aux ordonnances de police: ny de religion. C'est pourquoy nous leur permettons d'estre sans police & de viure sans exercice de religion, si bon ne leur semble: mais sur tout nous voulons que les chefs leur puissent donner vn Calendrier à part, soit pour le prolongement des moys ou années. Leur deffendons tres-expressément de les accourcir & diminüer, ains voulons que l'année soit de quatorze ou quinze mois, comme le cas y escherra & que les mois soient de quarante iours au moins.

Nous voulons que tant les chefs que les simples soldats puissent raconter leurs vaillances, que la grandeur de leur courage leur representera dans l'imagination. Et d'autant que parmy nos contraires on faict plus de cas des choses spirituelles que des corporelles, nous voulons que les actes de vaillance qu'ils n'auront executez qu'en esprit, soyent en beaucoup plus grand nombre que les autres, & qu'ils soyent par eux haultement exhaltez: comme si réellement

& de faict ils auoyent esté mis à execution.

Les choses communes estant tousiours mesprisées, & ceux qui s'esloignent le plus des actions vulgaires estant estimez par les nostres, pour les plus parfaicts & plus accomplis, nous sommes d'aduis que les plus signalez d'entre les chefs que nous auons establis pour gouuerner nos armées, & qu'ils pratiquent le plus fidellement & passionnement les constitutions de c'est Empire, prennent le plus souuent l'occasion par derriere, sans se reigler sur l'opinion de ces contemplatifs, qui veulent s'arrester à toutes choses, & prendre le temps comme ils disent, & en sçauoir vser. Car en ce faisant les effects en sont si bas, & si communs, qu'encores qu'ils reüssissent, ils sont plus dignes de mespris, que de loüange. Au contraire quand les nostres ont executé heureusement quelque chose à contre-temps, encore qu'il leur arriue plus rarement, ils en doiuent neantmoins faire beaucoup plus de cas, quand bien il y auroit vne ruine manifeste, d'autant que celle leur doit apporter plus de gloire, à quoy ils doiuent tousiours tendre, & le preferer à quelque consideration que ce puisse estre.

Ayans aduisé de bastir quantité de citadelles, pour mettre autant de fers aux pieds de la liberté, nous entendons qu'elles soyent fortifiées de retranchemens, boule-vers, rauellins, casemates, murs, rempars, & autres fortifications pour la seureté de nos Soldats, afin qu'ils puissent estre tousiours receuz à vne bonne composition. Mais afin qu'ils y puissent faire leurs affaires, nous conseillons aux chefs qui y auront commandement de les laisser desgarnies de viures, munitions, pouldres, & autre choses necessaires pour la deffence des places, afin que si l'ennemy faict mine de les assieger, ils ayent vne legitime excuse de s'estre rendus : mais c'est à condition d'en tirer secrettement bonne recompense, afin que s'ils demourent sans pourpoinct, qu'ils puissent au lieu auoir vne bonne robbe pour leur garder du froid. Et quant aux Soldats ils pourront quitter leurs armes, pourueu qu'on leur réplisse leurs bourses.

Les habitans des villes où seront lesdictes forteresses, seront eux, & leurs biens en la misericorde des gouuerneurs estant bien raisonnable qu'ils puissent vser de ce qu'ils conseruent comme aussi les Soldats de la garnison y pourront participer, principallement en ce qui despendra de la vie, de l'entretien & de leurs exercices à la volupté, sans que pour ces choses, nostre fisq en soit en rien diminué,) Nous voulons aussi puis qu'ils ont en leur protection, la personne & les biens desdits habitans que leurs femmes, & leurs filles remettent leur honneur entre les mains desdits soldats y ayant grande apparence qu'ils en doiuent estre autant ou plus soigneux que du reste, commandant tres-expressémét aux peres & aux maris de passer toutes choses soubs silence, s'ils ne veulent esprouuer ce que peut vne puissance qui n'est retenuë d'aucune crainte, ou pour le moins d'estre accusez d'auoir entrepris contre la Citadelle, ou contre ceux qui la gardent.

Quant aux gouuerneurs de nos Prouinces, d'autant que c'est l'honneur de cest Empire, qu'ils tiennent vne bonne table & soient suyuis & accompagnez comme Roys: ce qui ne se peut faire, sans vne extrémement grande despence, à quoy nostre fisq imperial ne pourroit pas fournir sans beaucoup nous incommoder. Nous voulons qu'ils suyuent les exemples de ces excellens hommes Albinus, & Florus Gouuerneurs de Iudée tant recommédables à la posterité pour leurs faicts signalez en ladite Prouince. Et qu'ils treuuét tousiours de nouueaux subjects de mutiner & donner quelque subject de plainte au peuple, à fin de faire mieux leurs affaires, rendant par ce moyen plus portatif ceux qui sont trop gras, & par consequent plus prompts, & plus souples à l'obeyssance de nos commandemens.

Pource faire ils empescheront le trafic du marchant, le labeur du paysant, & le trauail de l'Artisant, à fin que chacun viuant d'vne vie faineante, ils soient plus propres à leurs intentions, appuyans les plus foibles de leur authorité, pour auoir la raison des plus forts, appellans reuolte & rebellion, tout ce que les riches pourront faire pour leur manutention.

Et à fin qu'ils soient assistez en leurs intentions des forces de leurs Princes ils gaigneront le cœur de leurs Soldats par flatterie, par caresses, par prieres & par presens, à fin que si les peuples veulent faire quelques plaintes à leurs Princes de leurs gouuernemens, ils ayent de bons tesmoins, complices de leurs actiōs qui renuersent les discours de leurs contraires, & donnent nouueaux subjects ausdicts gouuerueurs de faire meilleure fortune.

Ceux desdicts gouuerneurs qui voudront entreprendre quelque chose contre l'authorité de leur souuerain, le deschargeant par charité de ses estats, & le soulageant autant en sa charge, en prenant tout le faix; & la conduicte, muguetteront les peubles auec toute l'humilité pour acquerir l'authorité de commander, & pour s'establir. Mais quand la crainte, leur sera passée, nous leur permettons d'estre imperieux, & insupportables.

L'honneur estant beaucoup plus grād à vn souuerain de faire des Roys que de l'estre soy-mesme, nous voulons que ceux des gouuerneurs qui sçauront le mieux viure selon les loix & constitutiõs de ceste Isle, vsent en toutes choses de l'authorité Royalle, & soyent plus crains & redoubtez que les Monarques mesmes afin que lors qu'ils accompagneront leur souuerain, chacun puisse dire d'eux ce que Cineas disoit du Senat Romain.

Et d'autant que nous voulõs faire tousjours paroistre nostre liberalité imperiale, & conseillons à nos successeurs de faire le semblable, & suyure nostre maniere de vie, pour estre promptement deifiez, Et pour aucunement recompenser aussi les peres des bons seruices qu'ils nous auront rédus en l'exercice de leurs charges, ainsi qu'il a esté declaré cy dessus, Nous entendons que leurs charges soient hereditaires pour leurs enfans, quelque ieunesse, ou incapacité qu'ils puissent auoir: Car l'Estat de la republique estant changé, qui vouloit que les magistrats fussent annuels, il est bien raisonnable que puis que le souuerain magistrat est immortel, (son authorité se continuant en ses descendans) que ceux qui seront au dessous de luy, & qui doiuent commander sous ses auspices, soient pareillement perpetuels.

Que s'il arriue que quelqu'vn ou de leurs descendans ayt quelque querelle particuliere (Pour monstrer à son aduersaire qu'il a quelque credit extraordinaire. Nous voulons qu'il se face bien accompagner de gentils-hommes, ou soy disans, & de se miner plustost à l'entretien d'vne telle trouppe, sans tirer toutesfois autre fruit qu'vne bonne mine : que de se contenter de la voye ordinaire. Car par ce moyen tel qui ne sera que simple gentil-homme, sans charge ny autre qualité, sera toutesfois tenu pour quelque grand Seigneur, le voyant si bien accompagné, & que pour deux escus qu'il peut despendre par iour, il luy en coustera trente à faire bonne chere aux compagnons tant & si longuement que durera la querelle.

Permettons à tous nos plus feaux conseillers d'adiouster à tout ce que dessus ainsi que le cas y escherra, & qu'ils iugeront les occasions plus à propos, voulans qu'à eux ce faisant soit obey, comme si nous mesmes l'auions ainsi ordonnez.

Telles estoient les loix de ceste nation que nous trouuasmes contenües en cest extraict.

extraict, & lesquelles nous semblerent aussi peines d'admiration que d'abomination pour les choses detestables qu'elles contenoient, de sorte que vous eussiez dict que c'estoit vn peuple qui n'auoit autre estude qu'à se bander contre ce qui estoit de la raison, & de la vertu d'esquelles en toutes leurs actions & en tous leurs discours, ils ne cherchoiét que l'apparence, de crainte seulement de perdre leur credit entre les hommes, & non pour aucune particuliere inclination qu'ils y eussent: de sorte qu'vn chacun de nous, encore tout saisi d'estonnement, pour les choses qu'il venoit d'ouyr, demeuroit en vn profond silence. Quand nostre voyageur reprenant la parole nous dict:

Il y auoit encore plusieurs autres loix & ordonnances que ie ne me suis point ainsi mis à recueillir: car pour estre à peu pres conformes à celles qui ont cours par le monde, i'ay pensé que ce seroit vne chose superfluë de s'y arrester, seulement me suis-ie amusé à traduire ce qui m'a semblé extraordinaire, comme vous auez peu voir.

G

Vrayement dict vn de la trouppe en voylà vne assez bonne quantité, & si ce n'estoit la curiosité d'apprendre & si que par le mal, le bien se faict bien souuent paroistre d'auātage, que par luy-mesme ie diroy volontiers, que le vaisseau n'est iamais que trop chargé de ceste denrée, mais puis que la diuinité mesme à permis le mal pour nostre plus grand merite, il est à croire que nous pouuons tirer le bon estre des choses les plus corrompuës, ou plustost la vertu peut faire comme l'huille qui nage sur toutes les liqueurs sans s'y mesler. Ainsi l'homme de bien peut estre porté sur ceste grande mer du monde sans toutesfois estre emporté par ces eaux ameres, ny sans s'esleuer contre les bancs & les escueils d'icelle: mais ainsi que le soleil sans se mesler dans la fange, il void & cognoist la nature des choses sans se mesler dans elles, & sans tirer son habitude des choses qui la doiuent receuoir de luy. Ce beau diseur vouloit continuer le discours de sa Philosophie & prouuer par raisons & par exemples qu'en la lecture des liures, nous deuions faire comme le Geometre qui veut prendre la mesure de quelque altitude, auoit vn œil au Ciel & l'autre en la terre, mais il fut interrompu par le Gentil-homme voyageur, lequel voulant acheuer son Discours, & nous discourir du reste des singularitez de ceste Isle reprenant la parole.

Nous aurons (dict-il) du temps assez vne autre fois pour discourir de ce subiect, les obiects ne se representant que trop souuent pour nous les ramenteuoir : mais maintenant pour vous continuer ce que i'auois commencé ie vous diray.

Que cet honneste homme qui m'auoit monstré ces singularitez voyant que le soleil commençoit à tirer vers le couchant, me dict que l'heure du disner approchoit, & recongnoissant à ma mine que mon estomach n'estoit point trop chargé, & qu'on me feroit aussi grand plaisir de contenter son desir, comme la curiosité de mon esprit. Il me pria de venir prendre la patience d'vn mauuais disner. Et à la verité cette patience m'eust esté fort agreable si le desir de considerer les actions de ce peuple n'eust eu plus de puissance sur moy que le reste, ainsi ie le priay de me mener ou disnoyent ses Seigneurs-Dames, pour voir si les ceremonies de ce sacrifice esgaloyent celles que i'auois veües au parauant, Ce qu'il m'accorda facillement. Car par ie ne sçay qu'elle secrette puissance de la nature qui nous rend aymables à ceux mesmes qui nous sont incogneuz, il commençoit à me vouloir beaucoup de bien, de sorte que s'auançant le premier pour me conduire, apres auoir passé dans quelques chambres, & descendu vn petit escalier, qui estoit praticqué à la desrobée pour la commodité des plus galands, nous entrasmes dans vne assez grande salle que nous trouuasmes toute ionchée de diuersité de fleurs. Au bout d'en bas, il y auoit vne fort longue table & assez large dessus laquelle il y auoit vn grand linge estendu trainant iusques en terre: dessus ceste table on auoit mis vn petit escalier de bois, de quatre ou cinq degrez seulement, qui contenoit toute la longueur de la table, & sur lequel escalier on auoit estendu vn autre linge qui couuroit chacune de ses marches, I'estois estonné à quoy pouuoit seruir cette ceremonie: mais aussi tost on vint arranger dessus plusieurs sortes de vaisselles d'argent: comme plats, escuelles, assietes, bassins, vasses, esguieres, & tout cela disposé en fort bel ordre, de sorte que cela auoit quelque ressemblance auec ces reposoirs qu'on faict en ce pays, le iour de la feste Dieu, on souloit, disoit mon conducteur, nommer cela autresfois le buffet, mais comme les termes ne sont iamais semblables en ce pays là deux années consecutiues, on le nommoit alors la credance, peut estre que maintenant ils luy auront encore changé de nom. Dessus cette table il y auoit quelques assietes sur lesquelles ie vey quelques petits morceaux de cristal, ce me sembloit. Et sur quelques autres, ie ne sçay quoy de blanc, que ie prenois pour du Sel. Mais ie me trompois : l'vne estoit de la glace, & l'autre de la neige: au pied de ceste table, on voyoit vne grande cuuette de cuiure pleine d'eau dans laquelle il y auoit plusieurs fla-

G iij

cons & bouteilles, vn gros dodu estoit en sentinelle là aupres pour leur garde-corps. De l'autre costé de cette table, il y auoit vne grande corbeille, & dans icelle plusieurs sortes de pain, l'vn faict comme ils disoyent de paste leuee, l'autre de paste broyée, vn autre auec de la leueure, l'vn estoit mollet boursourflé & salé, l'autre tout plat, & sans sel, l'vn estoit rond, l'autre long vn autre fait à cornes, l'vn plus petit l'autre vn peu plus grosset. En fin il y en auoit de tous aages, & de toutes especes. Ils estoient seulement semblables en vne chose, c'est, que pas vn n'auoit sa robe naturelle: Car on les auoit tellement chappellez, qu'il n'y restoit plus qu'vne petite crouste fort deliée, on disoit que les pl⁹ honnestes de ce païs estoient fort subiects à vne certaine maladie qui leur vient, à ce qu'on dict, d'vne contrée Mediterranée, laquelle leur esbranloit si fort les dents, quand ils l'auoient eüe qu'il leur failloit ainsi manger des croustes delicates pour leur conseruation, vne autre petite table estoit à costé où l'on mettoit les verres & quelques autres vstenciles. Le considerois fort attentiuement toutes ces choses & m'esmerueillois de leur curiosité, mais mon guide s'en print à rire, & me dict que ie m'estonnois de peu de chose, que cela n'estoit rien au regard de ce qu'il me deuoit monstrer: & lors me prenant par la main, il me mena à l'autre bout de la salle où nous trouuasmes vne autre table dés-ja toute preparée, la nappe estoit d'vn linge fort mignonnement damassé: mais d'autant qu'en ce pays là les choses qui sont en leur naturel, quelque degré de perfection qu'elles puissent auoir acquis, ne leur sont point agreables, si elles ne sont desguisées, elle auoit esté ployée d'vne certaine façon, que cela ressembloit fort à quelque riuiere ondoyante qu'vn petit vent faict doucement soufleuer. Car parmy plusieurs petits plis on y voyoit force boüillons. Dessoubs ceste nappe-cy il y en auoit encore vne toute vnie: qui estoit plus courte que celle de dessus, ceste table estoit bordée d'assiettes des deux costez excepté vers le haut bout où il y auoit vn grand vuide ce sembloit, ce qui n'estoit pas toutesfois, ainsi que ie peux voir par apres, mais c'estoit vne petite nappe ployée d'vne autre façon encore plus mignônemét que la precedéte, qui faisoit que de premier abord on iugeoit qu'il n'y auoit rien dessoubs: tout au bout de la table, il y auoit vn assez grand vaisseau d'argent doré, & tout cizelé faict en forme de nef, excepté qu'il auoit vn pied pour le tenir ferme sur la table, & cela seruoit à ce que ie peus voir par apres, à mettre l'esuentail & les gands du Seigneur-Dame du lieu, quand il estoit arriué. Car le vaisseau s'ouuroit & fermoit des deux costez, en l'vn estoient les seruiettes, dont l'*Hermaphrodite* deuoit changer, & en l'autre, se mettoit ce que i'ay dit cy-dessus. Les autres seruiettes qui estoient à l'entour de la table estoient desguisées en plusieurs sortes de fruicts, & d'oyseaux: & comme ie m'amusois à considerer ceste industrie (non sans admiration de la perte du temps que l'on faisoit à l'exercice d'vne chose si vaine) ie vy entrer vn homme d'assez bonne façon auec vn baston à la main, suiuy d'vn nombre de pages qui auoient tous vn plat couuert, celuy qui auoit ce baston se vint camper au bout de la table, & tandis vn qui estoit là osta ceste premiere nappe, dessous laquelle ie vis trois sortes d'assiettes, nõ de la forme des autres: Car il y auoit vn petit rõd au bout qui estoit esleué, & vn petit enclos en lõg, en façõ d'vn chetton d'vn coffre, où on pouuoit mettre le cousteau, la fourchette, & la cueiller : sur le reste qui estoit vuide on y mettoit le pain, ie prenois cela au commencement pour vne escritoire : car i'en auois veu de pareilles aux practiciés de nostre pays: mais on me dict qu'en ceste Isle-là, on le nommoit vn cadenas, ie ne sçay pas pourquoy il luy auoient donné ce nom, au langage de leur pays, si ce n'est à cause que toutes leurs actions se faisant par contrainte, ils ne peuuẽt pas mesme manger leur pain en liberté. Aussi tost que ceste premiere nappe fut ostee, vn gentil-homme seruant vint poser les plats, tous couuerts sur ceste table, de sorte qu'elle estoit toute chargee de viãdes, sans qu'on sceut ce qu'il y auoit, tandis ie contemployꝭ la cizelure de ceste nef, qui estoit au bout de la table, où il y auoit plusieurs histoires des amours de Pan & de Bacchus. Ie croiois que ceste nappe secõde, qui estoit par ondes, eust esté plyée de ceste sorte pour faire mieux voguer ce vaisseau. Comme tous ces plats furent disposez par ordre, on demeura quelque temps en grand silence, en attendant la compagnie, qui deuoit arriuer, Ioint qu'en ce pays là, à ce qu'õ me dict, la plº part aymoient mieux leur viande froide, que chaude. Aussi tost entrerent plusieurs, auec des instrumens qui se meirent à vn des bouts de la sale, & d'autres, qui auec des Luths, & quelque cornet à bouquin se meirent de l'autre costé : chacun d'eux s'amusoit à accorder ses flustes, & moy i'occupois mon esprit à regarder la tapisserie du lieu, qui estoit d'vn cuir doré, entremeslé de vert, & les bordures d'alentour representoient au long l'histoire, & la sobrieté de Vitellus, les retraictes delicieuses du bon Tybere en l'Isle de Caprées, celles de la maison doree, du debonnaire Neron, & plusieurs autres antiquitez, conuenables à ceux qui frequentoient ce palais, à quoy ie prenois bien autant de plaisir, que voir toutes les ceremonies qui s'estoient faites en ce lieu : Car il me sēbloit que rien n'auoit esté mis là qu'à dessein. Mais cóme ie philosophois sur toutes ces choses, i'entendis vn grand bruit de gens qui arriuoient, qui me feit croire que c'estoit la compagnie qui venoit disner, en quoy ie ne fus point trōpé: Car ie veis vn homme qui vint en diligence, hausser la tapisserie, & aussi tost entrer ceux que i'auois veu habiller auparauant, celuy en la chambre duquel i'auois esté dés mon arriuée, en ce palais entroit le premier, auec la mesme desmarche, que i'auois remarquée aux autres, excepté qu'il se laissoit encore plus negligēment pancher sur vn qui auec la teste nuë, luy soustenoit la main, deux autres le suyuoient auec la mesme grauité: apres entra tout le reste de la brigade chacun selon sa fantasie.

Quand tous ceux-cy furent entrez, on print aussi tost à l'autel de la Credence, vu grand bassin, d'argent doré auec vne esguiere de mesme estoffe, & d'vn des costez de la nef, qui estoit sur la table on print vne seruiette plyée à fort petits plis. Auec tout cecy, ces trois que ie viens de dire, se lauerent tous les mains, puis ceux qui estoient de ceste suitte ausquels on baille d'autres seruiettes, & aussi tost chacun se vint seoir. Les trois premiers dans des chaires de velours, faictes d'vne façon, qu'ils appellent brisées, & fort esloignées les vnes des autres. Le reste de la trouppe auoit des sieges qui s'ouuroient & se fermoient comme vn gauffrier pris à rebours, ceux-cy se mirent assez pres les vns des autres. Quand ils furent assis, on vint leuer les plats, qui couuroient toutes ces viandes, tandis que d'autres apportoient des assiettes, & des seruiettes, aux trois qui estoient assis dans ces chaires : mais ce que i'en trouuay de plaisant, c'est qu'on vint mettre au premier sa seruiette, & l'attacher par derriere, presque en la mesme façon qu'on la met en ce pays, à ceux qui veulent faire couper leur barbe, sans beaucoup de ceremonie, on me dict qu'il la faisoit mettre de ceste sorte, de peur de gaster sa belle fraise : Les autres n'y apporterent pas du tout tant de façon. Comme ils eurent mis leurs seruiettes chacun, d'eux repoussé vn peu à costé son cadenas pour faire place à l'assiette qu'on leur apportoit, ie ne peus m'empescher de m'estonner de voir toutes ces particularitez. Car il me sembloit que cecy n'appartenoit qu'aux Roys, & aux grands Princes, qui en vsent la plus part autant pour la conseruation de leur vie, principallement pour le sel, que par ostentation ou ceremonie: mais celuy qui m'auoit seruy de truchement, en toutes ces choses que i'auois dés-ja veuës, & que ie n'abàdonnois point, me dit que ne deuois point trouuer cela estrange: car telle estoit la coustume de ce pays, qu'il est permis à ceux qui ont dequoy despendre, de faire les Roys, les Princes, & les Monarques, sans estre repris d'aucun. Il est vray, dict-il, que quelques vns pour n'entendre pas bien l'analogie de leurs facultez, auec ces dignitez-là, conuertissent le plus souuent leur or en saffran, dont ils se parent par apres en la plus part de leur emmeublement, & ce pour vne raison philosophique, d'autant qu'on dict qu'il resiouyt fort, & par ainsi c'est pour viure tousiours d'vne humeur gaye, ce qu'ils recherchent sur toutes choses: ioint que ceste Isle estant tousiours flottante, Ceux qui ont le moins, ont cet aduantage sur les autres qui ont tant de choses à charier antes eux, car au moins ils ont fort promptement trouſſé bagage. Ces raiſons me pleurent fort, & ne me peus tenir d'en ſouſrire en moy-meſme à bon eſcient, il me dict auſſi que ceux-cy ſ'aſſeyoient encore à la vieille mode, & qu'à la moderne le milieu eſtoit tenu pour le lieu le plus honorable. Tandis que nous diſcourions ces choſes entre nous, trois hommes ſe vindrent camper tout debout deuant ces *Hermaphrodites* ayans chacun vne ſeruiette ſur l'eſpaule, & vn grand couſteau en la main, auec lequel ils deſtranchoient la viande qui leur eſtoit la plus aggreable : Car ils faiſoient paſſer tous les plats deuant eux, comme vne compagnie de gens da guerre, qui voudroit faire le limaçon, ils arreſtoient ſeulement à la paſſade, ce qu'ils vouloient, & repouſſoient le ſurplus, auec vn petit coup de doigt, car ils ne vouloient pas ſeulement prendre la peine de parler à ceux qui ſ'employoient en cet office. Les viandes de ce premier ſeruice eſtoiét ſi fort hachées, deſcoupées, & deſguiſées, qu'elles en eſtoient incogneuës, cela fut cauſe que ie m'arreſtay pluſtoſt en la conſideration des actions qu'à particulariser la nature des viandes : auſſi apportoient-ils bien autant de façon pour manger, comme en tout le reſte : Car premierement ils ne touchoient iamais la viande auec les mains : mais auec des fourchettes ils la portoiët iuſques dans leur bouche en allõgeãt le col, & le corps ſur leur aſſiette, laquelle on leur changeoit fort ſouuent, leur pain meſme eſtoit tout deſtranché ſans qu'ils euſſent la peine de le couper, & croy qu'ils euſſent fort deſiré qu'on euſt trouué vne inuention qu'on n'euſt point doreſnauant la peine de maſcher. Car à ce que i'en pouuois voir cela les trauailloit fort auſſi que beaucoup d'être eux auoient des dents artificielles, qu'ils auoient oſtées deuant que ſe mettre à table.

 Ayant en ce premier ſeruice (comme nous diſons en noſtre patois) aucunement eſtourdy leur groſſe faim, on apporta la viande roſtie auec la meſme ceremonie que la precedente. Ils appelloient cela le ſecond. Toutes ces viandes eſtoient tellement ſophiſtiquées, ſoit pour les ſaulces ſoit pour l'appareil, que ie m'aſſeure que ie vous ſerois ennuyeux de vous en faire le recit, ioint que i'en ay perdu la memoire, de la meilleure partie. Ie remarquay seulement que quelques viandes que nous lardons par deçà ne l'eſtoient point, ie penſois que ce fuſt quelque ceremonie Iudaïque: mais mon interprete me dict que ce n'eſtoit que curioſité, & qu'en ce pays c'eſt la couſtume de faire fort grand cas des choſes nouuelles, tant au viure qu'au veſtemēt quand bien cela deuroit préiudicier à la ſanté, de ſorte qu'ils mangeoient bien ſouuent des choſes qui eſtoient du tout contraires à leur gouſt: mais ſi elles eſtoient nouuelles, & ſur tout eſtrangeres pour faire plaiſir à la couſtume, ils ſe forçoient d'en vſer, & en faiſoient grand cas en public. Parmy ces viādes il y auoit quelques patiſſeries auſquelles ils auoient donné des noms d'alchimie, comme excitation, erection, proiection, multiplication, & autres nōs ſignifians la vertu, & la proprieté de chacune choſe, & c'eſtoit de cecy dōt ils ſeirēt la meilleure partie de leur feſtin, y entremeſlant parmy les coups de dēt force coups de verre, principalement ceux du bas bout: Car ces trois que ie vous ay dits qui eſtoient au bout d'enhaut y apporterent bien plus de façon : car outre le gentil-homme ſeruant qui apportoit les verres & faiſoit l'eſſay, il y en auoit encore deux autres qui apporterent les aſſiettes que i'auois veuës à la credence où eſtoit ceſte neige & ceſte glace, deſquelles *l'Hermaphrodite* prenoit tâtoſt de l'vne & tâtoſt de l'autre, ſelon qu'il luy venoit en la fantaſie, pour les mettre dans ſon vin à fin de le rendre plus froid, apres cela il ſe remuoit vn peu le corps & branlant la teſte il prenoit le verre fort delicatement & beuuoit, & tandis on luy tenoit vne ſeruiete ſoubs le menton de peur qu'il ne reſpandiſt quelque choſe, puis il rendoit ſon verre au gentil-homme, qui faiſant ſemblant de baiſer ſa main, le reportoit. On venoit par apres luy apporter vne autre ſeruiette ſur vne aſſiette, car ils en changent ainſi à chaſque ſeruice, voire plus ſouuent, & dés qu'ils y voyét quelque choſe de ſale. Parmy ces viandes ie remarquay quelques plats de poiſſon, mais on diſoit qu'il eſtoit mariné. Il me ſembloit que ce mot eſtoit ſuperflu, car ie remarquois bié que c'eſtoit de la marée, mais ils ne le trouuoient point aggreable à leur goust s'il n'estoit déguisé par cet assaisonnement. Il y auoit aussi quelques plats de salade qui n'estoit pas comme celles que nous mangeons de de çà, car il y auoit de tant de sortes de choses qu'à peine ceux qui les mangent les peuuent-ils distinguer : elles estoient dans de grãds plats esmaillez qui estoiét tous faits par petites niches, ils la prenoiét auec des fourchettes, car il est deffendu en ce pays-là de toucher la viande auec les mains, quelque difficile à prendre qu'elle soit, & ayment mieux que ce petit instrument fourchu touche à leur bouche que leurs doigts. Ce seruice dura vn peu plus long-temps que le premier, apres lequel on apporta quelques artichaux, asperges, poix & febues escoßées, & lors ce fut vn plaisir de les voir manger cecy auec leurs fourchettes : car ceux qui n'estoient pas du tout si adroits que les autres en laissoient bien autant tomber dans le plat, sur leurs assiettes, & par le chemin qu'ils en mettoient en leurs bouches : Apres cecy on apporta le fruict, mais c'estoit de ce qu'il y auoit de moins en son naturel, car il estoit presque tout deguisé en tartinages, con[fi]tures liquides, & autres inuentions: ca[r] ils disent qu'il est fort préiudiciable à l[a] santé quand on le mange ainsi qu'il vie[nt] de dessus l'arbre. Plusieurs autres sorte[s] de patisseries estoient meslees parm[y] tout cecy, d'autant qu'en quelque sort[e] que ce soit, & quelque petit nombr[e] d'inuitez qu'il y ayt, voire mesme quan[d] il n'y auroit que le maistre du lieu Il fau[t] que ta table soit couuerte, & leur raiso[n] en cela est fondee en antiquité, car ils di[s]sent que c'est assez que Luculus vienn[e] disner chez Luculus. Ie tenois cecy pou[r] le dernier seruice, mais quelque peu d[e] temps apres ie vy apporter des boëtte[s] dans des vaisselles de toutes couleurs qu'ils mirent principalement deuant ce[s] trois *Syresdones*. Dedans estoient toute[s] sortes de confitures seiches, mais cel[a] dont ils faisoient plus de cas estoit d'vn[e] certaine paste qui estoit dans vne for[t] grande boëtte de quatre doigts de hau[teur, dessus laquelle paste il y auoit for[ce] figures de sucre qui representoien[t] des Cupidons, des Venus, & autres d[e] pareille nature, tout cecy estoit entre[meslé d'or & de soye incarnate. Il est ray que ces figures se peuuent aisement oster sans toucher à la paste qui estoit dessoubs, car cela n'y estoit mis que pour contenter la veuë. Ils nommoient ceste paste marmelade, apres tout cela ils prenoient vn peu d'anis confit les autres du cotignat, mais il falloit qu'il fust musqué, autrement il n'eust point faict d'effect en leur estomach, qui n'auoit point de chaleur s'il n'estoit parfumé. Durant tout ce festin ils auoient tenu plusieurs discours, les vns disoient que ceux estoient heureux qui auoient des peres qui vouloient viure à la Fabricienne car par ce moyen ils laissoient à leurs enfans dequoy despendre & se faire paroistre, & ne se pouuoient tenir de dire. Ces bonnes gens estoient bien sots de viure si mécaniquement, & se priuer de toute commodité pour nous laisser riches & à nos aises. Quant à moy, disoit l'vn ie sçay bien que ie feray en sorte que ie ne laisseray point d'autre heritier que moy mesme. L'autre disoit: Mon magazin & mon tresor, ce sera tousiours mon plaisir & ma volupté. Ils discouroient fort aussi des mysteres secrets de l'Isle de Paphos & d'Erice, regrettoient

fort que cela auoit esté aboly en public
& iuroient par la mesme volupté d'employer toute leur puissance pour les faire reuerer par toutes les nations où leur
bonne aduenture les auroit disposez
Parmy tout cecy se faisoit de fort grandes plaintes de peu d'industrie de leurs
cuisiniers qui n'auoient point d'inuention pour le desguissemens des viandes
& qu'ils leurs bailloiét tousiours vn mesme assaisonnement: mais à ce que i'ap-
prins c'estoit que leurs gousts estoient si
desbauchez, ou plustost si desreiglez
qu'il eust fallu vne inuétion infinie pour
leur appareiller les viandes & les remettre en appetit. Leurs discours ne conti-
nuoient pas long-temps sur vn mesm
subiect, & quelques vns ne donnoien
pas la patiéce aux autres de dire ce qu'il
vouloient tant ils auoient grande enui
de declarer ce qu'ils auoient en la fantasie. Ils discourarét aussi assez long temp
des moyens de despendre, non pour re
compenser leurs seruiteurs, sequit[er]
leurs debtes, faire du bien aux necess[i]-
teux, faire quelque œuure necessai[re]
pour le bien public: secourir ses ami[s]
auancer ceux qui ont de l'esprit & de

[...]ertu, & autres choses semblables, car en [...]ut cecy ils tiennent qu'estre fort re[s]erré, fort chiche, fort taquin, fort auare [f]ort mescognoissant, fort ingrat: ce sont [m]arques de gloire & d'honneur, & tes[-]moignage suffisant pour faire croire que [c]eluy qui en vse ainsi a beaucoup d'es[-]prit. Mais ils parloient de leur emmeu[-]lement magnifique, de leurs accoustre[-]ments superbes, de leur despence super[-][b]e, & de leurs voluptez desordonnees: [c]ar en ces choses là ils tiennent l'argent [p]our tresbien employé, comme en cho[se] qui leur doit le plus apporter de gloi[re] & de reputation, ce leur semble. Cela [n]ous fit entrer en vn autre discours de de[si]rs, où chacun faisoit des beaux cha[st]eaux en Espagne qu'ils bastissoient sur [la] croupe des monts Pyrenees, afin de [co]mmander apres plus aisement à tout [le] pays. L'vn desiroit cent mille escus [po]ur bastir vne maison à sa fantasie, vn [au]tre vouloir cent mille liures de rente [po]ur tenir (disoit-il) vne maison hono[ra]ble & splendide: l'vn desiroit auoir les [y]eux de linx pour penetrer dedans le [c]œur comme si c'estoit vn liure pour y [li]re les conceptions à descouuert: vn autre desiroit pouuoir deuenir petit oyseau pour se transporter en tel lieu qu'il eust voulu, & à l'instant mesme qu'il l'eust desiré. Chacun auoit des desirs infinis, & qui seroient mal-aysez de raconter pour leur multitude & diuersité, & selon iceux ils faisoient des desseins qui deuoient autant reüssir que leurs desirs, mais cela ne laissoit pas de leur contenter l'esprit, car ils disoient que l'esperance estoit vne des choses du monde la plus necessaire pour auoir l'esprit contant parmy ces discours, ils entremessloient plusieurs gestes & paroles lasciues qui ne sont point honestes à reciter: mais en ce pays-là, celuy n'est pas tenu pour galand qui n'en vse à tous propos, car c'est cela en partie qu'ils appellent estre de belle humeur: Il est vray qu'il y en a quelques vns qui veulent contrefaire les discrets, mais s'ils ne prononçent les termes propres, au moins parlent-ils par equiuoque. Cela les fit entrer sur les souuenáces de sorte qu'vn chacun disoit à son compagnon: Souuenez-vous d'vne telle rencontre, & vous d'vne telle folie, & vous d'vne bonne fortune qui vous aduint en tel lieu: Aussi

tiennent ils le secret pour vne chose sotte, & qui sent sa bestise : & c'est en ceste chose là seule qu'ils ne sont point dissimulez, car leur vanité les force de declarer en public les faueurs qu'ils ont receuës de leurs dames en particulier, sans considerer mesmes si cela leur peut préiudicier ou non. Mais pour venir au propos que i'auois laissé, apres que chacun se fut rassasié de ces delicatesses on commença à desseruir ceux du bas bout, car en ceste action là ils escorchent l'anguille par la queuë. Et apres qu'on eust tout osté on apporta à ceux qui estoient demeurez à table (d'autant que la pluspart s'estoient leuez) vn grád bassin d'argent doré auec vn vase de mesme estoffe, & dedans de l'eau où auoit trepé de l'Iris, auec laquelle ils lauerent leurs mains, ceux du haut bout separément, & ceux qui estoient au dessous ensemblément, & toutesfois elles ne deuoiēt pas trop sentir la viande ny la gresse, car ils ne l'auoient pas touchée, ains seulemēt la fourchette. Mais quoy, c'estoit assez pour les auoir gastées, car quant à eux, tout ce qui vient du dedans ne les soüille point, mais seulement ce
qui

qui les touche par le dehors, puis on print dedans ceste nef les gãds & les esuentails des trois premiers qu'on leur alla presenter. Apres cela on osta ces deux nappes, & puis on estendit vn grãd catrin traìnãt iusques à terre: car ils vouloient iouer au reuersis. Toutesfois auparauant ceste musique de Luths & de voix que i'auois dés-ja ouyc, recommẽça. Mais mon conducteur qui recommẽçoit d'auoir appetit, me pria d'aller disner auec luy à la table du maistre d'Hostel: car (disoit-il) ces viandes creuses là ne sont propres qu'à gens souls: ie consenty fort facilement à ceste semonce, mon estomach commençant à faire d'autres desirs que ceux que i'auois ouys à ceste table. Ainsi ie suiuy fort gayemẽt mon homme, esperant de donner encore quelque nourriture à mon esprit auec celle du corps. Ce lieu où il me menoit estoit assez mal propre, & où l'odeur du vin & des vrãdes meslées ensemble portoiẽt au nez vn parfum assez mal agreable, mais ils y estoient si accoustumez que cela ne leur estoit point à contrecœur. Ce lieu estoit garny de plusieurs tables à peu prés, comme les refectoüers de nos religions: il est vray que le silence n'y estoit pas si religieusement obserué, car ils parloient tous ensemble, & firent vn tel bruit le long du disner auec leurs cris, leurs huées, & leurs risées, que ie croy que ceux qui sont proches des cataractes du Nil n'en entendét pas d'auantage. Comme nous fusmes arriuez là on nous bailla à lauer les mains, quelques vns aussi les lauérent auec nous, mais peu, & lors chacun se mit à table assez brusquement, principalement ceux des autres tables, car les tables estát assez courtes pour la multitude, chacun se pressoit & se poussoit l'vn l'autre pour y auoir entrée. Aussi tost qu'on fut assis ce fut de prendre chacun qui çà qui là tout ce qu'il pouuoit attrapper: de sorte que les plus aduisez garnissoient fort bien dés le commencement leur assiettes, car ils pouuoient s'asseurer de n'y mettre iamais la main deux fois dans vn mesme plat. Ce grand remuëment & ceste façon rauissante m'estonna vn peu à l'abordée, & pensois qu'ils fussent tous en colere, mais ce n'estoit que contre la faim: ie croy que ie m'en fusse retourné delà à vuide, car tandis que ie m'amufois à les regarder on vuidoit les plats, mais celuy qui m'y auoit introduit y auoit pourueu, car il en auoit pris pour deux. Ce difner dura fort peu de temps, car il falloit aller auffi vifte des dents comme des mains: de forte que la meilleure partie de toutes ces trouppes obferue là les reigles de fanté, car ils fortent de table auec leur appetit, mais en recompence ils ont fur iour de certaines retraittes Bacchiques où ils folemnifent à loifir les myfteres de Bacchus: de forte que tout cecy ne leur eft qu'vn preparatif pour les mettre en gouft, ainfi que nous apprifmes depuis de noftre marinier. Nous fortifmes donc de ce lieu affez allaigres & difpos, car fans autre ceremonie chacun fe retiroit où il auoit le plus affaire. Quant à moy qui n'abandonnois point ma guide, nous retournafmes paffer dans vne des chambres où i'auois defia efté, car il difoit qu'il auoit quelque chofe à prédre dás la garderobe de l'*Hermaphrodite*, auquel i'eftoit. Cefte garderobbe eftoit affez fpatieufe, & accommodée tout à l'entour à peu apres cóme la boutique des merciers, car il y auoit des chappeaux, en vn autre lieu des

H ij

ceintures, icy des iartieres, ailleurs des
fraises, les vnes à gros gauderons, les autres à plus petits: en vn lieu la toillette
& des peignes, & dedans de certaines
petites boëttes que ie n'auois point encores veuës, cela me fit demander dequoy cela pouuoit seruir, on me dit que
quelquefois son Seigneur & Dame en
mettoit dans sa poche pour s'en seruir
en temps & lieu, cela me fit en prendre
vne pour voir ce qui estoit dedans, & i'y
trouuay du vermeillon tout préparé
qu'il s'appliquoit sur les ioües, quand
celuy qu'on luy auoit mis le matin estoit
effacé. Aussi il y auoit de ces petites tenailles dont on les frisoit, & vn peu plus
loing force boëttes & petites bouteilles,
les vnes de verre simple & sans façon,
les autres dorées & façonnées, dans lesquelles il y auoit plusieurs sortes d'eaux,
tant de senteurs, que pour les fards, auec
tout plein de boëttelettes & de petites
escuelles peintes de rouge par le dedans,
toutes lesquelles estoient sur de petites
tablettes qui auoient esté mises là pour
cet effect. On y voyoit aussi vne grande
table au dessus de laquelle il y auoit vne
forme de dais assez bas qui la couuroit.

Sur ceste table on auoit mis à l'vn des bouts toutes sortes d'accoustremens, à l'autre quelque quantité de liures, vn peu plus loing que les accoustremens estoit attaché contre la tapisserie vne certaine sorte de demies testes, i'estoy estonné que vouloit dire ceste marque de cruauté qui me sembloit merueilleusement estrange: mais cet honneste homme me dit que la chose n'estoit pas si cruelle que ie l'estimois, & là dessus il destacha cela qui ne tenoit qu'à vne espingle, & se la meit dessus la teste, car en effect ce n'estoit rien que des cheueux qui estoient ainsi couppez & tressez ensemblement. Ie luy demanday à quoy cela pouuoit estre propre, il me dit que c'estoit pour ceux qui auoient la teste vn peu desgarnie, soit par contagions veneriènes, ou par nature mesmes. Et d'autant qu'en ce pays là on a fort souuent la teste descouuerte, ils vsoient de ceste forme de calotte pour euiter la mauuaise rencontre du Poëte Æschylus. A l'autre bout de ce lieu il y auoit force armes pendues qui gardoient fort religieusement leur virginité: elles estoient fort dorées, fort legeres, & mignonnement

H. iij

elabourées, aussi n'estoient elles là que pour parade & non pour l'vsage. Car il n'y a point d'espée qui eust osé penetrer vne chose si riche & si curieusement fabriquée : de sorte que les Maistres d'icelles ne les endossoiét iamais qu'à l'extremité encore estoit-ce plus pour marque de leur grandeur, & pour faire paroistre la generosité de leur courage, que pour aucun faict d'armes qu'ils esperassent de faire reüssir par le moyen d'icelles. Il y auoit vn lict au milieu de ceste garderobe pour coucher le valet de chãbre, & tout à l'entour d'icelle tout plein de coffres, dans l'un desquels cet honneste homme cherchant quelque chose dont il auoit affaire, trouua quelques papiers, lesquels en me monstrant il me dict : Voicy deux discours qu'on presenta il y a quelque iours à nostre hômme (ainsi appelloit-il son Seigneur) comme vne chose curieuse à cause qu'on disoit qu'ils auoient esté faicts par deux heretiques en la loy des *Hermaphrodites* Il est vray qu'il y auoit quelque chose au dernier de ces discours, qui luy estoit plus agreable qu'au premier à cause qu'il se rapportoit plus à ses sens : mais toutefois il disoit que c'estoit quelque humeur frenetique, qui faute de meilleure occupation s'estoit amusé à fantastiquer ces discours. & ainsi les laissant sur la table, comme chose dont il ne faisoit pas grand conte, ie les serray fort curieusement, & en fis mesmes faire quelques copies pour en faire part à mes amis: car (disoit il) encor que ie sois icy soubz la subiection de gens qui mesprisent telles choses, ie ne laissay pas toutesfois secrettement d'embrasser & de suiure ce qui a quelque lumiere de vertu. ie prisay beaucoup sa sagesse & sa bonne inclination, loüant Dieu d'auoir faict en luy vne tant heureuse rencôtre. Et apres l'auoir incité le mieux qu'il me fut possible à continuer en ceste saincte deliberation, ie le priay de me monstrer ces discours: Il me seroit (dit-il) maintenant impossible de vous donner le temps de les lire, car il me faut aller trouuer nos gens, mais si vous voulez ie vous en feray part d'vne copie que vous garderez pour l'amour de moy, & là dessus m'en presenta vne, ie le remerciay bien humblement de tant de courtoisies qu'il me faisoit, me sentant extrémement son

H iiij

obligé pour la bonne volonté qu'il m'auoit fait dés-ja paroistre en beaucoup d'occasions. Laissons (dit-il) toutes ces courtoisies & tous ces complimens, qui ne sont que trop communes en ceste Isle, & serrez ces deux papiers qu'ils ne soient d'auenture recogneus quand nostre monde sera hors d'icy, cela vous seruira d'entretien en attendant que nous soyons de retour de leurs promenades, où ie me doute qu'ils pourront bien tost aller, car ie croy que i'auray alors le bien de vous reuoir, & vous entretenir ce soir sur quelques particularitez que vous n'auez pas encore remarquées. Comme il acheuoit de me dire ces choses il vint vn page luy dire qu'il meist vn linge à la fenestre pour voir s'il ne faisoit point de vent, ie luy demanday pourquoy s'obseruoit ceste ceremonie, il me dit que c'estoit de peur que le hasle ne gastast la delicatesse du tein. ie me pris à rire à bon escient de leur effemination; mais au contraire, dit il, ces choses là sont icy grandement estimées comme marques essentielles de la vertu. alors mettant ce linge à la fenestre & voyāt qu'il n'y auoit qu'vn petit vētolin

qui le faifoit legerement branfler, il me
leur faut aller dire (me dit-il) en diligēce.
Ainfi fortant de ce lieu ie le fuiuy ferrā
premierement les papiers qu'il m'auoit
baillez lefquels i'ay pris auffi la peine
de traduire comme leurs conftitutions.
Nous le suppliafmes tous alors de nous
en faire part & puis qu'il nous auoit tāt
fauorifez iufques icy qu'il ne nous pri-
uaft pas de cefte fingularité. Ce que nous
ayant accordé, il les alla auindre au lieu
mefme d'où il auoit tiré les autres papiers, & nous les prefentans, nous y
trouuafmes les vers qui enfuyuent.

CONTRE LES HERMAPHRODITES.

Prophane que le vice ensevelit au monde,
Athée à qui le Ciel est si fort en mespris:
Pour iuger de ton mal, il faut prendre la sonde;
Affin de voir au fonds celuy qui t'a surpris.

Le vice est vn neant, vn vuide, vne im-
   puissance,
Vn travail sans repos, vne privation,
Vn grand desreiglement, vne aigre souvenāce;
Vn tourment, vne mort vne imperfection.

Cette confusion, cette masse difforme,
Vient en nous par le sens & prend racine au
  cœur,   (forme,
L'vn fournit la matiere, & cest autre la
L'vn nous enfle de vent & l'autre de ran-
   cœur.

Et puis se dilatant & croissant en malice,
Il s'exalte en l'esprit, & gaste l'intellect,
Si bien que la raison s'abisme en l'iniustice,
Ou vogue sans pilote au vent de tout obiect.

Son but (dit-il) ne tend qu'à chasser la misere,
A contenter l'esprit, à charmer nos labeurs,
Mais cet horrible Sphinx, ceste peau de Pan-
   there,
Cache de sous ces mots de cruelles fureurs.

Car l'ame se stant en ceste foy Punique,
Seduitte par les sens cede à son ennemy
Mais Regule tu pers ta pauure republique
Et finis par les yeux, n'ayant veu qu'à demy.

D'autant que ce tyran superbe en sa victoi-
re,
Donne au sens tout pouuoir dessus les actions,
Si bien que son trophee, & sa plus grande gloi-
re,
C'est de nous voir conduits par toutes passions.

Et voslà le conseil, le monarque & la gui-
de
Qui conduit aux plaisirs d'vn decieux port.
Mais rompez ce roseau, ce n'est rien que du
vuide,
Et les chants de ce Cygne augurent vne mort.

Les regrets, les ennuis, sont les biens qu'il re-
celle,
Et qu'il garde à la fin pour ses plus fauoris,
Car le plaisir est bref, la peine est immor-
telle,
Et les plus aduisez y sont souuent surpris.

Mais la vertu n'est point trompeuse, ny flat-
teuse,
Elle enseigne la peine à son commensement,
Mais elle donne apres la vie bien-heureuse,
Le repos de l'esprit, & tout contentement.

H vj

Si tu veux te sauuer, tens toy sous ce Platane,
Quitte tes vains plaisirs, deuiens hôme de bien.
Car on ne peut gouster de la celeste manne,
Si on n'a consommé le pain Egyptien.

Ne sois point estonné, si par foy tu chemine,
Par des sentiers fascheux & pleins d'aduersi-
 tez.
Car c'est par les buissons & parmy les espines,
Que Dieu se peut trouuer non dans les volu-
 ptez.

Que si le bien futur ne peut t'esmouuoir l'a-
 me,
Au moins que le present t'incite aucune-
 ment,
L'espreuue te fera iuger que ceste flame,
Peut temperer l'ardeur de son desreiglement.

Tu sentiras en toy regner la temperance,
La iustice sera maistresse de ton cœur,
Tous tes conseils serõt conduits par la prudence,
Et tu seras en fin guidé par le bon heur.

Ayme donc l'Eternel, adore sa nature,
Tu ne peux ignorer les faits de ce moteur.
Car si tu veux bien lire en chasque creature,
Tu cognoistras tousiours quel est ton crea-
 teur.

Puis chemine à Leuant, laisse ceste nuict
 sombre,
Renonce à l'amitié du cruel Gerion,

Pour jouyr du Soleil tourne l'espaule à l'ombre,
Tout malheur vient tousjours de ce Septentrion.

Tu ne peux à l'instant voir le ciel & la terre,
Pourrois-tu bien voir l'Enfer au Paradis,
Dieu n'ayme que le jour, & celuy qui t'enserre
Ne veut que les cachots du grand Idole Dis.

Mais leve un peu ce masque, & descouvre sa feinte
Tu perdras aussi tost le desir de l'aymer,
Car si tu gouste Dieu d'une ame pure & sainte
Tu trouveras apres le monde fort amer.

A LA SVITTE DE CES VERS

Il y avoit un Discours dont le tiltre
estoit, du Souverain bien de l'homme,
& commençoit ainsi.

L'Oeil n'est poit capable de la lumiere
s'il ne s'ouvre, ny l'hôme de la grace
divine, s'il ne s'y dispose. Car tout ainsi q̃
nous ne jouyssons des choses corporelles
que par les sens, aussi ne pouvons-nous
posseder les spirituelles que par la foy,
& ceste foy c'est le fondement de la disposition. Je dy le fondement, car ceste

foy sans les œuures estant morte il semble que nos actions ne soient pas moins necessaires pour la vie eternelle, que l'aspirer & le respirer en la temporelle, ces deux Poles nous conduisans sur ce grãd Ocean de miseres, le long de nostre nauigation pour nous faire en fin surgir au port d'vne bien-heureuse immortalité. Voylà pourquoy, il n'est pas seulement necessaire d'auoir la foy pour conceuoir le souuerain bien, mais il faut auoir aussi vne saincteté de vie pour le pouuoir apprehender. Mais ceste foy, ces œuures, ce souuerain bien, dira quelque Athée, sont des lumieres si grandes qu'elles seruent de tenebres à nos yeux. Pourquoy voulez-vous que ie recognoisse en moy ce que ie n'y ressens point? Donnez moy quelque chose qui me soit domestique, tout ce qui est estrange est contraire à ma nature, ie croy ce que ie voy, & ce que ie puis comprendre. I'appelle Eternité ceste vicissitude des choses, & des œuures pour mon regard aspirent plus à la recompense presente, & à quelque gloire parmy les hommes qu'à ceste future beatitude. Ie ne penetre point dans ces plaisirs eternels, la terre est ma mere, ma nourrice, & mon sepulchre, elle est ma vie, mes delices, & ma derniere fin. Ce cercle doit finir par son principe, ie ne cognois plus riē au delà. Toutes ces anciennes resueries ne font que diminuer ma vie, me priuer de contentement d'esprit, & m'oster ce qui est tant requis de tous les hommes, la gloire, & la volupté. A quel propos de souffrir tant de peine en vne si briefue vie? Pourquoy se fantastiquer des chimeres d'esperance: viuons. Mais qu'est-ce que viure, sinon d'auoir beaucoup de commoditez deuant soy, de contenter ses appetits & ses desirs? La beauté des femmes, la delicatesse des viandes, le delitieux goust des fruicts, la mignardises des harmonieux instrumens, les voluptueux iardins, les dances lascines, la conuersation des compagnies plaisantes, les discours facecieux, le mespris des affaires, sinon de celles qui peuuent apporter quelque commodité, le curieux soing de sa santé, estre tousiours magnifique en habits, paroistre entre les autres, & se faire respecter, auoir vne humeur gaye, sans s'attrister du public ny du particulier. Toutes ces choses ioinces ensemble sont mon Paradis, viure en ceste liberté, c'est ma saincteté. Toutes ces sciences qui s'apprenent auec tant de labeur, ce soing continuel de la republique, & ceste subjection à tant de loix, & d'ordonnances, c'est mon Purgatoire. Ces ieusnes, ces esleuations d'esprit, ce reiglement de vie qu'on appelle vertueuse, c'est mon Enfer. I'appelle vertu ce qui me conserue la vie, & me donne du contentement, tout le reste m'est vice. Ostez moy ce mot de religion, tant s'en faut qu'il reünisse qu'il me diuise d'auec moy mesme, C'est vne inuention des grands pour leur manutention. Toutes ces ceremonies, & ces Edicts, des chesnes pour emprisonner nos volontez. Montez un degré sur ceste eschelle d'estat, vous cognoistrez incontinent tous ces faux visages, Commander à soy-mesme, c'est se forcer soy-mesme, au contraire suiure ses inclinations, c'est cheminer par la voye Royalle de tout bonheur. A quel propos cette Genealogie d'esprits celestes ou infernaux? l'vn sent sa manie, l'autre sa Lycantropie, rien n'est superieur à l'homme, toute luy fait ioug, il ne s'esleue point sur les cieux, ceste contrée est trop deserte, ny ne descend point sous terre, ceste demeure est trop obscure, mais demeurant en vn estat il subsiste tousiours en soy-mesme, retrat dans la matrice de la mere qui l'a cõceu, pour produire par apres de nouueaux reiettons : Et i'appelle toutes ces choses Foy, Esperance, Charité, & souuerain bien : Ce qui est au de là m'est insensible, & par consequent vn vuide, & vn neant. Voila les discours de l'impieté, laquelle regnant en ce temps ie vous ay voulu faire voir en son lustre, à fin que l'assaillant par les endroicts mieux remparez, ses fortifications terrassées, le reste se rede par apres à meilleure composition : mais à fin de luy respondre particulierement, il vaudra mieux faire quelques distinctiõs, de peur que la cõfusion ne cache la verité dans ses tenebres.

Entre tous les mortels, ie recognois trois sortes de volontez, & trois differẽtes opinions du souuerain bien, les premiers ont vn amour tout corporel, sans aucun desir des choses spirituelles qu'ils ignorent. Leur esperance aussi rampe contre terre, & demeure enseuelie dans ce qui est de plus grossier. Les secondes ont vn amour tout spirituel, sans aucun soing des choses corporelles, qu'ils mesprisent, leur derniere fin y aussi se porte par dessus tous les cieux, espurée de tout ce qui peut estre terrestre & corrompu. Et les troisiesmes participans des deux autres, ont bien quelque affection à la terre pour leur vsage, & toutesfois leur souuerain bien est au Ciel, auquel ils aspirent. I'appelle les premiers mondains, les seconds celestes, les troisiesmes prudens, toutes les autres opinions sont conioinctes à celle cy, & bien qu'en apparence, elles soient dissemblables, en effect elles leur sont vniformées. Il les faut donc faire voir en leur nature aprés que i'auray definy ceste supreme felicité. *Le souuerain bien est vne infinie & perdurable beatitude, qui comprit en elle tout ce qui se peut desirer, & laquelle l'homme s'efforce d'acquerir pour en iouyr en toute eternité.*

De sorte que tout homme qui met son souuerain bien en vne chose caduque & perissable, qui reçoit en elle quelque deffaut, & de laquelle il ne peut iouyr que pour vn temps, a plustost l'amertu-

plie d'inquietudes, dafflictions, & de mescontentemens, que de repos, & de tranquillité, & par consequent est en vn perpetuel aueuglement, sans fin, sans principe, & sans felicité, il me reste dõc à les monstrer separement afin qu'on en puisse iuger plus certainement, ie cõmence par les mondains.

Cette espece d'homme à qui l'ame ne sert que d'vn sel pour empescher le ressentiment de leur corruption, qui noyez dans les voluptez, appellent malheur, tout ce qui les en separe, à qui les tenebres seruent de lumiere, le desordre, d'vn reiglement, ont veritablement quelque raison de mettre icy bas leur derniere fin. Car puis qu'ils n'ont vescu que de terre, ils ne peuuent pas estre changez en autre nature que celle de leur nourriture. Qui veut escheler le ciel, il faut qu'il deuienne celeste, ceste saincte demoure ne reçoit que ceux qui ont gousté de son ambrosie. Voyla pourquoy ceux-cy n'ont garde d'y paruenir puis qu'au lieu de la desirer, ils la meprisent. Mais d'autant qu'ils s'aydent de quelques apparences, & que s'arrestant en la nature il semble qu'ils ne s'esloignent pas de la raison, ie veux faire voir quelle est la composition de l'homme, son origine, & sa fin.

L'homme a deux parties essentielles en luy sans lesquelles il ne peut estre tel, à sçauoir l'ame, & le corps, l'ame indiuisible, quand à soy, & distincte en ses effects a trois facultez, l'intelligence, la memoire, & la volonté: Le corps est pareillement composé de trois principales parties, l'estre, la vie, & le sentiment: Et bien qu'il n'ait pas originairement la vie, & le sens, mais seulement par participation, si est-ce que l'ame vegetante & sensitiue, que nous appellons, estant plustost vn milieu entre l'esprit, & le corps, que choses purement spirituelles, & que leurs actions sont corporelles, ie pense ne m'estre point abusé de les conioindre à la cause de leur creation, ioint que c'est par la sensitiue, que le corps s'vnit à l'ame, obeyt à l'ame, & se glorifie auec l'ame, quand elle s'est premierement conioincte à elle par la persuasion, comme aussi s'en separant, elle est cause qu'au lieu que toutes deux doiuét trouuer vne vie dans ces cendres (ainsi appellay-ie la mortification du corps) elle faict rencontre d'vn tombeau. Et comme il y a vn milieu entre le corps, & l'esprit, pour la liaison de ces distances tant esloignées. Ainsi y a il vn moyen entre l'ame & la diuinité pour l'vnion de ces deux extremes: C'est ce qu'on appelle intelligence abstraicte ou separée, qui n'est autre chose qu'vne grace diuine, agissant tantost dans l'entendement pour nous enseigner, ores dans la volonté, pour nous exciter. Dãs le premier, nous la nommons intelligence, dans l'autre synderese: de maniere que c'est par elle que tout bon-heur nous arriue, quand nous la croyons: au contraire, tout malheur nous accompaigne, quand nous la negligeõs, & d'autãt qu'elle est tousiours pure & saincte, sans se mesler dans aucune corruption; les autres se sont laissées emporter à leur amour propre, & à leurs delices, contre ses instructions, elle leur laisse porter le repentir de leur obstination, & retourne seule droict au lieu de son origine. Que si d'autre costé ils se sont estudiez à luy obeyr: Alors toute triomphante de gloire, pour auoir surmonté le diable le monde, & la chair, eu l'ame, au sens

& en la vie, elle conduit en l'immortalité, ceux qui luy ont adiousté vne si fidelle, & volōtaire croyance. Voyla pour la composition.

Quand à l'origine, c'est l'argument que ce prophane nous a mis au commencement, & à la fin de son discours, par leql il veut qu'Aborigenes nous soyons sortis de la terre, comme le peuple de Cadmus : Et veritablement les dents de cest effroyable serpent nostre commun enhemy, ne pouuoit pas produire d'autres hommes, que ces furieux, lesquels se bandans contre leur propre nature, se destruisent eux mesmes, pensans se conuerser. Est il croiable que la terre estant impuissante d'elle mesme, qui a besoing à tous momens de l'influence celeste pour la generation de ses creatures si grosiere, si opaque, si pleine de corruption, comprise par tous les autres Elemens soit le premier principe de l'homme, veu qu'il est beaucoup plus excellent, plus parfaict, & plus accomply qu'elle, ny tous les Elemens ensemble ; Qui croira aussi que ce soit le Ciel ou les estoilles, puis que nous remarquons du changement, voire de l'alteration en leur mouuemens? Confessez-vous pas que le Soleil est plus beau, plus parfaict, & plus accomply, qu'il a plus de puissance, & de vertu que toutes les autres estoilles, voire que le ciel mesme? Et toutesfois ne remarque-on pas iournellemét le retardemét de son cours? Ses ecclypses bien que ce ne soit, que pour nostre regard, n'est ce pas vn manquement de puissance, luy de qui nous recognoissons sensiblement que procede la lumiere, manqueroit il en son principal effect? Et neantmoins nous auons veu arriuer en plein iour des tenebres palpables, sans que ie mette en ligne de conte ceste grande & vniuerselle ecclypse par tout l'vniuers, arriuée en ce bel astre contre tout ordre de nature en la mort du Sauueur. Et finalemét pourrez vo⁹ appeller souuerain principe, ce que vous comprenez & mesurez si distinctement, & si sensiblement? La chose qui comprend excede tousiours celle qui est comprise & ce qui peut estre mesuré n'a peu donner la premiere mesure, ie dy cecy, tant du ciel que du Soleil, & de toutes les estoilles. L'experience nous apprenant tous les iours que ces mesures ne soiët point imaginaires, puis que nous trouuons vn iuste calcul en nos pronostications, & que nos comprehensions ne sont point vaines, puis qu'elles se rapportent aux effects. Où trouuerons-nous donc vn principe digne de l'homme? Apres auoir parlé de toute chose si excellente, que i'ay neantmoins trouuées deffectueuses, Ie ne puis me ranger à ce qui est moindre. Quoy donc sera-ce tout l'vniuers ensemble? Mais ce seroit retourner en l'antique Chaos: cela estät du tout incroyable, voire impossible, que tant de natures si diuerses & contraires, se soient originairement creés d'elles-mesmes. Que si cela estoit, il faudroit qu'il y eust entre elles vne esgalité de puissance, autrement, il faut confesser vne superiorité. Et toutesfois nous en remarquôs de fort inferieures, les vnes aux autres, voire de fort viles, & abiectes. Ioinct que suyuant la maxime que i'ay mise cy-dessus, l'homme comprent encore toutes ces choses, & sçait les distinctions & les proprietez & qui plus est, en vse & en ordonne. Est-ce donc l'homme qui est autheur de la nature? Pauure creature tu ne sçauroys recel

former la moindre de tes imperfections, tu n'as pas bien souuent vne disposition libre de ta volonté, (encore que ce soit celle où tu dois auoir le plus de puissance) comment pourrois-tu créer? tu ne sçaurois conseruer: pourrois-tu bien estre autheur de la vie: tu ne la sçaurois rendre à ceux à qui tu l'as ostée. Que si tes peres auoient quelques fois eu ceste puissance, il t'en seroit demeuré quelque eschantillon: Mais tant s'en faut que tu restablisses, que tu destruits, & la plus part de tes actions sont plustost forcées que volontaires. Et ce que mesmes tu appelles vie, & de laquelle tu ne iouys que par emprunt, & que tu prens & laisse sans ta volonté, n'est autre chose qu'vne continuelle mort.

Il faut donc venir à vous, Souueraine, Eternelle, infinie, Incomprehensible Essence, sans fin, & sans commencement, vne simple en Trinité, Trinité en vnité, source originaire de la vie, Dieu, Createur de lumiere, l'vnique beatitude & felicité des creatures raisonnables. C'est par vous que nous receuons nostre estre à vous à qui nous en demandons la conseruation, & en vous que nous desirons

I

d'en faire vne parfaite vnion. C'est vous qui ayant tiré l'homme de neant, l'auez formé à vostre image & semblance, & l'ornant de toutes les graces qui se pouuoient souhaitter, luy auez assuietty toutes les creatures que vous auez creées, à son occasion & pour son vsage, lequel Empire il pouuoit conseruer, s'il eust voulu vous obeyr, A vous donc seul en soit l'honneur, la gloire, & la loüauge à iamais, & à nous la honte & la confusion, de laquelle toutesfois vostre grace & misericorde infinie nous deliurera quelquefois selon sa bonté accoustumée. Et voilà nostre veritable origine, à laquelle il n'y a point de repartie, puis que ce principe peut tout possede, tout comprent tout, & beatifie tout.

Quant à la fin de l'humaine nature, puis que nous luy auons trouué vne origine, il faut qu'elle finisse quelquesfois. Et puis que toutes choses qui sont au monde ont esté creées pour l'homme, & pour son vsage, luy fini il faudroit que ce grand tout retournast en vn neant mais la prescience, & la prouidence diuine en a ordonné autrement. Car par vne vertu & sagesse ineffable, elle a fait que l'homme tirant & conuertissant en sa nature la substance de toutes choses, comme leur derniere fin, offre par apres le tout comme souuerain Prestre d'icelles, auec sa propre volonté sur l'autel de la foy, & dans le brasier d'vne tres-ardante charité en sacrifice pacifique aux pieds de la tres-saincte Trinité, laquelle les receuant d'vn œil plain de misericorde, leur donne vn estre permanent & immuable par la conionction d'icelles, à sa biē heureuse Eternité: Voyla la derniere fin de l'homme, son contentement & son souuerain bien. Et le vray cercle dont cestui-cy se gaussoit au commencement de son discours.

Mais comme la veuë d'vn grand & riche thresor, est inutile à celuy qui n'en a point l'vsage, ainsi la cognoissance du souuerain bien est superfluë, si nous ne nous disposons pour en auoir la iouyssance, voyla qui m'occasionera d'en tracer icy de tels quels enseignemens, m'asseurant que le sens commun, vostre zele & la diuinité mesme, suppléeront mō insuffisance (ioint que ie vous ay promis, de vous discourir de la distinction du souuerain bien) pourueu que vous

I ij

me permettiez d'adiouster icy quelques traits de l'immortalité. Car c'est sur ceste queüe que ce dragon, attire les plus claires estoilles, i'entéds les esprits plus desliez.

C'est veritablement vne desplorable chose que l'entendement humain separé de la Diuine intelligence. Toutes ses croyáces ne sont que des vanitez, ses discours que des absurditez. Il se contredict à soy-mesme, & tout enflé de gloire & de présomption, il quitte volontairement la lumiere du vray bien, pour suiure l'aueuglement d'ignorance & d'erreur. Voyez en l'exemple en cestuy-cy, il nous auoit esleué son homme en apparence, par dessus toutes creatures, & tout incontinant, il nous le rend le plus miserable de toutes choses creées quand vous pensez voir la fin de sa grandeur. Car si l'homme n'a point d'autre fin que ce qui est au dessous de luy, si quand il meurt toutes choses ont pris fin pour son regard, en quoy puis-ie recongnoistre son excellence & sa superiorité? Sera-ce en la longeur de la vie? Combien ya-il d'animaux qui le surpassent en cela? Bien peu d'hommes arrinent iusques à 80. ans. & toutes fois vous en trouuerez entre les brutes qui viuent cent & trois cent ans. Sera-ce en la force ? Il est presque le plus foible de tous: En la santé, il est le plus debile & le plus imparfait. Les autres ne sont subjets qu'à de certains maux, il s'est trouué tel homme qui a eu toutes sortes de maladies, en vne bien courte vie. Pour l'agilité ; Il est surpassé presque de tous. Qant à la dexterité & l'industrie ? ils luy ont apris voire luy apprennent tous les iours, des inuentions : ie diray plus que tout ce qu'il sçait de meilleur pour ce regard, il l'a tiré d'eux Quoy donc est-ce au cōmandement & en l'obeissance que toutes choses luy rendent, au contraire ie n'y voy que de la reuolte de toutes, parts les plus petits & debiles animaux sont ceux qui luy font le plus souuent la plus cruelle guerre. Où trouueray-ie donc c'este marque ? c'est vne chose hors de tout discours, de dire que toutes les creatures ayent quelque reiglement en elle, ayent mesmes des superiorités & des degrez d'excellence & de commandement, en toutes leurs especes, & que l'hōme lequel neantmoins à l'vsage de

I iij

toutes ces choses fust surmonté par elles en sa vie & esgallé en sa fin. Or la corruption de ses peres & la sienne propre ne luy peut acquerir souuerainement le premier, il faut donc que le trosne de son Empire, soit l'immortalité. Quoy que l'ame raisonnable qui n'a rien de corruption Elemétaire rien de corporel meure; Que le sens qui luy ont serui d'organes pour ses fonctions & le corps d'instrument pour ses actions, demeurent du tout aneantis? cela ne peut s'imprimer dans vn entendement bien cōposé. Il faut que la premiere par essence, & les autres par participation & conionction, apres auoir esté repurgez de leurs defaus iouïssent tous ensemble de ce qui leur est acquis dés leur creation. Infinis argumés se pourroient amener pour la preuue de l'immortalité de l'ame. Mais i'en prendray seulement icy quelques vns.

Ce qui ne croist ny diminuë en sa substāce doit estre immortel, puis que nous remarquons la mort n'arriuer aux creatures que par ces deux moyens. Or l'ame de l'homme a ces propriétez. Elle est donc immortelle.

Ce qui est incorruptible est immortel, l'aneantissement des choses n'arriuant que par la corruption: & ce pendant nº remarquons que tant plus l'ame humaine est pressée tant moins elle est oppressee. Elle est donc incorruptible & par cõsequent immortelle.

Ce qui se monstre plus vigoureux ou quand le corps s'affoiblit par vieillesse, ou meurt tout à fait, est Immortel: l'ame de l'homme se monstre telle par le desir & plusieurs autres de ses fonctions: elle est donc immortelle. Qui pourra nier aussi que ce qui nous fait desirer de perpetuer nos enfans ne soit immortel, & où peut naistre ce desir sinon en l'ame humaine?

Et ceste pluralité d'objets de diverse matiere, qu'elle concerne en elle, sans changer sa forme spirituelle: qu'est-ce autre chose qu'vne marque de sõ immortalité?

Bref ce qui a authorité & commandement sur le corps mortel, ne peut estre autre qu'immortel. Et c'est par ce gage precieux que nostre ame finie quant à Dieu, infinie pour le regard des creatures inferieures, desgage toutes choses de la mortalité, & les reünit à l'vnité par l'vnion de l'humanité à la Diuinité comme ie disois cy dessus. Que cestuy-cy ne

I iiij

nous parle donc plus de la vicissitude des choses, Car tout ainsi qu'elles ont commencé leurs cours par le commandemēt de l'Empereur celeste, elles le terminent aussi par leur vniō, à l'Empereur terrestre. Cela soit donc tenu pour constant & irreuocable que l'ame humaine est immortelle, que par son moyen les sens & le corps sont beatifiez, qu'en elle toutes les creatures reçoiuent benediction.

Ie vous ay suffisamment monstré autant que la briefueté de ce discours me l'a peu permettre que l'homme auoit eu quelquefois origine, & toutesfois qu'il estoit immortel, & i'ay sappé autant que i'ay peu les impies propositions que cet Athée alleguoit au contraire. Il luy faut maintenant faire voir quelque anatomie de la volupté qu'il tient pour son souuerain bien.

La volupté n'est autre chose qu'vn chatoüillement des appetits sensüels à l'instant mesme qu'ils ioüissent de la chose desiree. Ie la considere en sa source, en son progrez, & en sa fin. Elle s'engendre en nous par la cognoissance que nous auons de la beauté, & de l'harmonie, de l'odeur, de la douceur & de la delicatesse de quelque chose que nous aymons: mais d'autant que la perfection prise en son centre ne se recognoist que en certain point, il faut que la ioüissáce de ceste perfection là, soit comme vn ressentimēt inexplicable. C'est pourquoy l'hōme reïtere souuēt son actiō, afin d'auoir autant qu'il luy est possible ceste iouyssance perdurable. En vin toutes fois pour ne la pouuoir cōioindre en sa substāce: & biē que cela se face en quelques choses, il faut qu'il dissipe premieremēt, & qu'il destruise leur perfection auparauant q̃ d'ē pouuoir faire la cōuersiō: car biē qu'il reünisse le tout en Dieu, c'est par la dissolution des formes & des proprietez, de sorte qu'il manque tousiours en ce qu'il souhaite le plus. Et si apres vne longue reïteration de ses choses son desir est satisfaict, alors au lieu de receuoir quelque contētemēt, il n'a qu'vne satieté & qu'vn mespris de ce qu'il la tāt recherché. Ainsi vous voyez que la volupté n'est qu'vn desreiglement en son principe, vne defectuosité en son progrez, & vn degoustement en sa fin.

Et puis combien reçoit on d'inquie,

tudes deuant que cet ombre de felicité arriue? Auec combien de trauaux, de solitudes, de haines & d'enuies paruient-on à la iouyssance de quelque chose? N'est-il pas vray qu'aussi tost que la volupté maistrisé l'homme, au mesme instant tous les ennuis luy pendent sur la teste? On dit qu'il n'y a rien si cher que le temps, d'autant que le passé ny le futur n'est plus en nostre puissance, & le present decoule si promptement, que ce moment & cet atome est plustost vn rien que quelque subsistance. Mais ie dy qu'il n'y a rien si cher que la volupté, non pource qu'elle est conforme au têps pour la promptitude de son action, mais à cause qu'elle s'achete au peril de la vie de l'ame, & bien souuent de celle du corps. Car qui nous a peu produire ceste longue genealogie de fieures? D'où viennent tant de tumeurs, tant d'humeurs, tant de maladies incogneuës qui naissent tous les iours en nous, sinon les excés de nos peres & les nostres? Et ces excés ne sont-il pas les fleurs de la volupté, comme les maladies en sont les fruits? Nous ressemblons ceux qui sont mordus de ces petits Serpents, qu'on appelle Tarêtes: nous rions, nous chantons, mais ce ris Sardonien nous conduit à vne eternelle fin. I'ay dit qu'elle faifoit perdre la vie de l'ame, non que cefte ame meure par vne perte ou aneantiffement de fon effence, mais à caufe que la feparation de l'autheur de la vie luy eft vne eternelle mort. Or eft il que l'ame qui confent aux voluptez du corps, fe mefle par ce confentement dans la corruption qui en arriue: De là vient qu'elle eft pleine d'ennuis, de triftefles, de ialoufies, d'efperances vaines, de defefpoirs, d'inconftances, & de folles imaginations, qui luy ont engendré tant d'erreurs, de crimes, & de def-obeiffance contre le fouuerain, formant fes actions directement contre fa volonté. De forte qu'eftant priuée de fa grace elle tombe en d'obfcures tenebres du tout contraires à fa nature, qui ne refpire que la lumiere. Et ce font les fleurs & les arbres des iardins de plaifance de ce paradis delicieux, les ruiffeaux de larmes y feruent de fontaines, les foufpirs, les repentis, & les regrets, font les fredonnemens de fes plus mignards oyfillons.

Mais accordons quelque chofe à ce

incensé, & posons le cas que son souuerain bien puisse estre ce qu'il nous a dépeint, si faut-il qu'il confesse selon sa definition mesme, que pour estre bien-heureux il faut posseder pleinement & souverainement tout ce qu'il a descrit par le menu. Car celuy qui ne iouyroit que d'vne partie ne pourroit estre bienheureux, d'autant qu'il luy manqueroit quelque chose pour posseder toute la volupté (à cause qu'elle n'est point dans vne seule chose, mais en toutes les choses) & qu'il prendroit beaucoup plus de peine pour acquerir ce qu'il n'a pas, qu'il ne receuroit de contentement en la iouïssance de ce qu'il possede. Et qui est celuy au monde qui soit arriué à ce poinct? Les plus grands Monarques à grand peine le pourroient faire. Ce monstre de la nature Heliogabale a despoüillé la mer & la terre, ruiné tous les hommes, & sa nature propre, voire s'estoit preparé des moyens pour la gouster en la mort, & toutesfois il n'en a sceu tirer que l'ombre, puis qu'il n'a iamais esté content. Ie sçay bien que quelques vns diront que la femme les contente infiniment, & que tout autant de fois qu'ils en iouyssent ce leur est vne souueraine felicité, ou plustost, comme disoient les anciens, ils tombent autant de fois du haut mal. Mais outre ce que i'ay discouru cy dessus en quoy consiste la volupté, i'adiousteray que s'ils veulent mettre en ligne de compte les desdains, les cruautez, les mesprits, les frayeurs, & les inimitiez, principalement s'ils ayment en lieu defendu (car ailleurs ils ne tiennent pas cela pour volupté) & s'ils y conioignēt les maladies horribles qu'elle produit, les vlceres, les gouttes, le tremblement vniuersel de tous les membres, vn hebetement du cerueau, la perte du iugement & la diminution de la vie, auec vn desgoustement du plaisir à l'instant mesme de la iouyssance, ils auront beaucoup plus de subiect d'appeller cela martyre & vn fleau, que bon heur & felicité. Ils diront aussi qu'il y a des plaisirs de longue duree, comme des choses que nous voyons & que nous oyons, mais ils ne disent pas que ce sont delices imparfaicts qui tirēt aptes eux vn desir de plus grāde volupté: car pour le premier, bien qu'il soit de quelque duree, a neantmoins vne iouïssance imparfaicte de ce qu'il void : l'autre chatoüille plus, mais il engendre incontinét vne satieté, ioint que s'ils ont quelque permanence par dessus les autres parties de la volupté, c'est entant qu'ils sont plus spirituels que les autres sens, lesquels tant plus ils sont grosiers & moins leurs delices sont elles de duree. Ce qui deuroit seruir d'vn fort argument à ces pauures aueuglez, que puis qu'entre les choses corporelles ce qui a quelque degré de spiritualité contente plus longuement (quoy qu'auec imperfection) qu'il faut que la beatitude souueraine soit entierement spirituelle, & se raporte du tout à l'esprit. C'est aussi ce que l'on ressent, principalement en la volupté, car le corps n'est qu'vn canal par lequel vne eau courante passe, le consentement de l'ame c'est ce qui cause le plaisir. Vsez de telle volupté que vous voudrez, si vous n'y auez la pensee vous la trouuerez sans delices : & bien que l'ame ne puisse receuoir en elle ces matieres corruptibles, c'est par elle neantmoins que nous les pouuons posseder. Or ie vous ay dit qu'il failloit vne conuersation de substāce pour vne réelle & perdurable iouyssance. Il faut dóc rechercher les choses spirituelles, puis que l'ame reiecte les corporelles contraires à sa nature. En voicy les moyens.

Ceste infinie misericorde qui a creé l'homme pour sa gloire, qu'elle ayme sur tous les ouurages de ses mains, le voulant tirer de l'abysme de misere où il s'estoit luy mesme precipité, luy a dóné certaines loix & de certains moyens, desquels vsant selon la forme qu'il luy a baillée il se pouroit beatifier: & afin que la cognoissance qu'il doit auoir de son Createur, auquel il est infiniement redeuable pour tant debien-faicts receus de sa liberale main, & sa debile impuissance ne le fist entrer en quelque desespoir, & de crainte que sa fragilité & sa corruption l'empeschast d'entierement accomplir ce qui luy estoit commandé elle a reduit toutes ces loix souz vn seul precepte, qui est le plus domestique & le plus volontaire qui soit en l'homme, afin qu'il peust acquiter sa debte d'vne chose qui estoit du tout en sa puissance & en sa disposition. Sçachant bien que si nous l'aymions de tout nostre cœur, voire si nous luy portions autát d'affection qu'aux choses terrestres, tous ses commandements nous seront doux & faciles: car nous sçavons lors que nostre ame est plus en ses actes qu'en ses puissances, & qu'où elle ayme c'est là où elle faict office d'ame. C'est pourquoy tout ainsi qu'on gaigne la vie du corps é travaillant, ainsi la vie de l'ame se gaigne en aymant & les choses corporelles se conioignent & s'aprochent les vnes des autres par mouuemens & passions corporelles, mais les spirituelles ne se conioignēt que par amour: aussi sommes nous transportez de la mort à la vie par ce que nous aymons. C'est la verité aussi qu'aymer Dieu est autant propre & naturel que viure, car puis que par l'amour nous auons esté produits de Dieu, il faut aussi que par le mesme amour nous soyons reduits en luy: mais d'autant que nous ne sommes pas simplement spirituels, ains corporels & spirituels ensemble, & que nous ne sômes pas moins obligez à nostre Createur pour le corps que pour l'ame: il est bien raisonnable que l'homme luy rende l'hommage de tant de biés qu'il a receus & qu'il reçoit. C'est pourquoy il nous a institué de certaines ceremonies par lesquelles nous eussions à le recognoistre, & protester exterieuremēt ce que nous croyons interieuremēt, lesquelles conioinctes aux commādements nous appellons religion à cause que l'vnion inseparable de ces deux choses nous r'allie & nous reünit au souuerain bien, duquel nous estions separez par la corruption. Voila comment la religion n'est point vne chose vaine, ny contraire à nostre contentement, comme cestuy-cy le nous veut faire croire, puis qu'elle a vn fondement en la diuinité, & qu'elle nous conduit à la iouïssance d'vne eternelle felicité.

Qui voudra donc iouyr de ce Royaume acquis par le prix d'vn sang si precieux, qu'il le conserue par vne bonne police de soy mesme, par vne temperance & vn reiglement de toutes ses actions selon le compas & l'esquierre que luy en a esté baillé par son humeur. Et qu'on ne s'estonne point si nous endurons quelque peine en ceste pratique. Pour acquerir l'eternité, il n'y a rien qui ne se doiue souffrir : Combien patissōs nous bien souuent pour nous conser[uer] vne vie languissante pleine de doule[urs]

& de miseres pour la croyance seulemēt que nous auons que la vie est vn grand bien. Et neantmoins nous nous voudrions persuader que l'immortalité se peut acquerir sans peine: il est impossible: ie diray plus, qu'il n'est pas iuste. Or la diuinité a topsiours balancé toutes ses actions de misericorde & de iustice. Non que nous receuions ces choses immediatement par elle mesme, mais par ses ministres les vns superieurs pour la recompence, les autres inferieurs pour la vengeance. Et que cestuy-cy s'en gausse tant qu'il voudra, les choses ont esté ainsi ordonnées par la supreme majesté. Il a quelque raison de doubter des vns, car son aueuglement l'empesche de ressentir leurs sainctes admonitions, mais s'il a tant soit peu de cognoissance & de iugement, il doibt fort sensiblement redoubter la tyrannie des autres, non tāt pour le present que pour le futur s'il ne recognoist sa faute. Car alors les cruelles peines qu'ils luy feront souffrir, luy apprendront au peril d'vne mort eternelle qu'il y a vne puissance souueraine par dessus tout ce qu'il s'est imaginé. Ie pourrois faire vne longue dedu ction de ces esprits & pourrois prouuer par raison naturelles & sensibles que leurs visions ne sont point des vapeurs forgées dans le cerueau, ny des maladies corporelles, comme il nous veut faire croire, Mais cela meriteroit vn discours particulier; ie diray seulemēt que Dion & Brutus pour le paganisme, tous deux sages, fort sains, fort prudens, & fort sçauans, Abraham Thobïe, & tous les Prophetes pour le Iudaïsme. L'Euangeliste S. Iehā, l'adultere Corinthien & tous les Apostres au Christianisme nous en ont laissé des exemples fort remarquables auec l'experience que nous en tirōs tous les iours, tant chez nous, qu'aux pays estranges. Laissons donc cet homme mondain ioüir à son ayse de son souuerain bien, ou plustost de son extreme misere (car ainsi lauez vous peu recognoistre) & venons à celuy de l'homme celeste.

Ie luy donne cet Epithete à bon droict, car s'estant purifié de tout ce qui est terrestre & mortifié tous ses sens pour obeïr à Dieu, il demeure perpetuelement esleué en la contemplation diuine ayant à fort grand mespris les choses corruptibles & aymant souuerainement son souuerain. Il s'vnit si parfaictement en luy que la mort mesme luy est fort desirable pourueu qu'elle luy soit agreable. Mourir aussi pour l'honneur diuin, c'est fleurir au printemps Eternel. Les afflictions luy sont fort plaisantes, & tient pour vne maxime veritable, qu'vne vie tranquille sans aucunes vagues, c'est vne mer morte. C'est luy qui nous apprend que l'amour penetre souuent où la cognoissance naturelle demeure dehors. Aussi ayme-il du tout celuy qui l'ayme en tout & par tout. En luy nous voyons clairement la pratique des choses necessaires que i'ay dictes cy dessus, pour acquerir le souuerain bien. Il en iouït aussi deuant le temps, puis qu'il est vray que plus l'amour s'estend, & plus se multiplie & augmente la ioye qui en prouient. Mais ô combien sont rares ces Hercules qui suiuent ce sentier espineux? combien peu sont paruenus à ceste haulte contemplation? Il y en a toutes fois. Car encore que nous soyons en vn aage perdu de vices & de volupté, Si puis-ie dire qu'il n'y a eu siecle si meschant qui n'ait porté quelque homme d'vne vertu fort signalée, & que le nombre se trouuera plus grand de ceux qui sont paruenus à la perfection d'vne tres-rare saincteté, que de ceux qui ont esté meschans en toutes extremités, Dieu faisant en cela apparoistre sa puissance par dessus les efforts de son ennemy.

Quand à l'homme prudent, c'est celuy qui meslé parmy le monde, vse de ce qui est au monde pour son vsage auec quelque côtentemét, qui recognoist le magistrat, qui obeit aux loix, qui s'efforce par la cognoissance des sciences d'estre vtile à son prochain. Et qui neantmoins recognoist qu'il tient toutes choses de la liberalité de son souuerain, auquel il rapporte toutes ses actions, non toutesfois auec tant d'esléuation que le celeste: mais qui se destourne du mal autant qu'il luy est possible: & faisant le bien autant qu'il peut praticquer parmy les hommes, leur dône conseil par sa prudence, leur sert de lumiere par son exéple, C'estuy-cy qui apprent au mondains que les sciences sont tres-necessaires à la vie humaine. Que c'est par elles que nous recouurons la santé, que nous administrons la iustice, que nous establissons les polices, que nous côseruions les estats, & que nous auons cognoissance des oracles, & de la volonté Diuine. C'est luy qui enseigne que les Roys, que les superieurs tant spirituels que temporels, ne sont point des puissances vserpées. Mais ainsi ordonnées par le souuerin Monarque pour nous regir & nous conduire sous son authorité. Son obiect a deux fins, Dieu & le prochain, nô par vne affection simple & volontaire, mais par vne action réelle (bien que nos deux fins ne soyent qu'vne seule & mesme chose, puis que l'vne se rapporte à l'autre) aussi a-il espousé l'action, comme le celeste, la contemplation. Et qui toutes fois ne demeure point entierement attaché aux choses mondaines ayant cette croyance qu'on n'a pas d'auantage de liberté d'esprit pour estre en vne large prison. Aussi que plus nous auons de possession en ce monde, nous sommes bien plus largemët prisonniers, mais non pas plus tranquilles en nous mesmes, si nous y mettons nostre affection. Heureux trois & quatre fois qui parmy ces grands tracas des affaires du monde a tousiours deuant les yeux qu'il est plus expedient de n'estre poinct, que d'estre priué du bien estre. Heureux qui peut commander à soy-mesme & à ses affections, puis que non seulement de cette tyrannie (comme nostre impie la nommée) nous acquerrons la vie glorieuse, eternelle & bien-heureuse. Mais la santé du corps par le reiglement de nos actions & vne tranquillité d'esprit par le temperemment de nos affections, que nous pouuons nommer vn souuerain bien terrestre; puis que par ceste seule voye nous pouuons receuoir quelque contentement parmy les miseres de la vie.

Voylà ce que contenoit ce premier discours dont chacun de nous demeura fort estonné de la hardiesse de celuy qui auoit osé discourir en ce lieu là de si grandes choses, & encore plus de ce qu'il se trouuoit en ce pays-là, des gens qui eussent des conceptions si releuées, mais ce gentil homme nous dict que nous ne nous deuions esmerueiller ny de l'vn ny de l'autre, d'autant que pour le premier les *Hermaphrodites* ne se soucient pas de tout ce qu'on peut dire deux ny de leur maniere de viure. Car il ny a point de verité si eloquente qui les puisse persuader au changement que nous appellons de conuersation. Quand au second (dict-il) encore que la meilleure partie meine la vie que vous auez peu entendre cy dessus: si est-ce qu'il y a encore parmy eux vn bon nombre de gens de bien & qui preferent la vertu à toutes choses: il est vray qu'ils ne paroissent pas beaucoup: car qu'elle puissance a la vertu aux lieux où le vice est en son trosne, ils s'aydent seulement des accidens & des rencontres pour faire quelquesfois paroistre leur lumiere parmy de si profondes tenebres, ainsi que vous auez peu voir par ce discours. Quand à cest autre cy, il fut faict sur vne question qui s'estoit meüe entre ceux mesmes qui font profession de la vertu, les vns toutesfois plus cõtemplatifs que les autres qui vouloient que ceux qui viuent au monde fussent comme sans aucun soindes choses temporelles, & les autres soustenoyét le contraire. Vous pourrez voir par ce petit discours si leurs raisons ont quelque aparence, & la dessus nous desployames le papier où nous trouuasmes escrit en ces termes.

QVE

QVE L'AME DE L'HOM-
me doit auoir le soing des choses cor-
corporelles.

Oz pensées ne doiuent non plus s'arrester en terre que la fleche en l'air, disoit quelqu'vn. Car le souuerain bien de l'homme durant ceste vie, ne despend que d'vne tranquillité d'esprit. Or ce repos ne peut estre engendré par des choses changeantes & perissables, telles que sont toutes les terrestres. Il faut donc s'esleuer plus haut pour acquerir cette felicité. Tout cecy a beaucoup de verisimilitude. Mais qui pourroit continüellement se separer du corps que par la mort? Et cette esleuation continüelle, qu'est-ce autre chose qu'vne separation; ie sç y bien que l'ame est la vie du corps, & qu'il faut conseruer la vie pour auoir la vie. C'est à dire que ceste image diuine ne peut se maintenir en son estre

parfaict que par des meditations en la diuinité: mais qui niera que les sens ne soient le cyment & la conionction de ces choses incompatibles, l'Ame & le corps, la vie & la mort, l'incorruptible & le corrompu? L'ame doit commander aux sens & les sens doiuent guider le corps, de sorte que c'est par eux que l'affection se faict du corporel au spirituel. C'est par ce vehicule que ceste terre animée se porte iusques au temple de l'immortalité. Admirable moyen si nous le sçauions bien comprendre, & encore plus si nous en pouuions bien vser. Car tout ainsi que la vie de l'ame, c'est la grace diuine & la vie des sens, vne assistance de raison. Ainsi la manutention du corps ne despend que de la bonne conduitte des sens assistez de ce premier mouuemét. Il est vray que les deux derniers sont pour quelque temps priuez de la vie, ou plustost ils passent en vn estre plus parfaict, s'ils ont bien vescu, (car c'est plustost vne mort viuante puis qu'ils doiuent incontinent apres estre viuifiez en l'Eternité.) Mais toutesfois ils sont tous deux corporels, alimentez par le corps, cogneus par les choses corporelles, & bien que l'ame soit superieure, si est elle crée au mesme temps que les deux autres sont engendrez. C'est à dire qu'elle leur doit perpetuellement assister tant qu'elle sera liée auec eux. Chose estrange qu'il faille que l'esprit se face corps pour spiritualiser le corps. Et toutesfois il le faut, mais par raison. Car si elle se vouloit côtéter d'elle mesme sans trauailler pour ses associez, elle perdroit toute sa gloire, ne pouuant estre vnie à l'vnité que pour auoir merité, & son merite ne despend que de son gouuernement. Car en cela consiste son action. Or en quoy peut elle agir, ou par quelle chose se peut elle faire cognoistre, si ce n'est par ses facultez? Il faut donc quelle leur assiste, qu'elle les conduise, & qu'elle les maintienne. Que si d'ailleurs elle vouloit par trop complaire à leurs appetis & concupiscences, & qu'oubliant son rang & sa charge, elle se rendist esclaue de leurs volontez; alors elle meritoit, bien pour s'estre laissée conduire au neant, d'estre priuée du souuerain estre: puis qu'elle a rendu vaine l'intention de son createur qui estoit telle, qu'elle deuoit prendre le plus subtil de ces choses impures & l'attirer à elle pour puis apres les conioindre en luy. Le moyen dōc qu'elle pourra tenir entre ces contrarietez, ce sera de faire en sorte que le corps, que les sens, & qu'elle mesme ne soient que raison, i'entends qu'il faut qu'elle ne soit pas si spirituelle qu'elle ne pense auoir vn corps qu'il faut entretenir pour en pouuoir librement vser, & qu'elle ne soit pas aussi si corporelle qu'elle ne se souuienne de son essence, & qu'elle est la seconde cause de la beatitude de tous les deux. Ne me dictes donc plus qu'il faut auoir perpetuellement l'esprit tēdu aux choses celestes. Il m'est permis, voire il m'est commandé de penser à ce qui est du corps, & pourueu que l'on puisse tousiours remarquer en moy vne raison incorporée, & vn corps s'esleuant peu à peu à ce qui est de l'esprit, ie seray tousiours en la voye de la fin de ma creation. I'ay dit peu à peu car cela se doit faire ainsi. Nostre vie court par des cercles de plusieurs ans auāt que d'arriuer à son tropicque. Pourquoy voulez vous donc que ce qui est plus facile en la vie, qui est le viure, se cōduise à son but par vne longue suitte de temps, & que ce qui est de plus difficile, qui est la perfection, se paracheue en vn moment? Non l'ordre des choses ne le veut pas ainsi. Permettez donc que mes sens combatent vn certain temps afin de meriter d'auantage. Mais ie veux qu'ils combatent: car ie ne suis point de l'Isle des *Hermaphrodites*, ny de la secte d'Epicure, ie ne veux pas estoufer l'esprit ie veux qu'il reluise en moy, qu'il agisse, voire qu'il surmonte le corps autant que ie pourray, & moyennant l'assistance supreme, mais par raison, ie sçay que ie suis né parmy les hômes, en vn certain pais, & sous vn estat, C'est à dire sous certaine loix. Pourquoy trouuez vous mauuais si voyant ces hommes affligez, le pays ruiné, & les loix renuersées, ie discours ie me plains, & ie medite sur les moyens du restablissement. Ne sçay ie pas que ie suis lié auec eux? Que se perdant ie me perds, que ce bouluersement m'acableroit sous leur ruine? Mes sens qui par quelque espece de prouidence iugent de la misere future, en ont vne apprehension d'autant plus grande qu'ils voyent de loin le malheur arriuer à grands pas & la partie vegetante qui craint sur tout la necessité, leur cause encore d'auantage de peine de sorte que ces Idées tant de fois representées ne peuuent qu'elles n'engendrent des discours conformes à leur premiere cause : Voylà pourquoy vous entendez auiourd'huy presque tout le monde discourir de la misere du temps. Ie sçay bié maintenant que vous pensez auoir gaigné de cause. Car me voylà (direz vous) tout corporel attaché du tout à l'vtilite, & au corruptible. Mais attendez & vous trouuerez que ie m'estene iusques à l'Archetype : Car ie recognois les causes de ces desordes. Ie sçay que le mal procede de nous & que la punition vient d'enhaut Il se faut donc plaindre à nous de nos dissolutions & demander à Dieu la misericorde. Voylà où tédent mes discours, ne tiendrez vous pas ces deux fins là pour iustes & raisonnables? Ie ne veux pas nyer, que ie ne desire le repos pour estre plus à mon aise. Pourquoy non, cela est naturel à la partie corporelle, ie fuiray tousiours la necessité autant qu'il me sera possible, & si ie m'incommode en quelque chose pour rendre le corps plus prompt aux commandemens de l'esprit, c'est à dire pour seruir à Dieu (car Dieu estant le centre de l'ame, elle ne doit auoir essentiellement autre vouloir que celuy de son Dieu) ie veux s'il m'est possible que ce soit de volonté & non par contrainte. Mais que pourtant ie vueille resister (entant que ie le pourrois) à la volonté Diuine ? cela n'est point encore entré dans mon imagination. Ie sçay que ie n'ay point de subject de me plaindre de sa bonté, & que plustost ie dois admirer sa iustice. Il m'a mis au monde pour souffrir & en l'imitant ie ne puis en heriter que l'endurant, il faut donc que i'endure, & non pas demeurer impossible. Mais qui pourroit souffrir sans se plaindre? Ne nous flattons point; il n'y a celuy de nous tant roide & tant constant puisse-il estre qui ne ressente des mouuemens & des passions en son ame, quand il se void beaucoup incommodé, si ce n'est lors qu'il le faict de bonne volonté. Mais les exēples de ceux-cy sont aussi rares en ce temps comme les autres sont frequens de ceux qui le sont par force. Il est vray que l'on peut bien estre assailly de la passiō, mais non pas surmonté. Et c'est en cecy que la prudence & la raison doiuent s'exercer si elles ne veulent perdre l'Empire qui leur a esté baillé sur cest Empereur Terrestre. Heureux qui peut y paruenir, Et qui sans vouloir entreprendre plus que la portée de sa nature, vse par raison du moyen qui luy a esté baillé pour paruenir à sa fin.

Nous trouuions les raisons de ce discours accompagnez de beaucoup de verisimilitude, & commencions de profonder plus auant ceste conception quand vn de nostre trouppe plus contemplatif que les autres, se formalisa de beaucoup de choses qui y estoient contenuës, & voulant monstrer qu'il se fondoit en raison, il commençoit desia à repartir contre l'opinion de l'autre. Mais nostre Gentilhôme voyageur qui voyoit que cela prenoit trop long traict, remit ceste dispute à vne autrefois, & luy cependant reprenãt son discours qui auoit esté interrompu par toutes ces lectures, il nous dit,

Ayant serré ces papiers ie suiuy mon conducteur iusques dans la salle où on auoit difné, laquelle ie trouué toute pleine de monde les vns ioüans encore, les autres folatrans, & les autres deuifans enfemble: mais chacun d'eux s'eftoit donné des noms de mignardife: comme mon petit cœur, m'amour, mon tout, & autres femblables. Quant à ceux qui ioüoient & folaftroient, ie ne m'y amufay pas beaucoup, de crainte de voir quelque chofe qui ne m'euft parauenture efté guere aggreable, mais ie m'arreftay à efcouter ceux qui difcouroient, i'eftimay que ie deuois plus apprendre auec tous ceux cy qu'auec le demeurant, Ainfi m'approchant plus prés, i'oüy vn de cefte trouppe qui fouftenoit que l'ambition eftoit vne gentilleffe d'efprit & que fe contenter de fa fortune eftoit pluftoft faineantife & pareffe que fageffe. Que celuy qui ne fe vantoit point deuoit eftre tout hebeté & fans fentiment que c'eftoit par l'ambition que les plus belles intentions fe faifoient paroiftre, & qui pouuoient par apres donner de la reputation, ne pouuant croire que vn homme peuft eftre bien né fans cefte vertu, comme celle qui auoit le plus d'ef-

K v

clat, & qui pouuoit le plus se faire paroistre, vn autre parloit hautement des
mœurs & complexions du Prince auquel il estoit subiect, prenant en mauuaise part toutes ses entreprises, & donnāt
dans ses conseils plus secrets sans les entendre : vouloit qu'il gouuernast son
estat non pas selon ses desseins, mais selon la fantasie de luy qui discouroit autrement. Il menaçoit de se remüer à merueilles, principalement si on esleuoit aux
dignitez d'autres gens que ceux qui tenoient son party, ou si on introduisoit
audict estat quelques vns qui luy fussent
à contre cœur. Et là dessus il loüoit hautement les autres Princes voisins, admi-
rant leur sagesse, leur bon heur, & bonne conduitte, encore que pas vn n'eust
toutes ces choses là ensemble, & qu'au
contraire le sien les eust, sans comparaison, en beaucoup plus grāde perfection
Il est vray que s'estant vn peu trop auancé pour en loüer vn entre les autres, les
nouuelles qu'on luy en raconta sur le
champ, & qu'il n'auoit pas encore en-
tenduës, luy firent chanter aussi tost la
palinodie, l'appellant tacitement d'vn

nom que nous soulons donner à l'Empereur des Abyssins: Cela fut cause que vn autre qui estoit tout contre luy commença fort à mespriser les coustumes & les loix de son pays, au contraire faisant grand cas des autres. Il appelloit prudés ceux qui estoient pleins de vent: sages, ceux de qui les actions n'estoient que folie: heureux, ceux qui estoient tyrannisez: aduisez, ceux qui estoient ordinairement trompez: & de bonne nature, ceux qui estoient pleins de malice, sedition, ou rebellion: Bref tous les vices des autres peuples luy estoient aggreables, d'autát qu'ils auoiét en leurs actiós quelque apparéce de vertu. Mais la vertu du sien luy estoit odieuse, à cause que elle estoit trop frâche, trop libre, & sans artifice, & par consequent sans esclat: de sorte que cela luy faisoit souhaitter la bonne fortune des autres, qui sans doute (à ce que i'appris depuis) eust esté le comble de sa misere. Là aupres estoit vne autre petite trouppe assemblée, de laquelle ie m'approchay, d'autant qu'en prestant par fois l'oreille à ce qu'ils disoient, i'auois souuent entendu le nom

K vj

d'*Hermaphrodite*: ce qui me fit penser que ils estoient là sur quelque bon discours, & à ce que ie peus entendre par apres ils parloient de leur origine, & de la cause de leur nom. Celuy qui faisoit ceste proposition disoit que leur Dieu auoit esté engendré de Mercure, autrement dict *Hermes*: & de Venus, dicte aussi *Aphrodite*, & que de ces deux noms auoit esté composé le leur, qu'à la verité ceux de leur nature auoient esté entierement de mauuais augures, & malencontreux aux autres Romains, qui les tenoient comme vne chose monstrueuse, du temps que ceste Republique estoit encore grossiere & sans ciuilité: mais depuis que leurs esprits se furent vn peu plus polis, & la ferocité de leurs courages vn peu plus amollie, ils les eurēt en plus grande estime que tout le reste de leurs citoiens: & d'autant que cet Empire a commandé à tout le reste du mõde, cela a esté cause, disoit il, que nous auons esté ainsi dispersez par tout le monde. Il est bien vray qu'auparauant nous n'auions pas peu de credit en la Grece & aux autres contrées de l'Oriēt, mais tout cela n'a rien esté au regad de la reputation que nous a acquise la grãdeur de ceste Monarchie. Il parloit encore quand vn autre vint à la trauerse (car c'est vne bien-seance à ceste nation de s'interrompre ainsi l'vn l'autre, & de preferer ses conceptions à celles d'autruy pour la bonne opinion que chacũ a de soy-mesme.) Quant à moy, dit il, ie n'entre point en des meditations si sublimes, Ie laisse là ces discours politiques, & suis de l'opinion de nos aduersaires, qui tiennét que la plus necessaire science c'est celle qui appréd la cognoissance de soy-mesme. Il est vray quils veulent que cela se face afin de s'humilier & de s'abaisser, & moy ie dy qu'il faut estudier en ceste doctrine pour de plus en plus s'admirer & s'esleuer, ayant tousiours bonne estime de soy-mesme, & taschant de nourir & d'entretenir ceste bonne opinion, non seulement dans nostre fantasie (par la reflexiõ qui se fait dãs l'interieur sur chacune de nos actiõs) mais aussi dans la creance de tous ceux qui nous frequentent, quand bien ce seroit à faut tiltre: car qu'importe de quel osté puisse venir la loüange, c'est vn parfum qui ne sçauroit rendre qu'vne tres-aggreable odeur, iamais cet instrumét ne me sonne mal à l'oreille, quelque mauuaise main qui le puisse toucher. C'est pourquoy ie voudrois qu'vn chacun de nous tendist à ceste fin : à sçauoir que tous nos discours fussent de nos oüanges propres, encore que ce fust hors de propos & sans raison, de nos perfections, bien qu'elles soiét incogneuës à qui que ce puisse estre qu'à nous-mesmes, de nos vaillances imaginaires, qui sont tousiours les plus braues & les plus hardies: de nos courtoisies, qui ne sōt iamais sans dissimulation, ou sans quelque dessein de plus grād profit. Et pour le regard de ce que les autres doiuent dire de nous, ie voudrois que sans nous arrester à tout ce que le vulgaire sans iugemét, & sans discretió, baragouyne de toutes nos actiōs à nostre desauātage, que nous eussions tousiours auprès de nous (les vns plus, les autres moins, chacun selon sa puissance) quelques galands hōmes tels que deuoient estre les affranchis des anciēs Empereurs Romains, ces gnatons, ces parasites histrions pour loüer toutes nos vertus spirituelles, c'est à dire inuisibles. Nos bien-faicts principalemét, ceux que nous resserrons precieusement en la puissance de nostre volonté, nos discours qui representent le plus naïfuement les mysteres plus cachez de Venus. Qui feront des exclamatiõs & des admirations sur nos Rodomontades, & nous seruirõt de tesmoins pour les choses qui n'ont iamais esté, & qu'ils n'ont iamais veuës, ayant tousiours ces refrains sur tout ce que nous pouuons dire de ouy ouy, non, non, c'est cela & autres semblables, car les contradictions sont pour les escoles Pedantesques. En ceste Isle où on faict profession de toute ciuilité, il faut que la complaisance soit en pratique plustost que la dispute, principalement en ces gens là, qui ne sont nez que pour la loüange actiue, & indifferente. Car ie ne voudrois pas qu'ils se meslassent de controller quelque action, si ce n'estoit pour en exalter vne autre, qui tourneroit d'auantage à nostre reputation: car c'est à ce blanc là qu'ils doiuent butter, comme la chose qui les garantit le plus de mettre cousteaux sur table, & les entretient sans aucun soing, si ce n'est celuy de se donner du bon temps. Voyla vne des industries, que ie desirerois le plus que nous meissions en pratique sans no⁹ arrester à tant de vains discours, qui ne seruent que d'alambiquer nostre esprit sans en tirer aucun contentement. Quant à moy, comme vn braue Trasco ie me vanteray tousiours de l'impossible, & auray pour le moins ce contentemét en moy-mesme, que ie puis rendre mon imagination plus puissante que la nature, & faire que ma persuasion me rende plus heureux que le mesme effect, duquel ie ne pourrois iouyr sans peine, & ceste-cy m'arriuera sans trauail. Ceux là sont fols & frenetiques qui se tuent le cœur & le corps pour s'acquerir de la renommée, veu qu'vne parole hardie, que nos aduersaires appellent impudence, & vne belle asseurance qu'ils nomment effronterie, nous en peut plus dóner en vn quart d'heure que les trauaux en vingt cinq années ne nous en sçauroient acquerir. Toutes ces formalitez ne sont que vieilles erreurs que l'ignorance entretient parmy quelques vns, que la pluspart du monde le faict croire estre en fort grande estime parmy nous, mais les pauures gens sont bien abusez: car tant s'en faut qu'on en doiue faire cas qu'au contraire ie tiens que nous les deuons bannir de nostre compagnie autant que faire se pourra, comme gens du tout contraires à volupté & à la vie reposée, dont nous faisons profession.

Cestuy-cy vouloit passer plus auant, mais ceux qui auoient ioüé se voulant retirer en leurs chambres, & les autres voulans aller faire quelque visite, cela interrompit tout le discours, car chacun fut contrainct de prendre party, les vns monterent à cheual, ou plustost on les monta: car ayans mis le pied à vn estrié tandis qu'vn valet tenoit l'autre, vn soy-disant les souſleuoit iusques dãs la selle, on leur bailloit apres de certains crespes, fort déliez qu'ils mettoyent deuant leurs visages pour les garder du hasle, on m'a dict aussi que quelques vns mettoyent des masques. Quant aux autres ils monterent en des carosses qui n'alloient que le pas. Mais le Seigneur de mon conducteur monta en litiere où il n'y auoit pas peu de façõ à luy faire entrer, deux sou-stenans le marche-pied, tandis que luy sans se haster aduançoit vn pied deuant l'autre. Tout le reste s'escoula incõtinent les vns d'vn costé, les autres de l'autre. Quant à moy qui n'auois point enuie de les suiure, & qui auois dés-ja proposé de m'aller promener dans vn fort deli-cieux jardin que i'auois veu par les fene-stres de ceste salle, ie ne fus point trop curieux de m'enquerir où ils alloient; cherchant seulement l'entrée de ce lieu de plaisir, laquelle ayant assez ayséement trouuée, plusieurs d'entr'eux s'y allât eux-mesmes promener, ie me trouuay dans les plus belles allées qu'il est possible de s'imaginer, tant pour la hauteur des pallissades qui y estoit aperte de veuë, que pour l'industrieuse disposition des cabinets & pour la mignarde inuention des compartimens qui y estoit à l'en-trée. En ce lieu de volupté, ie me mis à lire les discours que ie vous ay cy-deuãt monstrez, en attédant le retour de mon homme, ce qui m'entretint vne bonne partie du reste de ceste apres-dinée: mais

à ce que je voy, dict il, vous ne vous laſ-
ſez point de m'eſcouter. Non pas luy diſ-
mes nous, quand vous continüeriez pluſ-
ſieurs journées, Car qui ſe pourroit ennuyer d'oüir tant de nouueautez? He
bien, dict-il, puis que vous eſtes inſatia-
bles nous reprendrons demain le meſme
propos: mais pour cette heure dónós noꝰ
quelque relaſche, le diſcours ne vous en
ſera que plus agreable quand il aura eſté
quelquefois interrompu. Nous nous ac-
cordames à tout ce qu'il voulut, le remer-
ciant auec toute la courtoiſie qui nous
fut poſſible de ſa bonne volonté. Ainſi
le laiſſant en repos, nous nous retiraſmes
en nos chambres, non ſans faire maints
diſcours, ſur tout ce que nous auions entendu.

FIN.

par Arthur Thomas,
mari d'Embly

DISCOVRS DE
Iërophile à Limne.

TRES-CHER AMY, l'Asmunde d'Auite, le Damon de Pychie, mon affection me contrainct, & ma parolle m'oblige de te rendre compte de mes actions: Tu sçais quels furent mes regrets à nostre separation, que le dueil d'Icaris, que l'ennuy d'Elise n'estoient rien au prix des miens: Ainsi affligé ie me resolu à la peregrination iusques au temps prefix de nostre reueuë, & choisi pour compagnon de voyage Opadin: En cest humeur (mon amy) & tout à propos ie trouuay Socher marchand de Menlay, prest à faire voile pour aller à Iaua: Bien aise donc d'auoir rencontré ceste occasion, ie me resolu de m'embarquer auec luy & descouury mon intention audict Opadin qui fut estonné l'ayant entenduë, tant par ce que son naturel est

A

de craindre l'eau, qu'à cause que depuis peu il auoit faict vn voyage long & perilleux. Il n'y a nulle apparence, me disoit-il, Iacophile, d'aller si loing sans occasion affectée, sans subject qui apporte necessité, faisons plustost nostre pourmenade vers le Catay: Bon mon amy luy disois-ie, si Angelique y estoit encores, mais il ne faut perdre ceste commodité: Courage Opadin nous voyagerõs heureusemẽt, pourquoy nostre vaisseau sera il moins fauorisé des vents & des ondes, que la Victoria de Magellane, pourquoy non autant que la nef du Dracq? La mer & la terre n'appartiennẽt poinct à deux maistres, il peut nous conseruer dans le liquide comme sur le sec. Ainsi mes persuasiõs ioinctes à l'amitié qu'il m'a tousiours portée le firent resoudre, & me dit Iacophile ie seray tõ Pyrithoë, pourueu que nous allions pour faire & non pour messaire, car la punition du chien à trois testes me seroit infaillible, & à toy la gabade du rocher: Nous nous embarquasmes doncques le sixiesme de Mars, apres auoir esté conduicts iusques au haure: non seulement par nos parens, mais accompagnez de plusieurs autres des entours de Meaco. Ie ne te discoureray point par le menu les euenemens de nostre course, parce que cela seroit lõg, & me faudroit auoir recours aux memoires de nostre patrõ, à la suffisance duquel nous rapportiõs nostre conduicte: Seulemẽt te diray-ie que nous eusmes tout l'heur que nous desirions durant deux mois, car outre le calme, le Nordest ou l'Est-nordest ne nous abandonnerent point, & fut nostre route si droicte & si cõmode que le quinziesme d'Auril, noº descouurismes Talahan, ou ayant choisi vne rade à propos, noº iettasmes nos ancres pour prendre rafraichissement que nous trouuasmes fort bõ, car nos Matelots qui mirent pied à terre apporterent de l'eau, du poisson, & de la pouldre de CHiarres excellente. Le lendemain nous haussasmes nos voiles, & nauigasmes sãs aucune incommodité encores quinze iours, mais le seiziesme nous cuidasmes faire naufrage. Nostre opiniõ fut dés le matin que nous souffririons vne grande tourmente, car nous vismes naistre vne nuée noire & fort espaisse entre le Leuãt & le midy, laquelle nous iugeasmes deuoir estre chassée vers nous, par le vent

A ii

qui descendoit au Suest, ce qui ne faillit à arriuer, & croissāt ledict vēt peu à peu la mer fut si grande enuiron le midy, la bourrasque si forte, le temps si extreme, que si nous n'eussiōs trouué l'abry dans la coste de Borneo nous estions perdus: D'oublier à te dire la peur de mon compagnon de voyage il n'y a pas de moyen, & les regrets qu'il faisoit de sa féme, de sa pauure Nekebe qu'il croyoit ne voir iamais. Ma chere vie, disoit-il, mō cœur, mon ame, pourquoy t'ay-ie laissé si mal à propos? & tu sçais toutesfois quelles grandes caresses il luy faict estant prés d'elle: car tāt s'en faut qu'il la flatte, qu'au contraire il est de ces grondeurs auaricieux qui leurs disent.

Arrodens sicyon vxor subtexe lacernam.

Tellement que Socher, luy disoit, ie suis d'auis Opadin, que vostre femme trouue moyen que vous ayez tousiours peur, car voº l'aimerez perpetuellemét. Ainsi le voulut practiquer vne de nos voisines, quād elle delibera de faire barrer les veines à son mary, lors qu'il estoit en bon estat, à fin qu'il demeurast en ceste sorte: Cela ne l'appaisoit point, mais regardāt les nuës il crioit Hippotade, as tu coniuré nostre ruine? n'y a il plus de remede pour nostre salut? bref il se tormétoit de telle façó qu'il fallut se courroucer: Si Pyrrho estoit icy, luy disoi-ie, il te consoleroit par exéple de son pourceau, il te faict beau voir d'estre si esperdu.

L'homme de bien n'a iamais trop de peur,
Et pour effroy ne change de couleur,
Et les chesnes sacrez quoy qu'agitez souuent,
Demeurent asseurez les fueilles vont au vět.

Quand il faudroit mourir, sçais tu pas bien que,

La morte à tempo è non duol ma refugio,
E chi ben può morir, non cerchi indugio.

Or est-elle tousiours à temps à qui se fie en Dieu, as tu pas appris que ce fut là recompése de la pieté de Cleobis & Bitout le loyer de la charité qu'il pratiquerent enuers leur mere? La remuneration de Trophonius & Agamedes pour la cóstructió ru temple d'Apollo? Ta crierie est bié esloignée de ces belles paroles de Socrates, Anytus, & Melitus me peuuét faire mourir, mais de me porter dómage, ils ne sçauroient: & de ce gentil Capitaine qui consolât son compagnon.

A. iii

de supplice, luy disoit, Es-tu pas biē heureux de mourir auecques Phocion? Tant y a que maintenant toutes les chambres de Philosophie assemblées, elles ne sçauroient prononcer vn arrest qui te peut asseurer, mais sçais-tu ce qui est requis? il faut au lieu de braire esueiller celuy qui dormoit quand ses disciples luy dirent sauue nous, le prier à bon escient, tu verras qu'il ransera la Mer & les vēts, & que tranquilité sera faicte.

Ad dominum vt mœstis implorauêre querelis.
Exaudit trepidos, & opis miseratur egenos,
&c.

Cela commença à le remettre & les vents s'appaisans peu à peu, nous dismes tous auecques luy,

Gratus ego Superum celebrabo patris honores.
Suaui modulante barbito.

La crainte ayant quitté nostre vaisseau & l'allegresse reprins sa place, tout le mōde commença à causer, & chacun disoit sa ratelee, mais entr'autres, maistre Rophé se mit tellement à discourir qu'il ennuya le pauure Opadin, lequel eut mieux aymé repaistre pour réplir l'estomach, qui par vne agitatiō émetique, s'estoit vuidé durant l'orage, que de mettre dans ses aureilles vne viande creuë & de dure digestion. Ledict Rophé l'entretenoit de tout plein de coyōneries qui n'estoiēt point de sō gibbier, luy demādoit si c'estoit vne extraordinaire quātité d'atosmes qui repoussāt l'air l'eust agité si furieusemēt, ou si iceluy air auoit en soy la faculté naturelle de se mouuoir sans l'éprūter d'ailleurs: si ce n'estoit pas l'Encolpias des Grecs qui noº auoit faict faire tāt de vireuoustes: S'il estoit vray que la pierre Gorgonia eust quelq̃ vertu cōtre ces perilleux Typhōs, & mille resueries semblables: De sorte que le pauure Opadin ne sçachāt que dire à tout cela, luy repliqua pour toute responce, Maistre Rophé vous estes Médecin, approchez vous vn peu de moy, & vous entēdrés vn certain borborygme, qui tesmoigne que ie n'ay q̃ de l'air dās les boyaux, & m'ēseigne qu'il vaut mieux repaistre, que voº escouter d'auātage, cela ressembloit aux discours de Cocodrille, & de Mastica, car l'vn vouloit s'escrimer de la langue, & l'autre des dents. Ainsi en cōtinuans de iour à autre nos entretiens nous arriuasmes à Iaua, & ayant mis dehors nr̃e esquif allasmes mettre pied à

A iiii

terre à Suda, où nous demeurasmes douze ou quinze iours, sans penser à autre chose qu'au repos, & quant à moy ie dormi tant, que ie croioy estre au pays que veut dire Monsieur le Poëte.

Est prope Cimmerios longo spelunca recessu,
Mons cauus, ignaui domus, & penetralia
Somni.

Tellement estions nous assommeillez que le simulachre Epidotes se trouuoit parmy nous, sans l'aller cercher à Sicyó l'image du fils d'Erebus, son lict d'ebene ses volieres de chats-huás & de chauuesouris, ses ionchées de pauot & de mandragore: Aucun de nous n'auoit besoin de Malabatre, dont il y a quantité en ce pays-là, il n'estoit propre qu'à nostre medecin qui y apprit la differéce d'iceluy & du Nard. Mais sur tout estoit plaisante la Musique de nos matelots qui ronfloient à quinze parties, par ce que le Thó frais estoit leur viande ordinaire, leur Maistre de son costé auoit perdu la memoire des biens de ce mōde. Iunon eut eu beau enuoyer vers luy tous ses valets & chābrieres Iris, ou quelque autre, l'amour d'Euphroné, le retenoit tellement qu'il ne se souuenoit plus de gain ny de cōmerce

Or Limne ie te veux bien dire que quoy que ce fut tu estois tousiours le mets de nostre iour, l'abechement de nře réueil, nous parliós ordinairement de toy: c'est pourquoy, puisque ce sep de nostre amitié, apporte des fruicts de si bōne garde & qui se voiturēt si loing, ie le veux cultiuer soigneusemēt & pour le conseruer de la secheresse d'vne longue absence, & du midy où i'ay voyagé, ie l'arrouseray de mes vœuz & de mes seruices, croyant aussi que tu perseuereras de la gelée, les brāches qui regardēt vers ton Aquilon, les couuriras de ton bon naturel, & de l'effect de tes promesses. Ie te paye en papier par ce que ie ne le puis autremēt pour ceste heure, & doutāt aussi que nostre bien-vueillance ne peut permettre d'arrerages, veu que tels accompliments sont de son essence mesme: Quant aux autres gēres d'amitié, ils ne sont pas ainsi, car les liens du sang subsistent de par eux, estās faits par les mains de la nature, & cest autre qui a vn cours sās interualle de conuersation, de societé, de communication nage dās son aliment; approche de la perfectiō, si les puissances de la nature ou des astres agissent, pour le nostre

A v

que les maistres nöment hospitalic il se maintiét par les bons offices, par les visites, par les escrits: & est celuy à mon gré qui a le plus d'actiõ & de gentillesse: Mais à fin que ie ne sois point trompé, souuiēne toy que le fils de Mnesarche disoit, ne touche pas à tous à la main, que, cõme a remarqué quelque autre, l'amitié est vne beste de cõpagnie, & non pas de troupe separée elle deuiét moindre, par ainsi quoy qu'il en soit, conseruez en tousiours à Iacophile l'esprit & le raffinage. Ie reuiés à mõ discours, & te diray qu'apres n°estre reposez quelque téps, n° deliberasmes à cause qu'il faisoit beau d'aller visiter Sumatra resol° de voir nostre Isle, puis apres à nostre aise, & par ce qu'il estoit necessaire de faire quelques reparatiõs à nostre vaisseau, & aussi que Sochet auoit des affaires, nous laissasmes tout à Sunda, affretasmes vne barque pour nostre trajet, & prismes seulement cinq ou six hõmes de nostre troupe, entre lesquels estoit Machalik, le petit chozez que tu cognois aussi, se mesla auecques nous par importunité: mais (à sa façon accoustumée, & à l'imitatiõ du barbier d'Archelaüs) il n° estourdissoit de son babil, tellement que nostre homme qui auoit esté importuné de Rophé n'y auoit pas lõg-tẽps, se désesperoit: Il y en a faisoit-il de si subjets à leur lãgue qu'õ peut biẽ dire d'eux qu'Agrypnie est reuenuë, iamais hõme ne fut si assassiné de ces gẽs là q̃ moy, ie croy que le mõde en est tout plein: c'est grand cas qu'il se rencõtre force Anacharsis qui dormẽt mais point qui en veillãt ayẽt la droicte sur la bouche, & la gauche plus bas, force qui pour trop parler, ferõt entrer l'ennemy par Heptachalcon, descouuriront la cõiuration cõtre Neron: plusieurs sots qui à leur dam dirõt l'entreprise d'Auguste à leur femme, ou à Antigone de Pella leur grace, les mauuais desseins qu'ils ont cõtre Alexandre, d'autres malheureux qui discoureront, pourquoy la bouteille est vuide apres le pillage du tẽple calceocos ou qui par les gruës descouurirõt la mort d'Ibycus: mais de ceux qui sçauent donner la bourde de l'alloüette, mettre la pierre au bec cõme les oyes de Cilicie, des Vlysses, des Antigones, ou des Metelles sages & prudens disciples d'Angerone presque point. Ie maudy ces causeurs, & voudroy qu'ils eussẽt esté a l'eschole de

A vj.

valets de Piso, on dés-ja faict comme Zenon ou Leæne ils ne parloient plus tant, & parce que tu es de ceste bande dit-il audit Ghozez, ie te veux apprendre auec le Sage, qu'il faut mettre vne porte & vne serrure à la bouche, Alexádre mit son cachet sur celle d'Ephestion, & les anciens en tous leurs sacrifices, gardoient pour la fin d'iceux les langues des victimes, ne les iettoiét dans les feux sacrez que tout le reste ne fut expedié, pour la creance qu'ils auoiét, que c'est la derniere partie de l'hóme qui doit agir & auoir ses mouemens plus tardifs. Corrige donc la tiéne de peur qu'il ne t'auiéne comme à celuy du mestier, qui fut si mal accómodé à Syracuse, & à cet autre d'Athenes pour auoir porté la nouuelle de l'escorne receuë en Sicile; tellemét estóna-il ce petit hóme, qu'il demeura aussi muet, que celle à qui só mary fit porter la sele le ládemain de ses nopces: or noº allasmes tousiours, mais le iour suiuant que nous descouurismes la terre, cóme noº pésiós faire nostre descéte à Ardaqui, le vét se fortifia en telle sorte que nous fusmes portez dix grands lieuës plus bas en vn certain endroict, où il y auoit vn grand marais, & par ce que la tourmente nous preſſoit, nous fuſmes contrains de nous auancer à fin de nous mettre à l'abry & nous faire touër par cinq ou ſix hômes que nous miſmes dãs noſtre eſquif, ainſi ces gẽs que quelqu'vn a accomparé aux diſſimulez, qui regardent d'vn coſté & võt de l'autre, nous menerent bien auãt: Et d'autãt que ie vis deuant nous vne coline extrememẽt belle ie voulu faire voguer iuſques là, mais de ce iour nous n'y peuſmes attaindre, ains le lẽdemain ſeulement, où nous rencontraſmes vn des plus beaux lieux que la nature aye faict à mõ auis: car d'artifice n'y en a point. Il faut remarquer en premier lieu que ce païs eſt fort chaud, mais y a ceſte coline qui couure du midi l'endroit où nous eſtiõs, bien que l'autre bout de l'Iſle ſoit ſous l'Equinoctial: laquelle coline nous trouuaſmes auoir deux lieuës de lõg ou enuiron, droicte, & d'égale hauteur par tout, dont la pente de noſtre coſté regardoit le Nort, & parce que ladite pẽte eſt moins affligée du Soleil que le ſommet, elle eſt couuerte de Lauriers, de palmes, de Citrõniers & telle ſorte d'arbres les plus beaux, & les plus grãds de leur

espece qui se puissent voir, y a au dessous
vne plaine de la mesme longueur qui a
enuiro vne lieuë de large sans y cōpren-
dre certaine forest de chesnes-verds qui
l'eceint du costé de la mer, la couure des
vents, & limite la veuë. Iustement par le
milieu de ceste plaine passe vn canal dās
lequel nous nous rendismes, qui a trente
toizes de large ou enuiron, si droit & si
niuellé qu'on peut voir d'vn bout à l'autre, entre lequel & la forest qui est du costé de la mer, est vne grāde prée belle, v-
nie & esmaillée de toutes sortes de fleurs
n'y en ayāt point à mō aduis vne seule de
toutes celles qu'on trouue dans les plus
beaux iardins de l'Asie & de l'Europe qui
ne se voye là mesmes depuis le milieu de
ladite prée, vers le canal, car du costé de
la forest les bestes faunes y võt au gaigna-
ge: Sur le bord dudit canal Rophé y trouua du fucus marin dōt quelques femmes
de nos contrées s'accommodēt le visage
& non de la racine du mesme nom, cōme l'a pensé quelqu'vn: y trouua aussi de
l'Alga qui monstre la difference qu'il y
a de l'vn à l'autre : de la coline sortent huict fontaines d'égale distance
qui font chacune vn beau ruisseau les-

quels se vont rendre dans le canal, entre lesquels ruisseaux sont de petites touffes de bois faites de grenadiers, d'oliuiers, de iacemins & de myrthes pl° grāds que les nostres, où il se trouue desallées droites, des topiaires naturels les plus beaux qui se voyent, de petits destours esgarez qui conduisent à des cabinets, & des preaux les plus iolis du monde, parmy cela force nard, force rosmarin, force marjolaine: On peut bien attribuer à ce lieu les vers du Messer Poëte.

Ne credo già ch' Amor in Cipro hauessi,
O in altra riua si soaui nidi:
L'aque parlan d'amore, è l'ora, ei rami
Egli augeletti, ei pesci, e i fiori, e l'herba,
Tutti insieme pregando che sempre ami.

De l'autre costé de la montagne regardant vers le Soleil se trouue peu de grands arbres, mais y a quantité de ceux qui portent les noix muscades de la hauteur de nos peschiers ou enuiron, des poyures plus petits, & des gingembres qui trainent: s'y trouue aussi l'erythraycon que nature n'a pas produict pour ce à quoy on l'employe communément, car elle a tendu à bonne fin. Et pour reuenir à nostre canal d'autant qu'il est fort creux & à l'abbry, &

que ces sources viues coulét dedans, il y a vne telle quátité de poissõ, soit de mer, soit d'eau douce, que iamais les piscines de Lucullus n'en approcherent, m'asseurant que si l'antiquité l'eust descouuert, elle y eust fait l'arriere boutique des tritons & des Nereïdes, c'eust esté le lieu des couches de Doris. De grãds animaux de mer comme Baleines, Viuelles, Senedectes, Estoiles, Espaulars, & autres tels que cela, l'espace n'est pas capable pour les contenir: moins y a-il des Seraines, car Parthenope & ses cõpagnes ne laisserent point de posterité, ains seulement vn bel enseignemẽt à l'imitatiõ d'Vlyssé de s'attacher auec le mast de la raisõ pour ne se laisser aller aux sensualitez, euiter les perils esquels & les yeux & les oreilles hazardent les hõmes, boucher & l'vn & l'autre si on cognoist que ce soiẽt des anses par lequel le peché aye quelque prise: Pour les dauphins il n'y en a point aussi en ce lieu là: toutesfois les matelots eurent quelque opinion du cõtraire, & qu'il falloit que quelqu'vn eust suiuy nostre vaisseau, cõme ils font par fois en pleine mer, parce que la seconde & troisiesme nuict de nostre seiour, ils ouyrent quelque bruit côme d'vne personne qui se plaignoit, auoient tous extreme enuie de le voir, châtoient, appelloiét maistre Simō. Opadin mesme passoit la nuict entiere sás dormir couché sur le haut de la pouppe & auoit chozez pour l'étretenir qui luy faisoit les cōptes de celuy qui du tēps d'Auguste estant deuenu amoureux d'vn ieune garçon le portoit tous les iours à l'eschole de Baïa à Puzzoli : d'vn autre de Hippo la vieia en Barbarie, & de c'est autre encores qui estoit amoureux de Hermias & plusieurs semblables qui donnoiét plus d'enuie à Opadin de voir le nostre, mais ils perdirét tous leur tēps s'ils ne recueillirent desdits comptes vn exēple de charité en ces animaux par laquelle ils font honte aux hommes. Quāt aux autres diuerses sortes de poissons de moindre grandeur qui se voyér là, il seroit impossible de les dire, entre les autres i'y remarqué le Poulpe musqué cōme chose rare : Aussi prindrent nos gens quelques Scolopédres qui est vn animal laid extremément, mais qui doit estre imité en cecy que comme il vomit ce à quoy il est acroché de l'hameço pour se desprendre, ainsi dois l'hōme de bien la mauuaise humeur par laquelle le vice le tient attaché à fin de ne le suiure pas. Peschoient quelquesfois des Anges & des Rayes, les seuls animaux qui apportēt exceptiō à la reigle generalle de la chasteté du peuple muet, lequel deuance le terrestre en pureté, n'y ayāt, entre tāt de sortes de poissons que la Mer contient, vn seul d'iceux qui s'apparie auec autre que de son espece fors lesdits Anges & Rayes qui engendrēt ensemble le Rhinobatos ainsi nōmé à cause de sa qualité Du l'Essidote du Phagre & de l'Oxirinche nous n'en auions que faire, & ne les cerchiōs pas en l'hōneur du sexe feminin de ce païs là qui les a en abominatiō depuis qu'ils mangerent le poignard venerien d'Osiris, bien plus desiriōs nous de rencōtrer quelque bōne mere-perle, car il s'en trouue en ceste Isle autāt qu'ē aucū lieu d'Orient: Ie n'aurois iamais faict, & mō discours seroit infiny si ie voulois representer le tout. En vn mot diray ie qu' apres cela, il ne faut faire estime d'aucun lac ou gardoir à poisson qui soit au mōde, voire fussent encores en estre les pescheries de Hyrius qui se vendirēt huict cens mille escuz. Or si nous auions du plaisir, le iour en ce lieu, la nuict ne nous en côtribuoit pas moins à cause de la musique des oiseaux, elle fournissoit à nos oreilles ce q̃ la lumiere dõnoit à nos yeux nous y entendions de toute sorte d'airs, d'extremēt gais, d'autres vn peu moins, & quelques autres plus lents encores, la Lydienne, la Phrigiéne, la Doriéne tout joüeoit : mais entre tous nos musiciés le Rossignol se faisoit entendre, & croy à ouyr ceux-là que celuy qui chantoit jadis sur la bouche de Stesichore ne fut pas seulemēt augure qu'il seroit bõ musicien, mais son precepteur mesme.

Orpheus Euridicen cithará reuocauit ab Orco,
Atque suis mouit saxa, nemusque iugis.
Pisce fuit pelagus per longum vectus Arion.
Hac etiam Amphion mœnia struxit ope.

Ces gés là n'estoiēt rien au prix des nostres parmy eux les cithares de Maga de trēte cordes, les anciénes cornemuses de Philemõ, les fleustes d'Ismenias n'eussēt point eu de lieu. mais ētre les autres choses qui rēdoient ces chants plus excellēs que tout ce qui s'est iamais ouy, c'estoit la pucelle Hestaphone de laquelle les repliques se repetoiēt depuis la coline iusqu'à la foreſt: C'eſt par les ayeuls de ce peuple aiſlé ſãs doute q̃ toutes les leçons ont eſté faictes, de qui tous les gẽres ont eſté apris & l'enharmonic, & le Diatonic, & le Cromatic, d'ou ſont deſcendus & la griue d'Agrippine, & le Corbeau du cordõnier Romain. Et ne deſplaiſe aux vers Peanes jadis chãtez en Delphes à la loüãge d'Apollon, ils n'eſtoient prononçez auec des airs ſi agreables que les leurs: mais entre les excellẽs oyſeaux noº y viſmes le Manucodiatta volãt par pluſieurs fois. Or il nous reſtoit d'enuiſager les animaux raiſõnables de l'Iſle & pour c'eſt effect deliberaſmes d'aller à Adrapara, eſperãs auſſi par ce moyẽ de viſiter quelques mines d'or: Noº nous miſmes dõcques en chemin, mais iceluy faiſant yn homme nommé Eraſte voiſin de Socher & duquel il auoit grãd ſoing deuint malade, & n'euſt patience que nous ne luy euſſions accordé de retourner à Sunda croyant eſtre mort ſ'il ne voyoit Rophé, de ſorte qu'à noſtre grand regret nous rompiſmes noſtre entrepriſe & retournaſmes trouuer nos gens. Ie ne veux oublier à te dire que le peuple de ceſte Iſle de Iaua eſt d'yne humeur bien contraire au nostre, dés que les hommes ont attaint quarante cinq ans, ils ne se meslent plus d'affaires publiques s'exemptant de la guerre quelques sains, quelques dispos qu'ils puissent estre, ne ressentent pas mesme les iniures qu'on leur faict, les ramentent à leurs enfans & viuent du tout en pourceaux, & parce que comme tu sçais, cela est fort esloigné du Iapon, nos vieillards estans courageux iusqu'en l'aage de quatre-vingts ans, ie le trouuay si estrange, que ie me mis à en discourir auec eux.

Voulus sçauoir le fondement de leur façõ de faire, & surquoy il estoit appuyé à quoy ils me firent la responce de tous les ignorãs, que leurs peres auoient fait ainsi, que c'estoit l'ancienne coustume du pays, mais ie leur prouuay par eux-mesmes, que coustume sans raison n'estoit q̃ vieillesse d'erreur, en leur demandant s'ils voudroient estre aussi idiots, que le commun peuple de l'Isle, & comme eux-mesmes estoient auparauant le commerce, qu'ils auoient eu auec les voyageurs honestes gens, s'ils ne se trouuoient pas bien d'auoir changé leurs anciennes mœurs auecque de plus ciuiles,

ce qu'il ne me peurent nier. Et là dessus
vn gros ioufflu, ayant peu de barbe, & le
nez tout escrazé, & la lettre grosse, me
dict, Seigneur quand nostre coustume
n'auroit point de lieu, ce que no^9 faisons
est equitable, La raison veut que nous
ayons quelque temps de nostre vie pour
nous reposer, nous n'en pouuons
moins auoir que d'vne quarte part. Le
cours de nos iours ne s'estende à gueres plus de soixante ans, les quinze premiers nous souffrons beaucoup, sômes
subjects à nos peres & meres, & à toutes
sortes de gës, de là en hors nous trauaillons trête ans de suitte, soit à esleuer nos
enfans, soit à leur laisser dequoy viure,
voire vn trauail si ardant, pour l'amitié
que nous portôs à nostre engeance, que
l'esprit & le corps agissent sãs intermis-
sions, & en agissant souffrët mille sortes
de passiôs, on ne peut representer la fa-
tigue d'vn pere p̃ son fils, la rigueur du
chaud, du froid, les hazards des voyages,
les inimitiez du voisinage, pour la cõser-
uatiõ de nos biẽs, les veilles, les menées,
les pratiques, les noises, & hors la maison & dedans: bref, nous en venons iufques là, que nous faisons souuent com-

me le ramier, lequel lors que l'hyuer est tardif, arrache ses propres plumes pour garder ses petits du froid dans le nid, & puis en endure tant ainsi nud, que par fois la mort s'en ensuit. Ayant donc trauaillé si long-téps, il est tres-iuste q̃ nous nous reposions, & que nos enfans nous nourrissent. Les Cigogneaux s'ils n'ont de viande preste pour alimēter leurs peres, se contraignent de vosmir, pour leur donner celle qu'ils ont dans l'estomac. Et bien que nous ne trauaillons plus si nos enfans estoient si peruers de nous le reprocher, nous leurs pourrions faire la responce que fit la feste au lendemain qui se plaignoit d'elle, à cause de son oysiueté. Elle luy repliqua en vn mot, mon amy sans moy tu ne serois point, & ainsi luy ferma la bouche : de mesme outre tout ce que i'ay dit, nos enfans se doiuēt souuenir que nous les auons engédrez : les Lyons attelez au char de la grande Cybelle signifioient.

Quel'on auoit couplé les Lyons, pour entendre
Que l'enfant indompté à ses parens doit rendre
Le deuoir de bon fils, vaincus par leurs bien-
  faicts.

Les hommes ne sçauroient faire

seruice plus agreable aux Dieux, ont dit les anciens, que de payer gratieusement & affectueusement aux peres & meres, qui les ont engédrez, nourris, & esleuez, les vsures des graces vieilles & nouuelles qu'ils leur ont prestées, & n'y a point de plus certain signe d'vn Atheïste, que de commettre quelque faute en leur endroict: Ce n'est pas ce que ie te veux debattre, luy dis-je mon bedon, que le deuoir des enfans aux peres, au contraire nous ne le sçauriõs assez representer, ny toy, ny moy, Dieu le leur commãde, nature les y oblige: mais puis que tu en sçais plus que ie ne pensoy, ie te veux monstrer, soit par raison, soit par bons exemples que vous autres estás encore en bõne santé, & capable de toutes choses, faictes tres-mal, premierement pour vousmesmes, secondement pour vos familles, & tiercement pour le public à qui vous estes redeuables d'estre ainsi oysifs: Aussi faictes vous tres-honteusement & laschement, quand vous receuez des offences d'en vouloir tirer la végeãce par la main de vos enfans, & non par les vostres, chose qui ne peut satisfaire vn hõme de courage, lequel a encores assez de

force

force pour maintenir son honneur. Qu'en premier lieu, l'oysiueté soit vostre ruine, il ne peut estre mis en doute; La raison est qu'il faut donner à l'ame quelque sujet pour agir, elle ne peut demeurer sans prise, & si vous ne luy en fournissez de vertueuse, malgré vous & bien que vous vous portiez à son endormissement, elle aura recours au vice, vous voulez que vostre terre soit oysiue elle produira mille meschantes herbes, vous estes perdus: si i'allegue mon Latin, ie vous diray que,

Neglectis vrenda filix innascitur agris,

Fertilis assiduo si non remouetur aratro,
Nil nisi cum spinis gramen habebit ager.

Et pour le dessert encore,
Adde quod ingenium longa rubigine læsum,
Torpet, & est multò quam fuit ante minus.

Est tres-vray ce que quelques vns ont dit, que comme le fer dont on ne se sert point, attire à soy vne moisissure relente, ainsi nos mœurs, ainsi nostre naturel se corrôpt en ne faisant rien, l'esprit s'aiguise & se polit en faisât quelque chose

B

Comme le fer est clair & reluysant,
Tant que la main de l'homme en va vsant.

Mais la maison où ne se tient personne,
Auec le temps du toict en terre donne.

Homini labor vtile semper
Calcar erit, segni pigros rubigine sensus
Otia corrodunt, sopitáque pectora torpor
Noxius obliquat, ferrûm si transit in vsus
Assiduo splendore micat, vultûque nitenti
Audet ad argenti decus aspirare superbum,
At si longa quies ierit fustatur, & atram
Vertitur in scabiem, celeríque absumitur æuo.

L'arc se gaste pour estre trop bandé;
mais l'ame se corromp pour estre trop
laschée, ainsi le disoit vn bon maistre, &
dans les preceptes du vieux Philosophe
Samiē estoit cestuy icy. Ne te sieds point
sur le boisseau, En vn mot, voulez-vous
deuenir meschant, soyez oysif, au contraire aussi & tout de bon.

Si tibi perpetua vigil est ô cura salutis,
 Otia perpetuo delitiosa caue.
Hostis apricantē quoties villet inferus hostem,
 Semper victrici cũrrit ad arma manu,

sed timet implicitum manuum-ve pedum-ve labore

Aut mentis vigili sollicita studio.

Oisiueté a enseigné beaucoup de malice, dit la saincte parolle, & le vieux prouerbe dit, paresse aneantit & corrompt la bôté de nature, & diligence de bonne nourriture en cortige la mauuaistié. Voyla pour ce qui est de vos personnes.

Voyons maintenant du surplus, En quel temps estes vous prudens mes bônes gens, en quel temps auez vous la pratique des choses du monde, en quelle saison estes vous capables d'instruire, de conseiller, de cômander, & en la guerre, & en la paix, si ce n'est en la vieillesse? Ne sçauez vous pas que le iugement est la seule chose qui rajeunit en vieillissât & que la prudence n'est meure qu'en l'arriere saison comme les fruicts. Ceux qui ont moins d'age que vous, pourrôt ils estre aussi experimentez? ne se trouuêt ils pas embarrassez és choses dôt ils n'oyrét iamais parler, és actions qu'ils n'ont point pratiquées? Là où vous qui en auez veu de semblables tant de fois, & estes memoratifs côme elles ont esté desmeslées, pouuez apporter les mesmes reme des en pareilles occasions : L'homme doit employer le cours de sa vie, premierement à apprendre, secondement à faire tout autant que les forces & la santé le peuuent permettre, & tiercement à enseigner. Dans les estats bien regis, & és républiques bien policées tous conseils sont composez de vieilles gens, & n'y a petit enfāt qui ne sçache que le Senat de Rome venoit de la diction *Senes* : que Lycurgue appelloit le conseil des Atheniens, les vieillards, Ces gens là sont infiniment necessaires. Voyez commēt Pyrrhus eut traitté l'estat Romain, sās le bon aduis d'vn vieillard aueugle, Comment Pisystrate les Atheniens sans Solō chargé d'ans, & les pieux & magnanimes cōseils de l'ancien Cambris, accoragerent ils pas tous les habitans de Bethulie? oyez comme il dit chez le mignon d'Vranie

Opposons, opposons soldats contre soldats,
Boucliers contre boucliers, traits à traits.
dards à dards.

Mais entrons en vne autre consideratiō: La verité est, qu'il ne se peut faire que celuy que l'age n'aura point mortifié, qui ne sera encore consumé en la prudence, ains tout boüillāt de passiōs puisse recognoistre les fautes d'autruy & les corriger. Il faut côme a dit quelqu'vn, que pour iuger sainemēt de quelque vice, on en soie necessairement priué, tout ainsi que l'humeur cristalin de l'œil, n'a aucune couleur en soy pour pouuoir discerner des autres: Qui doute que si vous donnez le procés de Phryné à iuger à des ieunes iuges, à ces bons compagnons, qu'elle ne soit renuoyée, auec despē s contre sa partie aussi tost qu'ils auront veu ses beautez à nud? Cela n'a que tenir, ils ont au premier fueillet de leur Code deux visages, l'vn d'vne vieille, & l'autre d'vne Ieune, & au dessous, *Iustitia & ius*, c'est à dire, iustice pour la vieille, & le droit pour la ieune, ils n'y faillent iamais: Au surplus à fin que i'alegue encores.

Quatuor illa, timor, munus, dilectio, rancor
    Sæpe solent hominum rectos peruertere
    sensus.

Ce sont quatre assacinateurs, l'esquelz les ieunes ne peuuent combattre comme les vieux, ils se laissēt bien emporter plus ayséement.

B iij

Quäd à la milice, nul ne peut estre Capitaine, si ce n'est par vne longue pratique & anciéne experience, & parce que vos ieunes gens ne la peuuent auoir, c'est sãs doute qu'à la premiere fois, que vous aurez à faire à quelque peuple belliqueux si vous leur laissez la conduitte de vos armées, vous vos biens, & vos familles tõberez entre les mains de vos ennemis, & voyez pour exemple, que quand il est autresfois venu en ces contrées, tant seulement cinq ou six vaisseaux de Portugois ils y ont fait ce qu'ils ont voulu: N'auez vous iamais ony parler d'vne Histoire qui se trouue chez vn bon autheur? C'est que les Orateurs d'Athenes vn iour en la preséce de Timothée & Iphicrate habilles vieillards, dépoüillerent vn nommé Chares estant en fleur d'age fort & robuste de sa personne, & disoient qu'ils desiroient que celuy qui auroit à estre Capitaine des Atheniens, fut tël d'age, & de corpulãce. A quoy Timothée respondit: nõ pas, mais Dieu nous en gard ouy biẽ son valet qui auroit à porter son matelas apres luy: Ainsi mes amis, plustost quelque Agesillã, quelque Phocion, ou Massinisse qu'vn ieune homme:

Au surplus il eschoit grand honte à estre faineant, Æleas disoit qu'il ne differoit riẽ de son palefrenier, quãd il estoit en cest estre, Nestor qui alla à Troye, eust bien plus d'hõneur que Peleus & Laërtes, qui demeurerent au logis, & se seruirent de ce lasche pretexte.

Les cheueux blancs m'excusent de m'aller
Desormais faire à la guerre enroller.

Au lieu que iusqu'au trespas, l'homme de courage dit. Si tant est qu'il aye iuste occasion de guerre.

O droicte main combien tu aurois cher
Prendre la lance & t'en escarmoucher,
Mais la foiblesse empesche ceste enuie.

Voyez en quel estime fut ce vilain, qui donna sa iument Æta à Agamemnon, pour s'exépter d'aller auecques luy: Ledict Agamemnon fit bien (ce dit Aristote) d'auoir preferé vne bonne iument à vn tel hõme, car il ne vaut pas vn chien, non pas vn asne l'hõme qui est ainsi lasche de cœur: Au contraire, que disoit Alexãdre à sõ pere dés-ia âgé, apres qu'il eust la cuisse percée d'vn coup de lãce, en

B iiij

vne bataille contre les Triballiens: Ne te soucie, dit-il, mon pere, sors hardiment en public, à fin qu'à chasque pas que tu feras, tu te souuiënes de ta vertu. Quand est de souffrir des iniures & dire à vn fils vengez-moy, cela est indigne d'vn homme de bien, & n'appartient qu'aux femmes: Latone en fit ainsi lors que Python luy voulut courre sus, comme elle menoit Apollo & Diane de Calcide en Delphos: mais vn cœur masle se satisfaict soy-mesme: De plus vous preiudiciez à vosdits enfans, en faisant quelque traict de bas courage.

Qui sent son pere ou sa mere coulpable
De quelque tare ou faute reprochable,
Cela de cœur bas & petit le rend,
Combien qu'il l'eust de sa nature grand.

Voila mon amy, comme ie fy ce que ie peu pour resueiller ce peuple, mais ceste canaille ne me voulut pas croire, & demeurerent fideles imitateurs des Sybarites.

Vne autre nouueauté que tu trouueras bien estrange, est que leurs vilaines femmes, bien que demi mortes se fardét. De leur faire de nouuelles leçons, ie n'auoy garde de leur aller alleguer S. Augustin qui dit, *Fucare figmentis, quo vel rubicūdior, vel candidior, vel verecundior appareat adulterina fallacia est: quanta amentia effigiē mutare naturæ, picturam quærere: tollerabiliora propemodum in adulterio crimina sunt, ibi enim pudicitia hic natura adulteratur.* S. Ambroise encore moins. *Deles picturam Dei mulier, si vultum tuum materiali candore oblinisti:* Sainct Cyprian tout de mesme, *Fœminæ manus Deo inferunt quando illud quod ille formauit reformare cōtendunt.* I'aimay bien mieux me taire. Ce vieux camus qui auoit parlé à moy, mesut venu alleguer Iunon ou quelque autre drolesse comme cela.

Tandis que nous fusmes là, nous eusmes quelques malades, & entre autres Methise, l'vn de nostre compagnie. Plusieurs Islots naturels le furent aussi, de sorte que Rophé trouua pratique, & faisoit grandement exercer le petit causeur en la Iatralepie, à cause de la bonne femme Verolle qui les tourmentoit, mais ce bon Docteur me faisoit grand desplaisir, car au lieu que i'eusse desiré que ces pauures gens eussent recognu en nº quelqs liberalité, il exigeoit d'eux tout autant

B v

d'argent qu'il en pouuoit auoir, ne se souuenoit point qu'Eculape auoit esté foudroyé & enuoyé aux Enfers, parce qu'il faisoit de mesme, & non pour auoir rendu la vie à Hypolite, comme les fables ont dit.

Or dés que nous estions à Sumatra, Socher qui auoit recognu les marchandises tant de Iaua, que celles desquelles les Moluques y traffiquent, iugea que s'il chargeoit pour aller en la mer du Nort, bien q̃ le voyage fut lõg, il feroit de grands profits, car la Casse, le Camphre, le Poiure le Girofle, & les Muscades y estoyẽt à vil prix, & de plus en achetant il se defaisoit de l'argent de nostre contrée qu'il auoit apporté, lequel est de bas aloy, tellement qu'il y auoit double gain.

Il me fit donc entendre sa deliberation, me represẽta que ie ne pouuoy rapporter que du contentement d'vn si beau voyage, & d'auãtage que peut estre il n'iroit pas plus auant que l'Isle sainct Laurens, car s'il trouuoit là des marchands, comme il s'en rencontre souuent de passagers qui võt en Leuant, il pourroit faire des troques auec eux sans passer outre: Quant à moy ie ne demandoy pas mieux qu'à faire couler deux années, & estois bien ayse durāt icelles, de voir la diuersité des regions non pour y admirer, soit les choses, soit les personnes, cela n'appartenāt qu'aux enfāhs, estāt vray ce que dit le bō homme Pythagore, que de l'estude de la Philosophie, il n° demeure ce fruict que nous n'auōs riē en admiratiō, mieux encor. s de la Theologie, d'autāt qu'apres auoir consideré ce grād des grands, nous trouuōs le reste bien petit: Mais i'estois bien ayse de me promener, la veuë se plaisāt aux nouueaux objets, & le mōde estāt trouué beau à cause de ses nuances. Sçachant bien du parsus, qu'il est en sō declin voire en sō âge décrepit tellemēt qu'il ne se peut voir en iceluy, des choses si rares que par le passé: Qu'ō n'y trouue point maintenāt sept nouueaux miracles, des armées d'vn miliō d'hōmes cōme celle de Xerxes, mille vaisseaux de mer d'vne seule part, cōme à Salamine, Des Milliōs cōme jadis à Crotone, six vingts milliōs d'or en sēola, cōme Anthoine les leua en vne promenade qu'il fit en la Grece & Asie la mineur, quoy q̄ les Indes d'Orient & d'Occidēt s'espuisent, Des vnions de sept cens cinquante mille escus la piece, cõme celle de Cleopatre, Des vases de cristal, comme celuy de Trulla, acheté trois millions sept cens cinquante mil escuz, des femmes aussi parées que Lollia quand elle alloit à la feste, qu'õ n'y voit point faire de festin de vingt & deux mille tables, cõme celuy de Iules Cesar, ny mesme comme d'vn simple ioüeur de farce, où il se mangea pour deux ou trois cens mille escuz de perles, voire comme vn autre du propre pere de celuy-là, faict d'oyseaux chantans leur ramage, bien que cuits & prests à manger, Des funerailles où l'on dépende huict milliõs deux cẽs mille escuz, comme celles d'Ephestion, Les magnificences de Lucullus, ses maisons, ses jardins, Des fontaines comme la Curtie, & la Cerule, qui cousterét sept cens cinquante mil escuz à Domitian, Des temples comme celuy de Salomon, Des Colisées de Iules Cæsar, Des maisons comme celle de Publius Claudius, de laquelle il paya trois millions sept cens mille escuz, Des Theatres comme cest admirable de Marcus Scaurus, qui auoit trois estages, le premier de marbre où se contoient trois cens soixante colomnes de trente huict pieds de haut, le second de verre, & le troisiesme de bois tout doré d'or fin, entre lesquelles colomnes des trois estages y auoit trois mille statuës de bronz, place pour ranger quatre vingts mille hômes dans le pourpris qui estoit tapissé de toille d'or & de rares tableaux, & mille autres belles petites choses & bien iolies, comme cela. Neantmoins ie ioigny fort alaigrement ma resolution auecques la sienne, & m'en allay parler à Opadin à la mesme heure.

Mon amy, luy dis-ie, nous n'auons pas eu encores grand contentement en nostre nauigation, il faut que nous passions outre, de plus Socher y est resolu & viẽt de me le cõmuniquer, allons voir la mer du Nord, & infinis beaux Royaumes qui la bornẽt, estãs Chrestiẽs tu dois desirer que noꝰ visitiõs ces païs là, nous y pourrõs profiter infiniemẽt. Cõment, me dit-il, il y a plus de trois mil cinq cens lieuës d'icy, à cela n'y a nulle raison, c'est chose que ie ne puis faire: quoy, fis-ie, tu m'auois promis de ne m'abandõner point & maintenant tu chante la Palinodie, ie te pensoy estre mon petit Hespide, mon Nyse loyal, & tu me veux faire vn faux bon? il n'est pas possible que ie le croye. Mais pour parler à bon escient outre la consideration de ta parolle, & de nostre amitié tu te dois asseurer que no⁹ rapporterōs, & de l'hōneur & du contentement de nostre voyage quand nous l'aurions borné icy, où nos marchans viennēt tous les iours, il ne nous en reuiendroit rié, là où si no⁹ paracheuōs nostre course, qui n'a iamais esté faicte par aucū du Iapō ny des Royaumes voisins nous reuiendrōs glorieux à merueilles, & en cōterons assez au Roy Voxequixama pour acquerir ses bonnes graces. De nous accōmoder par tout ne te soucie, nous serons ioyeux à Athenes, mal vestus & tristes à Lacedemone, ferons la guerre & boirons en Thrace, ainsi nous viurōs auecques tout le monde, & de plus nous entēdrōs vn peu la lāgue Latine, & l'Italiēne qui sont cōmunes par tous ces païs là: Dauantage, mon amy, Dieu nous y fera peut-estre esclorre des moyēs q̄ nous ne pensons pas, quoy qu'il arriue, tout ira blē ne sçais-tu point que Demetrius le Phaleriē fust bāny d'Athenes & deuint riche & opulēt le premier en dignité auprés du Roy Ptolomée en Alexandrie que Temistocles bāni aussi fut nourri & entretenu par le Roy de Perse en qualité de Prince & disoit à sa femme nous estiōs perdus si nous n'eussions esté perdus? ᷑ Iosephe fut vēdu par ses freres; Tous païs sont bons à l'homme disoit quelqu'vn, puis que ce n'est pas vne plante qui aye ses racines fichees en terre. Nō que pour tout cela ie pretēde que nous demeuriōs en ses contrees, mais quand ainsi seroit, il faudroit prendre patience: Voy-tu pas comment les Ecclesiastiques de ce païs la sont venus au nostre & que l'aller & le venir leur est aussi facile qu'heureux: nul bien sans peine.

In fama non si vien sotto colcetta
Senza laqual chi sua vita consuma
Cotal vestigia in terra di se lascia
Qual fumo in ere, & in aqua la schiuma:
Ie sçay bien dit-il que.
Fama tral'hō del sepulchro, in vita il serba
Mais ie n'ignore pas aussi les vers de Properce, i'entens le Latin comme toy.
Ite rates curuæ, & lethi quoq; texite cursus
Ista per humanas mors venit acta manus
Terra parū fuerat, terris adiecimus vndas
Fortuna miseras auximus arte vias.

Anchora te teneat, quam non tenuêre penates.
Quid meritū dicas, cui sua terra parum est;
Ventorum est quodcumque paras, haut vlla
carina.

Consenuit, fallit portus & ipse fidem.

Et que les anciens n'ayant dit que le feu la mer, & la femme estoiét les trois choses de ce monde les plus dāgereuses. Mō amy, luy dis-ie, c'estoit des resueurs, qui auoient la veuë melanthée & hayssoient tout ce qui estoit de plus beau en la nature, & ce qu'elle a de plus propre pour maintenir & estendre les pieces successiues de son estre: Quand à moy, bien que nostre vaisseau se perdit, ie n'en esperoy pas plus mauuais euenement que celuy de Zenon. Vtilité en l'exil comme à Platon & Diogenes.

Quis Danaen nôsset si semper clausa fuisset
Inque suâ turri si latuisset anus?

Voila allegué.

Vous ne me feriez pas croire, repliqua il que ce ne soit vne pure folie d'aller courre les hazards de la mer degayeté de cœur ce qui nous auint en la coste de Borneo nous en deuroit faire sages. Et modernes & anciés ont cognu la manie des Navigeurs, dont i'appelle à tesmoing celuy

qui parlant du Nautonnier à dit.
Quocumq; aspexit nihil est nisi mortis imago.
Et si on en demande à la galerie aux anciés prestes d'Ægypte, on verra ce qu'ils en iugeront: d'auantage i'honore la sapulture comme ils faisoient, ils mesprisoiét les edifices des maisons, & faisoiét grād cas des sepulchres, parce que nous demeurons plus en ceux-cy qu'en ceux-là, i'en suis de mesme & ne voudroy pas que la mer fut mon tombeau, cela seroit bon pour vn Cynique, ie ne suis pas de ces gens là: Mais escoute, Iacophile, encores vn petit mot de la langue Latiale.
I nunc & ventis animum committe dolato
Cunfisus ligno, digitis à morte remotus
Quattuor, aut septem si sit latißima tæda.
Voila vn homme bien asseuré de sa vie mon amy, respondi-ie, sur tous sujets on trouue dequoy dire, & n'y a nul qui ne sçache prester vne raisō à son opiniō ou à son dessein, tu es aussi prés de la mort icy que là, sujet à mille sortes d'accidens, desquels le moindre peut dans vn quart d'heure te mener au cercueil.
Cōme nous estions en ceste dispute Socher suruiét, qui s'adressāt audit Opadin luy dit de sāg rassis, Seigneur ie desireroy

pour vostre côtétemét, pouuoir retourner au Iapon, i'ayme ma famille & souhaitte de la voir autât qu'hôme qui soit icy: mais nonobstant toutes semblables affectiôs, nos actions branches du sep de nostre ame ont besoin quelque fois d'estre ployées & côtraintes pour no⁹ rapporter plus de fruits, & mes affaires, qui taillét mes volontez à la mesure de leur stature m'obligét de faire le voyage dôt i'ay parlé au Seigneur Iacophile, ie doy doncques demeurer excusé si ie persiste en ma deliberation: mais Seigneur Opaudin, il n'y a homme en toute nostre troupe qui doiue tant desirer ce voyage que vous, vostre aage, vostre curiosité, vostre suffisance, & vostre courage nous y contraindroient quand vous l'auriez autremét arresté: vous n'estes pas de ces gens là à qui la fumée de leur vilage semble plus clair que le feu d'ailleurs. Il me souuient encores du temps que mon pere m'enuoya à l'escole à Meaco sur le dessein qu'il auoit de me rendre Bonzez où i'appris ces vers.

Si nihil infecti durus vidisset Vlysses
Penelope fœlix sed sine laude foret
Victor Echionias si vir penetrasset in arces

Forsitan Euadnem vix sua nôsset humus.
Le bien l'honneur, la reputation ne vienent jamais en dormant.

Non venit ex molli viuida fama thoro
Quand à moy veu ma profession ie vous dy franchemét que ie n'oublieray iamais les paroles que i'ay veuës chez vn bon maistre ausquelles ie m'arreste du tout, qui sont,

Ce qui est plus à l'homme desirable
Est quand le trait de son soing profitable
Tumbe à l'endroit duquel plus il amande.

Et moy, dit Eraste à celles qui les precedét
Ce qui est plus à l'homme souhaitable,
Est quand le traict de son soing delectable
Tumbe à l'endroit, où plus il le demande.

Mon amy, dis-ia Opadin, Socher se trompe s'il croit que celuy qui a faict les vers pour respondre & corriger les derniers alleguez par Eraste, aye voulu parler d'vn profict ou amendement qui regarde les biés que nous apellôs richesse ce n'a pas esté son intétion ains il entend de la vertu seulement: Et vois en icy trois autres que i'y ay adiousté qui expliquent son intentention & sont tres vrais.

Ce qui doit plus à l'homme estre agreable
Est quand le trait de son but honorable

Tombe à l'endroit où vertu luy commande.
En nos discours suruint encores Methise tousiours gaillard qui print nostre party, & de tant plus courageusement que le iour precedent il m'auoit ouy parler des bons vins qui estoient en l'Europe.

Vrayement dit il, Opadin ie vois bien que tu es venu aussi faineant que les bônes gens de ce lieu: Allons mon amy, en ce bon païs là où les fruicts de ce grand Dieu, de ce pere libre sōt si excellés, C'est luy qui a autresfois cōquis toute ceste cōtrée où nous sommes, qui leur a appris ce qu'ils sçauent des bōnes mœurs, qui a fait faire l'enceinte de leurs villes, & qui est tant adoré dans ces Indes, ie ne doute point quand à moy que si i'ay de ceste douce liqueur à souhait ie ne devienne grād dominateur cōme luy, & que quelque nouuelle Venus ne vienne au deuāt de moy à nostre retour & me donne vne belle couronne de roses faite à la Lampsacide, & qui sçait compere si le bō heur d'Ægon ou celuy d'Alinome nous pourroit auenir, la bonne auanture de Cinname, d'Agathócles, du grand Tamburlan, ou de François Sforce Duc de Milan qui n'estoit pas de si bon lieu que nous: Delogeõs dés auiourd'huy ou demain pour le plus tard, & quittons les cendres: Courage, quand mon pedant me vouloit faire leuer la matinée il me disoit.

Corrumpunt forti celsas rum pectore mētes
Otia plumoso desidiosa thoro.

Autant t'en dis-ie Opadin mon amy. Presque toute nostre bande en fin s'assembla auec que nous & entre autres Eristique qui grondoit entre ses dēts à cause de l'opiniatreté dudit Opadin, lequel voyāt la resolution generalle fut cōtraint d'aquiescer. O bien, dit il, puis que le destin le veut ainsi, il faut que ie cale voile. Tousiours, quoy qu'il en soit, diray-ie bien heureux ceux qui ne feront pas cōme nous, Ie n'auois oncques remarqué la felicité des femmes, mais à ceste heure que ie considere nostre misere, ie fay party auec Hesiode.

Le vent tranchant de la bize qui gele,
Ne perce point le corps de la pucelle.

Et nous sōmes outre le chaud & le froid au peril continuel: Mon amy, luy dis-ie voicy la responsse que ie luy ay faicte.

Mais au logis sans repos nuict n: iour,
Leur cœur se brusle au braizier de l'amour.

Les douleurs, les peines, l'auarice, l'ãbition, l'enuie, la goutte, le catharre, la pierre, tout cela nous trouue dãs le logis aussi bien que dehors, & plustost dans le cabinet que sur l'estrapontin.

Or Socher prepara tout ce qui estoit requis pour si lõg voyage, & delogeasmes de la grãd Iaua laissant la petite à gauche & les Moluques derriere auec bonne asseurãce que Dieu nous conduiroit: aussi n'eusmes nous que de legeres incommoditez de la mer, n'en receusmes que de nous mesmes, à cause des humeurs bizares qui estoient parmy nous, lesquelles esclaterent tellement qu'ô eut dit durant quelques iours, que nous aurions le laurier entier de Bebricus en nostre vaisseau.

Entre les autres Eristique & Methathel nous dõnerent tout plein de peine, à cause d'vne dispute qui suruint parmy eux pour le jeu. Ce Methathel qui en aymoit l'exercice, y auoit accoustumé l'autre, tellement qu'ils ne faisoient que cela, & tã côtinuerent qu'ils entreret au debat, & se frottereẽt bien, mais Methathel fut le pl⁹

foible, & porta la peine de son mauuais enseignement, aussi s'estoit-il addressé à vn quereleux & rioteux, de ces gens, qui ne peuuent rien souffrir de personne, & veulent prendre iurisdiction sur tout le monde, bien qu'ils n'en ayent point de lettre. De ceux qui ne cōsiderēt pas que tous les hommes tant petits que grands, sont l'ouurage de mesme maistre, que le moindre porte la marque & la liurée de l'ouurier, lequel il faut respecter, ǭ qui a donné le bien, la force, & l'authorité, l'ostera si elle est mal employé, semblable à ces autres qui sont sages & aduisez deuant les hommes qu'ils respectent: & en la presence de celuy qui ne s'arreste pas à la surface seulement, mais les voit iusques dedans le cœur ne craignent point de commettre toutes sortes de vices, & en sōme de ceux qui ont la queuë noire, dont le Philosophe dit qu'il ne faut point gouster.

Les querelles, mon Limne, procedent presques toutes de la cholere, qui est vne passion mal aisée à refrener, elle nous assaut de telle vistesse, qu'à peine pouuons nous parer le coup, nous en sōmes saisis tout à la fois, & non par degrez, dés sa

naissance elle est en sa perfectiō, & bien que l'amour soit vne des agitatiōs de l'ame la plus violéte, si vient elle peu à peu ne debáde pas les nerfs d'vne si forte secousse, & nous donne loisir d'y penser, mais ceste malheureuse cholere, preoccupe nos sens & en vn bref moment enfante sa fille, ou plustost monstre la vengeance, laquelle generatiue comme la mere esclost en peu de tēps la main mise, l'iniure & le detrimēt de ses chers enfans. Le Prophete cognoissoit biē combien elle alloit viste, & qu'à peine pouvions nous éuiter sa surprise, quād il dit,
Irascimini sed nolite peccare.

Ira è breue furor, è ch'il nol frena.
E furor longo, ch' el suo possessore
Spesso à vergogno è tal hor mena à morte.

De vray, si la raison n'est preste à partir de la main, ayāt à sa suitte les deux belles pucelles, la douceur & la patiéce antithetes de ceste chimere & antidotes, à sō venin elle fait biē du rauage. Le bō hōme S. Augustin les fait discourir ensemble, fort à propos & religieusement, en son cōflict des vertus & des vices : & par
ce que

ce que ie ne te le sçaurois si biē representer en nostre langue, ie te le diray en beau
pur Latin, il fait parler l'ire la premiere
qui dit. *Quæ æquanimiter erga te ferri non
possunt, hæc omnino patienter tollerare pecca-
tum est, quia nisi eis cum magna exasperatione
resistatur contra te deinceps sine mensura cu-
mulantur,* Mais la patience luy respōd, *Si
passio redēptoris ad mentem reducitur, nihil tā
durum quod non æquè toleretur, quanta enim
sunt hæc quæ patimur comparatione illius? Ille
opprobria, irrisiones, cōtumelias, alapas, sputa
flagella, spineam coronā, crucemque sustinuit,
& nos miseri vno sermone fatigamur, vno ver-
bo deiicimur.* Athenodore donnoit aduis
à Auguste de ne faire ou dire rien en cholere, que premieremēt il n'eust prononcé
l'alphabet, & la verité est qu'ō gaigne mieux les hōmes par douceur que par force, le soleil emporta la gageure contre le
vēt, & eut le māteau du messager. Les anciēs Grecs appelloiēt le Roy des Dieux,
Milichius, c'est à dire doux comme miel,
& nostre maistre Plutarque represente la
patiēce admirable du premier Ptolomée,
successeur en partie d'Alexandre, en ce
que se moquant d'vn grammairien ignorant, il luy demanda qui estoit le pere de

C

Peleus, lequel Peleus estoit pere d'Achilles, à quoy le Pedant respondit, ie voudrois premierement que tu dises qui estoit le pere de Lagus, lequel Lagus (note mon amy) estoit vn meschāt petit soudart chetif & malotru, & neantmoins pere de Ptolomée. A quoy ses familiers luy disant que cela ne pouuoit estre supporté, il respondit froidement, s'il est indigne d'vn Roy d'estre moqué, aussi peu est il digne de luy de se moquer de moy: Il marque aussi celle de Denys le Tyran qui fut bien grande, lors que demādant à Antiphon, lequel cuiure estoit le meilleur le rouge ou le pasle, il luy repondit que c'estoit celuy duquel les Atheniens fondirent des statues à Armodius & Aristogiton, lesquels auoient cōiuré contre le Tyran Pisystrate & ses enfans: car cela donnoit iustement dans la veüe dudict Denys, qui ne fit aucune replique, & Platon s'estant courroucé à vn meschāt esclaue, apella Speusippe son neueu, & luy dit prens moy ce meschant & me le va foüetter, car quāt à moy ie suis en cholere: Architas dit à son valet qui auoit laissé ses terres en friche, qu'il le battroit s'il n'estoit en ceste mesme humeur: Cotys cassa toute sa belle vaisselle de peur de se courrousser à qui luy en rōproit vne piece: Milles beaux & semblables traicts faits par Camille, Metelle, Aristido, Socrate, & autres se rencontrēt tous les iours, mon amy: Mais i'approuue infiniment l'acte de ce Cotys: car il voulut courre au deuant l'occasiō. Ainsi si ces compagnons l'eussent imité, & rompu le ieu de bōne heure, ou n'y eussent point entré du tout, ils ne fussent venus aux mains: Te iurant que si i'estois Roy de la febue ou d'ailleurs, ie bānirois tout ieu de hazart de mō estat, feroy obseruer la loy Martia ribō ribaine malgré les droles: Cela cause des meurtres, des blasphemes, perte de bien, & desbauche continuelle: Il n'y a mal que celuy qui a perdu son argent ne face, pour en recouurer d'autre, & perdant, il maugrée & Dieu & soy-mesme. Les ieunes gés s'eschauffent après, & quittent pour si amuser trop, les exercices de vertu: le ioüeur s'accoustume à la tromperie, estāt deuenu trompeur, il pense que ce n'est pas guere de mal dauantage de desrober, de larrō il viēt brigant, & ainsi par degrez, I va au sommet de toute meschanceté, car depuis qu'vn vice a faict iour pour entrer en l'ame, les autres le suyuét facilement. S'il y a vne cōiuration, vn tradiment, & quelque meschante besoigne à faire, ces gens là sont tousiours de la partie, tesmoin la faction du dragon Catilina les practiques de mōsieur Anthoine & plusieurs autres: quād aux gens de bien, ils sont ordinairemét exempts d'estre meslez dans de semblables factions, car les troubleurs d'estats ne communiquét iamais leurs desseins à ceux qui ont l'ame bonne, bien qu'ils leur soient tres-affectionnez, sçachant qu'ils ne leur presteroient pas leur conscience, ils ont les yeux ouuerts sur les meschans pour s'en seruir, sur les desbauchez, les recherchēt par tout, tellement que dés que tu vois qu'vn homme capable d'entreprise, caresse telle sorte de peuple, les a à sa table, fait vn presét à l'vn & en cajole quelque autre, fay resolution tres-asseurée qu'il a dessein, & que celuy qui est bon homme loüe Dieu hardiment, de n'estre pas ainsi fauorisé, & tire gayement arriere, car c'est son salut: mais pour reuenir à nos gens, on peut conclurre, est-il ioüeur, ergo trompeur, iureur & desbauché ceste reigle generale n'a guere d'exception.

Or pour reprendre le discours de nostre nauigatiõ, nous demeurasmes deux mois & demy sans apperceuoir aucune terre, fort lassez & tracassez. La premiere que nous descouurismes, fut vne petite Isle que les Portugois ont appellée de Don Galopes, de dire cõment les naturels la nomment, ie n'en sçay rien, car ie ne mis point pied à terre, bien que nous seiournasmes là huict iours, lesquels passez nous cõtinuasmes nostre route & demeurasmes encores trois semaines à nous rendre à Madagascar, autrement l'Isle sainct Laurens où estans & cerchans le long de la coste vne bonne rade, nous apperceusmes l'étrée d'vne riuiere assez large, tellement que nous en approchasmes peu à peu, & auec nostre sonde à la main, à laquelle nous apportions le iugement du flus & reflus de ce pays là, selon les marques que nous voyons à la riue:(car il est diuers en toutes les mers) nous-nous aduançasmes enuiron demy lieuë, & iettasmes nos anchres vis à vis d'vn grand vilage au deuant duquel y auoit vne belle descente, & quelques pe-

C iij

tis vaisseaux de pescheurs: Ayāt mis pied à terre, & nº enquerās du lieu où nous estions, on nous dit que l'vn & l'autre, & la riuiere & le vilage se nōmoit Baïa, & qu'à vne lieuë de là estoit Turūbaïa, vn des principaux lieux du païs, là où lespassagers s'arrestoiēt ordinairemēt: Mais cō mēt nous apprimes cela, ce fut par miracle & par l'heureuse recōtre que nº fismes à nostre descente, d'vn ieune hōme des Canaries qui parloit assez bon Espagnol, de sorte que dés qu'il nous vit, (biē qu'il peut iuger & à nostre vaisseau & à nostre port, que nº n'estiōs pas de ceste natiō,) il nous salüa en ceste lāgue, parce qu'il ne passe guere persōne là qui n'aille ou vienne d'Espagne, ores que fort rarement depuis quelque tēps: I'entendy fort biē ce qu'il disoit, à cause de l'affinité de la lāgue Espagnole auec l'Italiēne, mais Rophé encores mieux pour auoir practiqué auec les Espagnols au Iapon, Nous fusmes bien ayses d'auoir trouué cest hōme, luy fort cōtēt de nostre recōtre, nous auions besoin de luy sur l'heure, & luy de nous par apres: Ce pauure garçon fut tellement satisfait ayant sçeu nostre dessein, qu'il ne fut iamais si ayse, car il eſtoit cõme au deſeſpoir : il y auoit dixhuict mois qu'vn Eſpagnol allant aux Indes de Leuant, & paſſant par les Canaries l'auoit pris dans ſon vaiſſeau, luy ayant eſté recommãdé par aucuns de ſes parens Eſpagnols qui habitent là, & ſingulierement par le pere, lequel Eſpagnol ſe relaſcha en l'Iſle ſainct Laurens, & vint moüiller au lieu meſme duquel ie parle, où eſtant ce ieune homme fut tant & ſi longuement malade, que ledit Eſpagnol fut contrainct, de le laiſſer auec promeſſe de le venir reprendre dãs neuf mois pour le plus tard, leſquels eſtans paſſez & ſix d'auantage, il ne croyoit riẽ moins ſinõ ou qu'il eut faict naufrage, ou qu'il euſt pris ſon retour par la Mer de Zur, & le deſtroit de Magellan, qui eſt vn chemin qu'ils font maintenant d'ordinaire : Ce pauuret de qui l'argẽt eſtoit acheué, n'auoit rien plus pour tout, que deux pieces de vin de Canarie que ſon pere luy auoit dõnées, leſquelles il retint auecques luy lors que le vaiſſeau s'en alla, & euſt eſté à l'extremité, mais Dieu le ſecourut. Or voyãt que par noſtre moyen il reuoiroit biẽ toſt ſõ païs, il nous faiſoit mille ſeruices, bien que le peuple du lieu ſoit aſſez

C iiij

doux, si nous fut il fort vtile pour tirer d'eux ce que nous desirions, d'autant qu'il commençoit à entédre leur langue, tellemēt qu'en consideration de l'habitude qu'il auoit prise là, nous ne voulumes pas aller à Turumbaïa, aussi y estions nous fort commodement, si la commodité se peut trouuer entre de pauures gēs qui ont l'ame & le corps bien laid, l'ame pour estre idolatres, le corps pour estre demy Mores, dont ie suis estonné, car ils sont à trente degrez, pour le moins de l'Equinoctial, & ceux de Iaua qui n'en sont pas à dix, sont beaucoup plus blācs qu'eux. Ainsi obscurs toutesfois il ne sōt pas de l'humeur de ceux qui sont totalement noirs en Affrique, car plus ils sont noirs, & plus il se trouuent beaux, mais ceux-cy ayment le blanc infiniment, & pour tesmoignage de cela, il y a en ce lieu mesme une femme blāche, qui est admirée de tout le mōde, pour l'amour de laquelle il noꝰ cuida arriuer mille maux.

Ceste dite femme nommée Erastrie estoit fille d'vn Portngois, lequel eut enuie d'aller aux Indes, & y mener toute sa famille pour y habiter, d'autant qu'il estoit pauure, & croyoit voyāt apporter, à

Lysbonne plusieurs richesses de ce pays là faire vne meilleure fortune: or aduint qu'à la veuë dudit Turũbaïa, le vaisseau dans lequel il estoit fit naufrage, toutefois luy & sa fẽme furent sauuez par vn pescheur, & conduits audict Turumbaïa : où estans, ils n'eurent plus le courage de se mettre sur la Mer, à cause du hazard qu'ils auoient couru, aussi d'ailleurs estoient-ils si paures en leurs pays, qu'ils n'y auoient que faire, tellement que peu à peu ils s'accoustumerẽt là, & y vesquirent quelques années & y firẽt & esleuerent ladite Erastrie, dont il est question, laquelle estant grandette commença à estre bien vouluë d'vn chacun, & tellement desirée, qu'ores que ces gens là ayant plusieurs femmes, il n'y en auoit vn seul du païs, qui n'eust biẽ voulu estre reduict à celle là seulement : Tant donna elle d'amour venãt en âge parfait, que ses pere & mere luy defaillants, elle fut esleuée par vn certain Kanna, l'vn des plus puissans du lieu, lequel ne tarda gueres l'ayant en sa possession, qu'il n'en deuint extremément jaloux, voire en telle sorte qu'il quitta Turũbaïa, & vint bastir sa demeure sur vn rocher, auancé

C v

dans la riuiere tout aupres de Baïa, lieu de noſtre ſejour.

Et pour ce reciter la cauſe de noſtre peine, la voicy comme ie l'appris particulierement, depuis noſtre partement du lieu, car ſi ie l'euſſe ſçeüe y eſtant, nous y euſſions apporté remede de bõne heure. Ie ſçauoy bien en gros qu'Eraſtre aymoit ceſte femme d'où vint noſtre mal, par ce qu'il ne le pouuoit celer, mais les ſottiſes qu'il faiſoit qui nous cõduirẽt au peril, cela eſtoit hors de ma cognoiſſance.

Le faict eſt, que le compagnon cõme nõ euſmes pris habitude en ce lieu, & y ayant demeuré quelque mois, ſe licentioit (ainſi qu'vn chacun) de ſe promener çà & là, & ſeul & en compagnie ſans nulle crainte: tellemẽt qu'vn matin ayant pris ſon quartier vers la roche de Kána, lequel auoit donné par hazard ce iour là, congé à ſa femme de deſcendre iuſques au bas, accompagnée de deux ou trois, pour faire quelque tours de promenade & prendre le verd, le lieu eſtant aſſez touffu, ledit Eraſtre rencontre ceſte femme, & apperçeuãt pluſtoſt qu'eſtre apperçeu, euſt quelque temps pour la considerer, non toutesfois tant qu'il eut voulu, car elle l'ayant tant soit peu regardé, fut cōtrainte par les reigles d'obeyssance, & compagnie de ses surueillans, de tourner visage & faire retraicte: Ce Carabin plein d'amour de son naturel, & priué d'obiet il y auoit long tēps, s'attache au premier qu'il rēcontre, ayāt veu quelque blancheur il s'imagine que c'est la pl⁹ parfaicte beauté qui fut ōcques ainsi que le prisonnier qui a demeuré en la fosse quelque temps, treuue le iour qu'on l'en tire, bien qu'il soit couuert & obscur, le plus clair & serain qui aye esté dés sa naissance, ou cōme peuuent faire *gli fratri e le sorelle*, qui ont esté lōnguemēt sans faire sortie: Ainsi espris il vint à moy (*Fremitando come vno stallone chea veduta la cauálla*) me raconter son aduēture, & m'entretint d'vn air tout autre qu'il n'auoit accoustumé, tout gay, tout mourant, & en peine toutesfois: tellement que le voyant ainsi faict, ie le iugeay de ceux qui disent qu'il faut qu'ils s'eschaufent à boire ou a l'amour, par ce qu'ils semblent à l'Encens, à qui la chaleur seule faict rendre ce qu'il a de bonne odeur, & me souuint des petits vers

dont font pretexte ceux qui croyent que
pour estre honneste homme, il faut auoir
de l'amour

La maison est à voir plus honorable,
Où il y a feu luisant perdurable.
Si cela y faict cestuy là estoit excellent,
il ne laissoit rien à dire, car madame Rhetorique est en la bouche de qui ayme, de
qui trōpe, & de qui a besoin: Il parloit
toutes langues, & m'estonna quãd pour
me representer les beautez de la preten-
due, il se seruit des parolles du Petraque.

Le stelle, el cielo, egli elementi à proua
Tutte lor arti, & ogni estrema cura
Poser nel suo viuo lume, in cui natura
Si spechia, el Sol c'hatroue par non troua
L'opra d'altera, si leg gradra, e noua
Che mortal guardo in lei non s'assecura
Tanta ne gli occhi bei for dismesura
Par ch'amor, e dolceza, e gratia pioua.

Elles estoiēt propres pour ce qu'il vouloit dire, puis il recommençoit encores:
ie voudrois auoir donné beaucoup, faisoit
il, & que vous l'eussiez veuë: pourquoy
voyager, si on ne veut estre curieux de ce
qui est rare pour cela disois-ie, cōperei ie

suis satisfaict d'icy en hors, non que ie
me mesfie de mon baton comme ceux
qui disent,

 Io temo sì, de begli occhi l'assalto
 Ne quali amor sua pregione alberga
 Ch'io fuggo lor, come fanciulla verga.

Ou cóme celuy qui disoit, *Chi nasce di
stucco, o di brózo non po mirarla senza conta-
minarsi*, *Non la veggo mai ch'io nõ entri in
tentatione, Et libera nos à malo*. Mais parce
qu'il ne se peut faire qu'é ce païs icy vne
femme soit si belle que tu te la figures, &
que là où nous allons elles le sont beaucoup d'auantage, ie me contéte de ta veüe
sans y apporter la mienne: Mon enfant
*Ad scolã nec proficisceris ipse, nec alterum co-
mitaberis*. Ie n'y auroy prouffit ne plaisir.

C'est hôme a la façon de tous les autres
amoureux, i'entens de ceux qui en ont
pris à mesure comble, Car,

 Amour qui est maladie de l'ame,
 Fatalement les amoureux enflame
 Mais non tous ceux qui en sont offencez
 Esgalement s'en ressentent blessez.

Va bastir mille desseins & se proposer
des fins impossibles estant vray cóme dit
le diuin que, *Amo is forza disturba eleua
la memoria, la mente, e la ragione, ci pasce*

di promesse di gelosie, di crudeltà, di menzogne, di pensieri, d'inganni, di rancori, di pravità, di desperationi, e di pene, de tout ce que vous sçauriez dire.

Et pour paruenir à sõ but qui estoit en vn mot de donner de l'amour, à ceste femme, & en consideration de sa captiuité la faire resoudre de se ietter dans nostre vaisseau à nostre depart, (car la proposition de liberté est vn bon philtre) il pēse qu'il auoit besoing de deux personnes, l'vn d'vn porte-poulet entendu en la science, & l'autre du Canarien qui luy mit au pied du billet, l'explicatiõ de son dire en Espaignol, ny ayãt pas grande difference auec le Portugais, pour le Canarien il le brigue, il le caresse, il luy donne & en peu de temps se loge en sa bonne grace, luy fait entendre, comme il estoit vray, qu'il n'y auoit homme de nous que Socher maistre du Nauire aymat tāt que luy, & qu'il estoit tres-certain qu'il approuueroit son entreprise, laquelle il luy descouure tout au long. Quand à l'autre il y eust plus d'affaire, toutesfois à la longue il recognoit l'humeur d'vn Messer Hipocrito habitant du lieu, se l'acquiert par presens.

Vna fames auri Spartam capiet subigetque,
Se disent les clercs, luy promet de l'emmener auecque nous, & de faire tout riche, en practiquāt l'anciē prouerbe qui dit, que la bourse d'vn amoureux est liée auec vne fueille de poureau, aussi est-il vray que l'auarice & la chicheté se fondēt & amolissent par l'amour comme le fer par le feu: en somme, *Lo sprone dal salire talamente stimolaua il suo fianco*, qu'il ne laissoit pierre à remüer pour en venir là: A toutes les fois qu'il m'entretenoit ne me parloit d'autre chose, mais en me disant ses souhaits il taisoit les deliberatiōs Or comme ie le vois ainsi alteré, ie n'oublioy, à l'aduertir qu'il prit garde à se cōporter, & que veu le lieu où nous estōs il failloit aualler ceste amertume sās faire vne grimasse seulemēt, que la descouuerte de son mal estoit perilieuse, & luy disois comme Promethée au Satire qui voulūt baiser le feu venu du Ciel, Bouquin tu brusleras la barbe de tō mētō, car il brusle quand on le touche. Ce qui estoit de peu d'effect d'autāt que comme a dit quelqu'vn, toutes les apprehensiōs cōmunes sont figurées en l'entendemēt auec des couleurs liquides qui se peuuēt

effacer, mais les imaginatiõs des amoureux sont peintes à huille, laissent dãs la
memoire des images viues ęgratiées, qui
se meuuent, p. .ent & y demeurẽt tousiours. Ainsi nostre homme en continuãt
met son Ambassadeur appellé Matrope
en cãpagne auec lettre & creance, de laquelle lettre voicy la teneur comme il
nous la dõna depuis en aduoüãt le tout.

*MADAME, quand ie me represente
que le hazard seul m'a mené en ceste terre, qu'il
ne s'est point mesconté en ma conduite, m'ayant
faict trauerser quinze cens lieües de mer pour
me rendre en ceste Isle: que dés que i'y ay esté,
vos beautez voilées à vn chacun ont paru à
mes yeux, & m'ont tellemẽt pris & surpris qu'il
n'y a hõme au monde uiuant auec tant de flã-
mes que i'en ay pour vous: Que ie considere
aussi ceste admirable rencontre de ces beaux
noms D'Eraste & d'Erastrie. Ie ne doute nullement veu tant de concurrances inopinées que
ce ne soit des desseins du Ciel bastis de longue main, & qu'il ne vueille faire esclorre
bien tost quelque bonne suitte de ce commencement: Ce ne peut estre qu'à vostre contentement, MADAME, car vos perfections
sont de trop grand prix pour faire naufrage, en*

trop grande recōmēdatiō à qui voˢ les a dōneʒ pour souffrir leur perte: ainsi le bon heur poussera a ses rayōs sur nostre hemisphere malgré la nuit de la ialousie qui veut bander les yeux de vos beaux iours: croyeʒ ce que ce fidelle messager vous apporte de ma part.

Madame & receuez auec sa creance, le pauure Eraste pour.

Vostre tres-humble seruiteur

Quand à la charge du messager elle n'estoit autre pour ce premier coup, que de representer l'affection de l'amant & haut loüer ses perfectiōs entre lesquelles il ne failloit oublier sa beauté auec tres-hūble supplication de se mettre à la fenestre de sa chambre qui regardoit sur la riuiere, à tel iour & heure qu'il luy, plairoit afin qu'il peut aller pescher dans vn esquif à sa veüe: Mastrope muny de bōne Gloslopetre capable de sa charge & auquel Kāna se fioit plus qu'à homme du lieu ayāt parce moyē plus libre accés, executa fort bien sa cōmission, ce qui luy donna plus de peine en icelle fut qu'Erastrie auoit opiniō que c'estoit vne partie dressée par son mary (s'il faut ainsi nommer ces gens qui ont tant de fēmes qu'ils en veulent) mais gentil garçon de son mestier, il sçeut

luy oster ce doubte, de responſe par eſcript point de nouuelles car le pouuoir
en eſtoit eſté de lõgue main, mais du par
ſus acceptiõ de bonne volõté, auec aſſeu-
rance qu'elle ſeroit le ſecond iour apres à
ſa feneſtre ſur le mydy: cette reſponce cõ-
tenta fort l'homme & redoubla ſes eſpe-
rances. Vous pouuez penſer ſ'il faillit au
iour & heure arreſtez de faire beau, prẽ-
dre l'eſquif de noſtre vaiſſeau auec deux
de nos matelos & aller faire la gentilleſſe
ſous le ſemblant de la peſche: Cela dura
aſſez long temps mais nõ tant qu'il euſt
voulu d'autant qu'elle ſe rétira de peur de
ſoupçon, reüenu de là il eſtoit ſi eſueillé
qu'il ne ſçauoit où ſe mettre, auſſi dit-on
que les mouuements d'vn amoureux &
l'argẽt vif ſe reſemblẽt les alchemiſtes ne
pouuans congeler cetuy-cy, ne Cupidõ
fixer ceux là, de là à quelques iours le
voyant ainſi en ceſte humeur gaye ie me
doutai qu'il brigoit quelque choſe eſtant
vray que, *La fröte de gli innamorati è lapiaz-*
za doue ſpaſſegiani lor ſecretti, Et meſme
des eſcoliers en ceſte ſciẽce cõme noſtre
hõme, ie luy di ce que i'ẽ croioy, mais il
ny a tout à plat, fit pluſieurs ſermẽs, nõ-
obſtãt leſquels ie ne quittay pas mõ opi-

nion, car c'est vne des grandes sottize du monde de croire aux iuremens d'vn amoureux, parce qu'ils sçauent tous la leçon du petit Tibulle.

Nec iura retine, Veneris periuria venti
Irrita, per terras & freta longa ferunt.

De luy alleguer quelque raison pour le faire desmordre, c'eust esté perdre sa peine, il n'estoit têps ne à propos de luy representer autre chose que le dâger, aussi pour l'heure estoit ce le pl° importât, & de tant que nous y auions tous part ie le luy mettois en auât tel qu'il pouuoit aduenir: A quoy à vne des fois il me respôdit tout de sang froid: Si ie n'auois egard qu'à moy, Iacophile, pensez vous que ie fisse conte du peril, ne sçauez vous pas biê q l'amour ne craint point les armes.

Armatam vidit Venerem, Lacedemone, Pallas
Nunc certemus ait iudice vel Paride,
Cui Venus, armatam tu me temeraria temnis
Quæ quo te vici tempore nuda fui.

Et quels hazards ne court-point pour l'amour.

C'est celuy qui fit qu'Aristogiton, qu'Antileon que, Menalippe entreprindrêt sur la vie de leurs Princes, & non le bien public qui leur seruit de pretexte seulement: mais i'ay d'autres consideratiõs & ne suis pas si fou que vous pẽsez, il se mit ce coup là à bõ esciẽt sur la Rhetorique, Tant y a qu'outre tout cela, il ne rompt point son dessein, car *nõ può bene deliberar chi non è libero*, & rẽuoye son hõme bien tost au voyage sãs lettres toutesfois, auec charge outre les representatiõs d'amour ordinaires de demander vne autre veüe à la pretenduë fenestre & de plus luy proposer tousiours sa liberté, belle liberté aux mains ouuertes au vestement blanc auec toute sorte de biens, d'heurs, de caresses, & de contentement: A tout cela bien que la Dame se retint & se cõtẽtast de ne dire autre chose au messager que des remerciemens, si luy dõna-elle biẽ à cognoistre qu'elle prenoit goust à sa negociation: Au iour dit, le cõpagnon retourne à sa pesche, mais le coquin s'aduise d'vne meschanceté: car il se mit nud à sa veuë, & se ietta dãs l'eau entra & sortit du basteau deux ou trois fois comme cela, tellemẽt que la honte la fait retirer.

Pendãt le cours de ceste folie nous accommodasmes nostre vaisseau prismes nos auitaillemens necessaires, & par l'aduis de Methise n'oubliasmes pas les deux pieces du Canarien sur lesquelles furent mises de belles petites couronnes de Sapin, d'If & de Lierre, de sorte qu'estās forts prests à desloger nostre homme voulut haster sa negociatiō, ennoya vn Diamāt beau grand Icosaedre, à sa dame qui eust valu beaucoup s'il eust esté des bonnes roches, mais mieux eust faict le pauure de le ietter dans la mer, peut-estre l'eust-il recouuré comme celuy de Policrat.

Corte si donne hebbe l'antica tade
Che le virtu, non le richesse amaro:
Al tempo nostro si ritrouan rade
Acui piu del guard agno altro sia caro.

Luy mande qu'il estoit temps de se resoudre, que si elle pouuoit trouuer moyé nos ancres leuées, de descédre par la fenestre ou venir à la promenade au lieu où il l'auoit rencontrée il l'emmeneroit auec l'esquif qui seroit preparé à cela, & donna dix bónes onces d'or à Mastrope pource dernier effort ayant apris à l'escolle que,

Aurū cuncta mouet, superi flectuntur ab auro.

Dy luy dit-il que ie sçay bien que ceste nuë trauersāt l'aïr de sō esprit le broüillera quelque peu, mais q puis apres aussi

elle causera le temps serain & calme qu'elle doit desirer, & le congediãt luy baille vn Sonnet, ioly, mignon, qu'il auoit fait quelques iours auparauant, car il ne perdoit point temps, pourchassoit de iour, veilloit & pensoit aux expediés la nuict, reclamoit & inuoquoit ses amours à ieu, & les chantoit apres boire. En ce Sonet il parloit à sa maistresse cõme à Andromede, laquelle il vouloit deliurer de ce monstre-marin dõt Scaurus fist apporter les arrestes à Rome qui auoiẽt quarante pieds de long; sous le nom duquel estoit entendu messier Karina.
Or voicy la rime.

Les Nereides sœurs ô fille de Cephee
Ne peuuent égaler vostre rare beauté,
De ce monstre-marin malgré leur cruauté.
Ie vous déliureray faisant de luy trophée:
Et s'il suruient apres quelque nouueau Phinée,
Qui s'oppose enuieux à ma felicité,
Ie sçauray me venger le priuant de clarté,
Par le diuin pouuoir du bouclier d'Amalthée
Nous nous pourrõs alors contens dire tous deux,
  Vous ne craindrez, mon cœur, qu'vn barbare enuieux
Ennemy de vostre heur ialoux vous tyrannize.
  Moy ie ne produiray le rampant Erichton,

Ains baisāt l'œil, la main, la bouche & le tetō
Le Lampsacide oiseau se paistra de sa prise.

Voylà bon sot, Ledit Mastrophe, al-la, & tousiours semblable à luy mesme, ne fit point de faute en sa charge, L'heritier de Maïa n'eust pas mieux ioué, mais la Dame ne se pouuant resoudre promptement à si haute entreprise, & n'ayant moyen de discourir, demāda trois iours pour respondre, lesquels passez elle le chargea de la venir retrouuer: Si elle fut agitée de diuerses considerations, ie t'en laisse le iugement: En cecy parut-il qu'elle estoit bien transportée, c'est qu'ayant mis ce Sonnet dans son sein, elle ne s'en souuint pl°, ains oublia les parolles pour penser à l'effet, tellement que le soir venu, la pauuretté quittant son habillement pour aller au repos, l'escrit tomba à terre en la presence du mary, qui l'ayant amassé leu & consideré auec l'explication du Canarien, apres plusieurs cris & horribles tempestes, luy donna vn coup de poignard dans le bras lequel receu, elle demeura comme vne statue sans proferer vne parolle ne mesmes se plaindre, bien disoit en son ame, à mon aduis, comme les enfans de Niobé.

O Iupiter, enuoye à mon secours,
Celuy qui est mes loyales amours.

Ce cruel se resout promptement à la vengeance, aussi est-ce tousiours la suitte, *Gliscādali gli homicidi, laprigione, le crapule, gli morbi, ele bestēmie sono la legitima prole del putanesimo*, Il depesche incontinant quatre ou cinq messagers, & le premier eut la charge d'aller querir Mastrope, sous couleur de le vouloir enuoyer quelque part, resolu de l'estrāgler apres auoir sceu de luy le tout. Les autres deuoient aller à Turumbaïa, & és enuirons chercher des hommes toute la nuit pour nous esgorger, mais le bon heur pour ledict Mastrope, fut que le iour mesme ayant faict son Ambassade il estoit allé en quelque part pour employer partie de l'or qu'on luy auoit donné, tellement qu'il se trouua absent: & le nostre, que qu'elqu'vn de ses messagers se descouurit à vn de nos hostes, lequel esmeu de pitié nous auertit du tout, ce fut le bon Anubis veillant pour nous: Si nous eusmes l'alarme, il n'est besoin de le dire, & moins quelle diligēce nous fismes à gaigner nostre vaisseau, à ce coup là (& à la bonne
heure

heure) les Lites eurent le pied aussi bon que Ate, & fusmes guarantis de nostre terreur qui eust esté bien autre que Panique, si nous eussions dormy iusqu'au iour, car ce mal'heureux nous eust fait sentir vn incube d'vn goust beaucoup plus aspre que celuy que les phantosmes causent.

Le petit Ghozez disoit estant tout hors d'haleine comme il fut môté dãs le vaisseau, Messieurs il est tout vray q̃ les inimitiez, les playes, & les scãdales sont les fruits qui se cueillent de tout têps au iardin d'Amour, mais ie suis si catehique que ie ne puis parler. Opadin s'efforçoit de tenir bonne mine, & sembloit ceux qui passant par les cimetieres chantét à force qu'ils ont de peur *Gli faceua il culo lape lape*, cóme dit Fafaron: Quãt au Medico il me disoit à l'oreille Monsieur mon amy: *E meglio essere vn asino viuo, che vn vescouo morto.* Achille disoit à Vlysses estant prés de mourir, qu'il aimeroit mieux estre quelq̃ gueux, ou fils d'vn pauure hõme qui n'auroit dequoy manger, que de regner sur tous les morts. La verité est q̃ tous les Mages de Perse, les Gymnosophistes des Indes, les Prestres d'Ægypte,

D

les Philosophes de Grece les Sages d'Italie, & les Druïdes des Gaules, ne nº eussent pas donné meilleur aduis q̃ de plier nr̃e linge. Eristique me disoit qu'il falloit cõbattre mais nº n'auiõs que faire de cela, il m'excusera s'il luy plaist: Ie sçay bien que nous sommes trestous vaillãs & quãt à moy, outre mõ naturel i'ay appris dés mon enfance les vers de Pindare.

Qui du combat qu'on luy presente,
Sous restiue excuse s'exempte,
Iette de vertu la clarté :
En tenebreuse obscurité.

Ie ne feray iamais cõme ceste canaille, *Qui strumam dibapho tegunt*, souz vne tenue surface de bonne mine cachent vn grand corps de mauuais ieu, Car: *Et mihi sunt vires & mea tela nocent.*
Mais il n'estoit pas question de cela en c'est endroit.

Pour Monsieur l'amoureux il estoit en excaze, c'estoit le Doryphotéme de la comedie, la douleur & la crainte auoit aresté les moũemens du pauure, lesquels ne s'esbrãlerent iusqu'à ce que nous fusmes en pleine mer, & alors cõme celuy qui reuient d'vn endormissemẽt Epileptique, apres auoir tiré de grands souspirs

& esleué les yeux humides au Ciel, il prononça ces parolles.

E qual ceruo ferito di saeta,
Col ferro auelenato dētr'al fianco,
Fugge, & piu duolsi quāto piu s'affretta:
Tal io con quello stral dal lato manco,
Che mi cōsuma, e piu non mi diletta:
Di duol mi struggo, e di fugir mi stanco.

Aussi estōné que Rogier lors qu'eschapant Angelique nue d'entre ses mains il perdit sa bague & son cheual.

Il est vray mō amy, luy dis-ie que tu eusses eu enuie de pestrir dans la paste charnelle de ceste fême, mais dés meshuy, c'est pour vne autrefois, la visitatiō de ses sac & pieces est remise à vn autre semestre.

Ne sçais tu pas le commun dire,
Non si dolga d'altrui non si lamenti,
Chi da cagion à i suoi propi tormenti.

La laide Dysopie si elle me croit ne l'abandonnera de dixhuict ans, que te sert-il mon enfant, d'auoir veu le monde en papier cōme tu as fait, & estre encore aprés à l'arpenter pas à pas, si en ton ame tu n'as regle, compas, mesure, ny nōbres? Tu me respondras qu'il y a bien d'autres, qu'il y a trop long temps que nous auons quitté le logis.   Que:

D ij

Quantumque debil freno à mezo il corso
Animoso destrier spesso ra colga,
Raro è però, che di ragione il morso:
Libidinosa furia a dietro volga, Que,
Cil qui se fit Satyre, Or, Cigne, Aigle &
Toreau :
Peut excuser l'erreur d'vn pauure iou-
uenceau.

Tu ne me diras rien de nouueau, ie sçay tout cela par Pratique & par Theorique, & n'ignore point que les anciens qui ne se pouuoient deffendre de ce mal, n'ayét fait pour se guarãtir de calõnie vne Deïte dé la Volupté, Madame Aphrodite, la noble Cypris laquelle les Latins nõmerent Venus : parce qu'elle viẽt à toutes choses, qu'ils luy dõnerẽt Vulcã pour mary d'autãt que l'amour ẽflãme d'vne chaleur violãte. Que les Poëtes n'õt presq; chãté autre chose q̃ sa force, q̃ sõ pouuoir

Quæ domuisse Iouem valet vna, deósque su-
pernos,

Disoit Theocrite, tant y a mõ mignõ q̃ si ces excuses auoient lieu on ne sçauroit blasmer les pauures pecheurs & pecheresses Cœlibatiques, Ils auroyent mesme raisõ q̃ toy. Mais sçais-tu que c'est, cõme l'homme de guerre qui n'est asseuré de sõ courage ne doit entreprédre la garde d'vne place, ou quelque autre charge importâte enlaquelle, s'il ne fait le deuoir dh'ōme de bien, il est puni capitalemẽt par les loix de la milice, biẽ q̃ de soy la poltronerie ne soit pas vn peché, cōme celuy qui n'est pas asseuré de sō bastō ne se doit tellemẽt lier qu'il ne puisse auoir recours au remede legitime, ainsi ne deuois-tu t'acheminer à si long voyage si tu ne te cognoissois bien.

Mais dy vray Eraste & au logis & ailleurs tu es le mesme, tu en fais autant au domicille qu'aux champs, au sejour qu'à la promenade, & es le propre intemperent qui dit chez Plutarque,

Grace n'y a ny plaisir en ce monde,
Sinon auec Dame Venus la blonde,
Puissent mes yeux par mort esuanoüir:
Alors que plus ie n'en pourray ioüir.

La paillardise est le principal, tout le reste ie ne l'estime qu'accessoire, tu sẽbles les vautours qui volent de loing à la senteur des charoignes, des corps seins & entiers ils n'ō ont point de sentimẽt, ainsi vas-tu au vent d'vne putain relaissee à dix lieuës de toy, de ta femme point de nouuelles. On t'a repris ils y a long temps, mais les

D iij

playes du vice ōt fait vn cal tellemēt endurcy en ton ame, qu'on n'y sçauroit imprimer vn charactere de repentance dōt i'ay bien du regret: Lysimache pour vn verre d'eau quitta son Royaume, pour la volupté de boire vn coup, son estat, son authorité, son honneur, Tu feras encore pis, tu perdras Paradis pour vn plaisir nō necessaire,

Veux-tu sçauoir que dit le vieux Plaute.

Vbi amor aduenit in cor hominis,
Et eis vsque in pectus permanauit & permadefecit,
Cor, simul res, fides fama, virtus:
Decisque deserit, homo fit modò nequior.

Vois en la belle lettre. As tu enuie d'ouïr vn bon pere: *Luxuria sensum hebetat, confundit intellectum, memoriam obturat, euacuat sensum, obnubilat visum, reddit hominem pallidum ac fœdum, senectutem inducit, mortem denique maturat.*

Sans doute:

Indicat illustri meretricem nomine Circe,
Et ratione animi perdere quisquis amat.

Bel homme au partir de là, En vn mot il nous oste l'honneur, la santé & le bien, & que les meilleurs maistres du mestier leuēt la main & iurēt s'il n'est pas vray: On peint Venus toute nuë, parce qu'elle rēd nud ceux qui la suyuēt, à quoy s'accorde le Sage qui fut tant sujet à l'amour, quād il dit que par la fēme de ioye on viēt iusqu'à vn morceau de pain, & nonobstant la cōmune opinion qui est que cest exercice dōnc de l'esprit, il qualifie biē les amoureux autrement, cōme ie regardois à la fenestre de ma maison (dit-il) par ma fenestre ie vy entre les sots, & ie croy de vray que c'est estre bien tel, veu les souffrances de qui en vient là, car : *La putana che a in preda l'altrui affectione signoregia, comanda, ordina, & veta, Onde é forza se caccai : andarsene, se chiama venire, se chiede darle, e se minaccica temere.*

O Poltrons, *Lespalle d'vn huomo da bene non debbono portare la somma di tante iniurie,* Tout cela fait que la lasciueté a esté representée par la chimere. Les commencemens sont pleins de feu & participent du Lion, le milieu sçauoir l'effect est ord & sale comme la cheure, la fin tient du serpent, on sent les peines de la folie, peines à chaux & à sable. Regarde Sāson il s'abādonna à vne fēme en Gaza & vne autre fut cause de sa captiuité, de sa cecité, & de sa mort, aussi pour estre bien a-

D iiij

moureux, il faut deschoir de sa vertu, deuenir captif, estre aueugle, & puis mourir, *Donna ma fatto, Donna ma disfatto*, dira en estendant le iarret le malheureux qui en viendra là à l'imitation de l'Italien qui mouroit de la verolle.

Es regnes des bons Roys Aza & Iosias (mon amy) tous les ruffians furent extirpez en leur royaume Par les loix de Numa Pōpilius, la putain ne deuoit approcher du Temple de Iunō, & si elle outrepassoit l'ordōnance, elle deuoit auoir les cheueux coupez & sacrifier à la deesse vn agneau femelle. L'Empereur Macrin faisoit brusler tous vifs attachez ensemble les pauures conflagrás: Marc Aurelle fist démēbrer vif vn soldat qui auoit couché auec sō hostesse par le moyē de deux arbres ioints ensemble ausquels il fit attacher les iābes: Entres les Ægyptiēs l'hōme adultere auoit mille coups de verges, & la femme le nez coupé, par la Loy de Zeleucus, les Locrenses leur creuoiēt les yeux, & en certain temps à Lacedemone les parties pecheresses de l'adultere ont esté attachées par le bourreau en public: Par la Loy mesmes de Nuhamed, les adulteres sont condamnez en cent coups de baston? Si à Cõstantinople le Chrestiẽ est prix auecques la chrestienne, on les meine chez le Cadi, & de là on les môte, tous deux sur chascun vn asne à reculons tenans la queüe au lieu de bride, & leur met on des tripes sales sur la teste leur en barbouillãt le visage, & ainsi accõmodez le bourreau les conduit par toute la ville, suiuis dés petits enfãs qui leur iettẽt mille vilennies, si c'est de Turcq à chrestiene, ou de chrestien à Turque on les fait mourir: En somme en quelque estat qui aye iamais esté bien policé, s'ils n'ont esté punis de mort, on les a chastiez par quelque peine exemplaire & honteuse pour toute leur vie: Pytagore disoit. *Adultera offendit natalitios Deos, vt quæ domui & cognationi non germanos auxiliatores sed spurios exibeat: Perfida est erga naturæ Deos per quos iurauerat vnà cũ parentibus & cognatis suis se coniuncturam legitimè cum marito ad vitæ communionem & liberorum procreationem. Et in patriã quoque peccat, non persistens in eo statutis. Hoc nefarium omni venia prorsus indignum est,* Pour le moins leur faut il la punition Termerienne, la vengeance de Neoptoleme.

Mais personne n'a iamais fait le trait de

Salæthe, il se loüa avec sa belle sœur & violāt par ce moyē la deffence d'adultere faicte par luy en son estat, il vouluſt subir la peine indicte aux infracteurs d'icelle, qui estoit d'estre bruslez tous vifs. Bien qu'il fut Prince Souuerain, bien que les Crotoniēs ses subiets s'opposassent à son deſſein, & que le supplice fut cruel, il le vouloit endurer. Les hommes de ce tēps font au contraire ils deffendent le mal en public & le practiquent secretemēt: fort à propos leur pouroit ō dire cōme le loup aux bergers qui les allāt visiter dās leur loge les trouua qu'ils māgeoiēt vne brebis Et bō Dieu dit-il, si ie faisois ce que vous faites, bien crieriez vo⁹ autres apres moy.

Noſtre pedagogue dit que ceux qui deffendēt ainsi vne chose de laquelle ils ne se gardēt eux-mesmes reſſemblent au Capitaine qui diroit à ses soldats qu'ils allaſſēt cōbatre vn ennemy auquel il se seroit desia rēdu. Or Eraste toy qui es Chreſtiē te laiſſes preceder aux Ethniques, l'vn s'eſt creué les yeux pour obuier a ce mal, vn autre s'eſt cicatricé le visage, quelque autre selō la vertu de son temps, s'eſt precipité dans la mer, & plusieurs cōme cela & toy tu as voulu enleuer vne femme d'être les bras de ſon mary, ta continéce & modeſtie ſont bié eſloignées de celles d'Alexandre: Enuoye moy eſcriuoit-il à Theodorº frere de Protheas, la ieune fille muſiciéne que tu as pour ſix mil eſcuz que ce porteur te dōnera, ſi ce n'eſt que tu en ſois amoureux, & cōme il ſe rendit épris d'vne ieune fille qui ioüoit fort bié de la fleute, laquelle auoit eſté menée en maſque en ſō logis par Antipatride il luy demāda ſ'il eſtoit amoureux de ceſte garce, & comme l'autre luy reſpōdit qu'ouy bié fort, il ſ'é abſtint, & ne la voulut toucher, voilà vn monarque qui auoit de l'amour, auſſi reſpectueux que cōtinent; ce ne ſont pas de tes procedures: Tu euſſes enuiſagé Panthée ſi elle euſt eſté entre tes mains, La femme de Darius ta priſonniere n'en euſt pas eſchappé.

C'eſt où la raiſon fait paroiſtre ſō luſtre quand elle a à cōbattre la paſſion, la vertu n'eſt pas vertu ſi elle n'a qui luy repugne, mais au lieu d'eſtre ferme, tu t'es laiſſé aller, & n'as pas voulu faire mentir le Prouerbe qui dit que *Le coſe d'amore che ciecco e putto vogliono eſſer guidate à la fatiuleſca & à la ciecca.* La peine d'Ixiō t'eſtoit deuë, mais tu en as eſté preſerué, pēſe ou-

D vj

tre cela aux regrets que tu eusses eu d'auoir du mal par ta faute, car comme le chaud & le froid de la fiéure qui sont en no9 mesme sont plus mal aisez à supporter que celuy de l'Esté ou de l'Hyuer qui sont exterieurs, ainsi la peine que nous souffrons par nostre vice est plus violāte que celle qui no9 arriue accidētellemēt.

Il est tēps, Eraste, de s'amēder & quitter la bāde de ceux desquels Platō a dit que l'ame sera trāsmise dās le corps des Asnes

Chi metti il pie su lamorosa pania
Cerchi intrarlo è non vinieschi l'ale
Che non è in somma Amor se non insania
A giuditio de saui vniuersale.

Imite donc les Serpēs, succe le fenouil de la parolle de Dieu pour te dépoüiller de la vieille peau du vice: Fay comme les Hyrondelles prēds l'esclaire de la raison pour guerir le mal des yeux que le feu & la fumée d'amour t'ōt fait: Tuë, mō amy, tuë la chimere comme Bellerophon. Et d'icy en çà parce que tu es subject à t'engluer, éuite les occasiōs, le petit vers dit.

Non facile esuriens posita retinebere mensa,
Et multa saliens incitat vnda sitim.

Si d'auenture quelque gourgādine t'agasse, (car d'estre rauy cōme Tithonus ou

Baccö tu n'es pas assez beau) n'aye point de honte, dy luy hardiment cõme Creon dans la Tragedie d'Euripide, Imite Hippolyte, & Peleus, renuoye moy Phryné cõme fit Xenocrate, mais en tel cas mon enfant, *Hoc opus hic labor est.*

Vne autre grãde precautiõ à ce mal est de n'estre pas oysif, & où le corps ne peut agir, dõner de l'exercice à l'esprit à quoy il se plaise, car les voluptez de l'ame estãt plus grandes, feront oublier celles du corps qui sont plus petites: Regarde si les plaisirs d'Alexãdre n'õt pas esté d'vn autre goust q̃ ceux de Sardanapale? que pour en iuger on voye seulement les tõbeaux de l'vn & de l'autre, on aura tantost choisi sur cestuy-cy, on trouuera ceste pauure malotruë rime.

Demeuré m'est seulement ce que i'ay,
Paillardé, beu, yurongné, & mangé,

Sur cest autre ces fieres paroles,

Ce bronze estant d'Alexandre l'image,
Tenant à mont les yeux & le visage,
A Iupiter semble dire, pour toy
Retien le Ciel, car la Terre est à moy.

Hors l'honneur encores, qui est le premier des contentemens pour le monde, les sciences apportent vne volupté indicible & de longue durée. Archimedes (apres auoir inuēté le moyen pour auerer cōbien l'Orféure auoit deſrobé d'or, ſur la couronne que Hieron luy auoit donnée à faire;) fut ſi raui d'aiſe, que ſe iettant hors du bain, il s'en alloit criant comme vn fou çà & là, ie l'ay trouué, ie l'ay trouué: Ce que iamais friand ny amoureux n'ōt fait. On ne les a point ouïs crier de ioye, i'ay mangé, ou i'ay baiſé. Mais le dernier, le plus grand, & le plus ſalutaire remede, eſt que tu dies.

Tu che vedij miei mali indegni & empi
Re dal Cielo inuiſibile, immortale;
Soccori à l'alma deſuiata e frale
E'l ſuo diffetto di tua gratia adempi

Voilà mon petit Limne, nos diſcours parmy les ondes, mais s'ils tombent en autres mains que les tiennes, entre gens qui ne me cognoiſſent point, ils ne faudrōt iamais de dire que ie ſuis *de frigidis*, au ſexe fœminin, beaucoup pl⁹ tributaire que bō payeur. Or en toute humilité, ie les prie de n'en croire rien, & eſtre aduertis que ie ſemble aux anciens habitās de Maiorque & Minorque, leſquels lors que les Pyrates leur enleuoient quelque femme, donnoient fort librement trois

ou quatres hommes pour en retirer vne
seule, pouuant dire auec le bon iardinier,

Fortunato il ter ren, ch'al mio gouerno
Che piu del di vi assatigo la notte,
Ne per molto zappar la state e'l verno
L'inuitte forze mie son sceme o rotte,
Que' che tormentan l'alme nel inferno
Non dan con tal poter qual io le botte.

N'y a eu labourage de Buzygion ou de
Sciros qui ait valu le mien. Mais de vray,
la licence de mon inclination, est bridée
par la loy, qui faict que ie retire & mes
yeux & mes pensees, de celles à qui le
nombre de seize appartient, desquelles,
mon amy, il y a belle quantité par tout.
Nous voyons tous les iours naistre quelque nouueau figuier dans le voisinage,
profiter & esleuer bien ses tiges. Céreste
ainsi iadis nommée, s'estend maintenant
de l'vn Pole à l'autre. On donne auiour-
d'huy des paraphernes aux marys si gaye-
mēt qu'il ne faut consulter Vlpiā. de *iure*
dotali, en la loy *si ego*, pour sçauoir si de
droit ils leur appartienent. L'art de Thes-
salie se pratique, & toute sorte d'Amblo-

thridions se met en vsage, Voylà l'estat du monde.

Mais tu trouueras parauanture mes discours trop longs la cause en est, que ie veux que tu ayes l'escphrase, le procesverbal, le discours entier de nostre cour.

Reuenons à la nauigation. Estans deslogez de l'Isle, nous singlames vers le Cap de bonne esperance, & employames tréte iours pour y aller, doublames ledit Cap à la veuë de terre, & iceluy doublé endurames force vent, n'estant pas sans cause qu'aucuns l'ont nommé le Cap des tormétes. Dudict Cap nous eusmes tousiours mauuais temps iusqu'à l'Isle saincte Helene, & mismes quarante sept iours à nous y rendre, A ladite Isle, nous iettames nos anchres & y seiournames neuf iours: Ce fut là, Limne, ou nous fumes assasinez à profit de l'excellét Autolecite Machalik ton ancien amy, car comme il commença à sentir que nous approchions du bout de nostre course que nous pourrions bien tost ruer en cuisine, Voila le galand en son jeu, Tu eusses dit que c'estoit vn des oyseaux de Psaphon, ou qu'elqu'vn de ces pendars, qui aualoient les crachats de Denis à Syracuse, As tu iamais ouy le *Parasitto*, qui dit au Capitan. *Son sommerso nel pelago de le voſtre argutie, Che scampanate faran l'historie de la bona memoria di voſtra Seignoria, Si deueno porrer in libri le manifatture de la voſtra virtu*, & mille coyonneries comme cela, Le compagnon faisoit de mesme, gentil Detymon bon disciple de Bion, excellent en l'art.

Regarde ie te prie, puis qu'il se trouue des gens ainsi faits dans vn meschāt batteau, cōbiē il y en doit auoir aux prisées Cours des grands Princes. Ie cognoy en celle de Voxeguixama vne infinité de Galbas Romains, qui faisoient semblant de dormir, si vn homme de qui ils esperoient de l'argent, se joüoit auecques leurs femmes, encores qu'ils le vissent, ames viles, nouueaux Mellanthies, qui n'ont point de hōte, d'idolatrer vn malotru pour vn morceau de pain, & font les glorieux aupres des gés de biē. Ceux qui leur donnent & ayment leur chansons agathoniennes semblent bien (cōme quelqu'vn a dit) aux arbres plantez en lieu inaccessible, lesquels ne rappportent de fruict que pour les Geais & pour les Pies.

Au partir de là, nous passasmes souz la ligne, & allasmes droit aux Canaries, que nous descouurismes le cinquâte neusiesme iour, apres estre partis de saincte Helene, durant lesquels il ne se parloit parmy nous, que de resioüissance : Methise entre autres, s'egayoit auec les pieces du Canarien, & tant y employa de temps auec Ghozez & ses compagnós, que tout fut vuidé, tellement qu'il falut crier *Emö* iusqu'à ce que no° fusmes arriuez : Nous vismes de loing le pic de Tercyre, qui est dans la Tenerife, lequel nostre Canarien no° fit apperceuoir, & par curiosité voulans faire comparaison de sa hauteur, à celle de Figenoïama, laissasmes nostre route & allasmes là qui estoit droit à l'Ouest-Norduest : Quelques vns môterent sur ladite montagne, & entre les autres, ledit Ghozez qui iuroit comme vn malheureux, qu'outre les sept Canaries, il voyoit l'Isle pretenduë de Sainct Borôdon, bien que ceux qui en ont parlé, se l'imaginent à cent lieuës de là, Mais

Sempre à quel ver ch'a facia di mensogna,
Dee l'hom chiuder le labra quanto puote
Però che senza calpa fà vergogna.

Quand à moy, ie ne feray iamais bon Hallopante, car ie n'ay pas affez de memoire.

Or d'autant que noftre Canarien eftoit de Sainct Chriftofle, il y fallut aller, & bien que nous euffions eu plus de plaifir en la grãde Canarie, nous-nous arreftames là, à caufe du bon recueil que les parens dudit Canarien nous firent, & y eftablimes noftre feiour entier, iufqu'à ce qu'il nous fallut leuer l'anchre, lequel feiour fut de deux mois & demy, employez affez otieufement, non par Socher qui auoit des affaires, mais de nous, n'ayant trouué là perfonne à qui nous peuffions parler, que quelques Maiftres d'efcole que l'Euefque de la grand Canarie y auoit enuoyez, & quatre ou cinq femmes: Quant à ceux qui aymoient à boire, ils ne s'y ennuyoient point: Nous pour tout y paffions quelquefois le têps, à vn ieu qu'ils nomment les Efchets, cõme auffi au tablier qui fe pratiquoit dés le temps du bon homme Platõ, car il dit, que noftre vie eft femblable à ce jeu là, où il faut que le Dé die à propos, & que le joueur vfe bien de ce qui fera efcheu audit Dé, que de l'accident du fix ou du quatre (qu'il compare à ce qu'il plaît à Dieu nous enuoyer) cela n'est pas de nostre puissance, mais de faire nostre profit de ces euenemens là, & iceux colloquer comme la table au jeu en lieu à propos, c'est nous à d'y bien auiser.

Estant ainsi de loisir, Vne de ses femmes fit voir à Rophé vn liuret qui luy estoit dedié, fait de nouueau par vn de ses Pedans, dont il sortit de sa rumeur à bon escient, car ledict Rophé samblable à Philoxene, qui ayma mieux estre remis dans les carrieres, que d'approuuer les meschãs vers de Denys, dit à celle qui le luy auoit donné, qu'il seroit plus à propos, de voir son image dans quelque piece de haute lice qu'en vne meschante pete, tissuë de mauuaise laine, où les nuances estoient si mal rapportees, qu'il ne la pouuoit comparer qu'aux termes chafourrez d'vn ieune Peintre.

Ie n'ay fait estat de vostre liure (luy dit-il) Madame que comme d'vne salade que ie n'auois pas entrepris de manger: C'est pourquoy ie me suis contenté d'en trier les lymaces & chenilles seulement, à fin de vous les faire voir sans esplucher par le menu les racines ameres, le grauier ou les festus qui y sont de reste, Voyez mes costes, & iugez si à moy à qui toutes viandes sont bonnes, la chose est de mauuais sel, Si ne l'aiant que lechee, i'ay craché mon saoul, que pourrõt faire les friãs & gens de bon goust, qui y mettront les dents bien auant, ie m'asseure qu'ils n'õt iamais sauouré d'aloë, ny de coloquinte, ayant tant d'amertume, & qu'ils donneront toutes sortes de maledictiõs au droguiste, qui a mis ceste marchandise en vente: Surquoy le Pedant (qui parauenture desiroit que la Dame eut bonne opinion de luy) se mit à iniures & rodemontades Espagnoles, (pedentesques toutesfois) sans que le pauure Rophé respondit iamais rien, fors qu'il luy conseilla, que pour purger sa cholere, il allast prendre medecine en Anticyre:

C'est le vray du vray, Limne, qu'à cest heure les fleuues de Parnasse sont desbordez, que les flots debridez de la doctrine, renuersent les ponts & les escluses d'ignorance, tout le monde se mesle de faires liures, & le bon est, que bien que ces gens là, semblent à l'airain de Dodone, que les conceptions de leurs ames soient si foibles, qu'elles n'engendrent que des moles pleines de deformité, & qu'en broſſant tous leurs diſcours on n'y puiſſe lancer vne ſeule bonne piece, ils croyét toutesfois eſtre fort habilles, ne cognoiſſent pas que picorant ça & là les eſcorces des bons liures, pour couurir le ver moulu, nay en leur domaine, la difference du bois fait cognoiſtre le larcin, deſtruiſent malheureux la ſente du bien dire par le cathare de l'ignorance.

Ceux-là ſont pardonnables, qui pour paſſer le temps, broüillent le papier, bié aiſes de faire voir à quelque amy, leurs exercices, & gardét tout par-deuers eux, mais mettre au iour vne meſchante piece & luy donner nom d'œuure, cela eſt prenoſtel.

Or voicy arriuer vn grand deſplaiſir au moins à Socher & à moy, voilà nos affaires toutes ſans deſſus deſſouz, il n'y eut plus moyen de regir noſtre peuple, preſque tous deuindrent inſenſez, c'eſtoit (mon amy) comment appellez vous cela; des Menades qui celebroient les Orgies. Ces pauures gens n'auoient iamais beu de vin fors le gouſt qu'ils en auoient pris, de deux pieces du Canarien, tellement qu'en trouuant à ſouhait du plus excellent qui soit au môde, ils ne faisoiēt aucun trauail, aucune reparatiõ au vaisseau, tousiours festes, Oscophories, Trieterices, Mardigras, cela estoit à tous les iours: Ie ne m'estonnay pas pour le cõmencement, mais quãd ie vis qu'ils prenoiēt cela en costume, sans interinissiõ & par si long-temps, i'eu opinion qu'ils ne s'en desferoient iamais, & le pis fut qu'ils protesterent ne partir, que noº ne missions prouision de ce piot dãs nostre nauire, m'attendant bien si cela estoit, qu'il nous arriueroit souuent de n'aller auãt ny arriere, que le bon pere entortilleroit nos voiles & cordages de lierre, comme les rames du vaisseau, sur lequel on le menoit en Naxe ou ailleurs, preuoyois tellement nostre incommodité, que i'eusse voulu q̃ vigne n'eust iamais esté plantée, & que le bon asne se fut endormy, qui ayant brousté ses rejettons apprit qu'il la failloit tailler. Ce qui me faisoit plus de peur estoit qu'ils s'entrebattoiēt à tous les coups, ou nous feroiēt à nous mesmes, comme les pasteurs du chamattique à Carion, tellement que cest Omestes Meneles estoient à craindre, quant à Liæus & Chorius mes bons

amis, ils me donnoient du plaisir à toute
reste, mais quoy que ce fut, la Clitorie
s'il est vray, ou la Dionysias nous eussent
esté bien necessaires : Le bon pere s'appelle Nysee, ce dit-on, par ce qu'il incite
à la fureur, Iacche d'autāt qu'il enseigna
à crier & mener bruit, l'vn & l'autre estoit biē practiqué par nos gens; On luy
allume des lampes en ses sacrifices, cela
leur estoit fort propre, car ils n'yvoyoiēt
gueres; La Pie luy est consacrée, ceste
Musique s'accordoit auecques la leur: Et
de vray disoit Methise en beuuant, Si les
compagnons anges Aruth & Meruth
trouuerent d'aussi bon piot, il ne se faut
plus estonner s'ils se iouerent auec leur
Hostesse, & si plusieurs ont mieux aymé
deuenir aueugles, que n'en boire point.

Perdere dulcius est potando quàm vt mea
seruem
Erodenda pigris lumina vermiculis.

Disoit Fuscus au Medecin.
Voyla l'estat où nous estions, mais il
arriua vn bō remede, c'est que nos biberons furent si malades, qu'ils ne cuiderent pas s'en réleuer, & mieux instruicts
par

par la douleur que de la raison furent enseignez de ne se charger pas tant.

Socher ayant pris langue du lieu où il pourroit mieux vendre sa marchandise, & esté aduerty que la Flandre luy seroit plus propre qu'autre païs, se pourueut de tout ce qui luy estoit necessaire pour prendre ceste route, côme aussi nous fismes, & nous habillames à l'Espagnole, tellement qu'ainsi preparez nous deslogeames au premier bon vent, lequel nous chassa fort bien iusqu'au Golphe de Las Yegas, & ne mismes que dixhuict iours à y aller, mais de là en hors nous eusmes le téps si mauuais, que nos pilotes quelque science qu'ils eussent, demeurerent quarante trois iours sans descouurir aucune terre.

Le quarante-quatriesme nous abandonnans à l'Ouest, nous apperceumes vne coste en laquelle trouuâs de l'abry & bien harassez nous iettames nos anchres, tous resolus n'en pouuans plus de nous renger au premier Haure que nous trouuerions. Nous sortimes nostre esquif & allames à terre, où nous rencôtrames des hommes, ausquels nous nous enquimes en quelle contree nous estions, mais ils

E

ne nous entendoient point bien que Rophé & moy parlissions à eux Espagnol & Italien, enfin recognoissant par nos gestes que nous nous enquerions de retraire, il nous dirent par plusieurs Schohama, Schohama, & nous montroient à la main gauche vne pointe de Mer qui s'auançoit entre deux terres, autre chose ne peusmes nous entendre ne apprendre d'eux, tellemét que nous-nous en retournames au vaisseau, & y estant cerchames dans nos Cartes, esquelles nous ne trouuames point de Schohama, Le lendemain nous approchames nostre vaisseau de ceste pointe (où la rade estoit fort bóne (en laquelle ayant demeuré trois ou quatre heures seulement, nº vimes sortir de terre vn pescheur auquel nous allames, qui entendát à peu pres ce que nº voulions dire; pratiqua ce bon enseignement.

Studisi ognun giouare altrui, che rade volte, il ben far senza il suo premio sia.

Et ayant receu de nous vingt reals, nº mena à vne lieuë de là, où nous recognumes vn beau Haure, dans lequel y auoit quantité de vaisseaux, & au deuant vne ville, laquelle nous n'aurions peu voir de loing, à cause d'vne ance qui la couuroit.

Allant audit Haure, il nous paroissoit de tous costez vn fort bon païs & agreable, mesmes quantité de vignes, à la veuë desquelles ce paillard methise tressailloit d'aise, & côme ie luy disois qu'il se souuint des Canaries, ce n'est pas, faisoit-il, que i'ayme tant à boire, mais c'est que ie crains les Amphisbenes, & me resiouy de ce qu'il y a moyé de les tuer en ce païs: Si vous pēsiez aussi que ie voulusse faire comme Micene qui tua sa femme pour auoir gousté du vin, ou faire mourir de faim quelqu'vn pour l'ouuerture d'vn celier, côme on fit jadis vne Dame Romaine, ie ne le hay pas assez pour cela, mais puis qu'en songe mesme, la veuë de la vigne est signe de bon presage, tesmoing celle qu'Astiages voyoit sortir du ventre de Madame sa fille, ie treuue que la verité de la chose doit infiniment resiouïr & ne serois point marry q̃ les raisins de ce pays, (si nous auons à y faire demeure) semblassent ceux d'Eucarpe, vn seul desquels estoit suffisãt pour charger vne charrette, ou que lesdites vignes portaſſent deux fois l'an, comme celles des coſtaus de Smyrne, bien ayſe ſi ie trouue que la mauuaiſe couſtume de Staphile, ne ſoit venuë iuſques icy.

Ayant bien recogneu toutes choſes nous-nous en reuinſmes au vaiſſeau, & le lendemain allaſmes nous ranger deuant la ville, où eſtant & apres l'auoir saluée, miſmes pied à terre en bonne compagnie, car il accourut quantité de peuple à noſtre deſcente.

Or comme nous parlions enſemble noſtre langue naturelle, il y euſt vn petit homme paſle, ayant la teſte longue & platte, le nez aſſez grand, qui s'addreſſa à nous, & nous dit en Eſpagnol, Vous venez de lointain païs, meſſieurs, à qui Rophé reſpondit, nous ne ſçaurions pas de plus loing; ſi nous ne deſcédiós du Ciel, Ie le cognois bien, dit-il, car i'entens vn peu voſtre langue, i'ay eſté autrefois en voſtre païs auec vn Portugois, & ay demeuré trois mois à rinda où ie tóbay malade: ie m'offre à vous rédre tous les bós offices que vous deſirerez de moy: Ce fut vn bó coup d'auoir trouué ceſt homme ſi à propos, lequel nous fit entrer en la ville & nous mena en vne Hoſtellerie, où nous le caraſſaſmes tāt, & luy fiſmes tous des preſens ſi agreables, qu'il ne nous abandonna plus: Noſtre Melits (ainſi ſe nōmoit il) fut touſiours auecques nous, nous luy demandaſmes cōment ſe nommoit le Royaume ou Seigneurie où noº eſtions, & quel eſtoit auſſi le nom de la ville, à quoy il nous reſpondit, que pour le regard du Royaume, il n'auoit point d'autre nom que le Royaume du grand Roy, lequel eſtoit vn des plus beaux du monde, compoſé de grandes Prouinces, & terres qui auoiēt des nōs particuliers, que le païs où nous eſtions ſe nommoit Schohā, & la ville Schohama, belle & riche, peuplée d'habiles Citoyés de toute qualité, ſoit Eccleſiaſtiques, gés de Iuſtice, ou Marchands, que pour ſon regard il eſtoit Saliemite, à quoy Rophé luy reſpondit, vous eſtes donc du païs Pacific, car ſelon les Septāte, Salem ſignifie paix, ie ne dy pas Salemite (repliqua-il) mais biē Saliemite, paix de bruit pluſtoſt que de ſilence, toutesfois côtrée commode, rēplie d'honneſtes gens, & de choſes rares que ie vous veux faire voir, laquelle ſe nōme Saliemite, il nous appriſt à peu prés par le veſtemēt & le port à recognoiſtre

E iij

les qualitez des hômes, & nous enseigna que quant aux Ecclesiastiques & gês de Iustice, ils portoient des robbes lôgues, neantmoins diuersemêt faictes, desquelles il nous fit remarquer la differéce: que les marcháds vsoient de manteaux: qu'il y auoit vne autre sorte de gês qu'on nómoit Gentils-hommes, qui n'habitoient guere dans les villes, desquels la pluspart estoient vestus de soye, mais qu'ils auoiét ceste marq́ particuliere, qu'ils portoient to͡ au col vn Escusson, sur lequel estoiét engrauées ou portraictes les armes de leur maison ou leur deuise, que ceux qui auoient quelque qualité remarquable faisoient de mesme, coustume tousiours suiuie depuis l'an deux cens cinquante neufiesme de la fondation de Rome, & commencée par Appius Claudius, desquels Escussons estoient venus les Clypées, ainsi nommez à cause de leurs graueures, les robbes à l'imitation des Romains, les manteaux venus des Grecs,

Nous fismes assez lôg seiour en ce lieu, par ce que la demeure y est agreable, le climat beau, l'air serain, les viures bons, quantité de peuple, & chacun excellent en son art, bons Theologiens qui font le seruice diuin en langage vulgaire, imitateurs de Themistocle, qui condamna à la mort vn Herant du Roy de Perse, pour auoir parlé autre lāgue, que la sienne propre & naturelle: Le peuple bien instruit & fort deuot, qui toutesfois ne donne point de tuilles d'or à Apollō, gēs qui ōt grand soing des mœurs de leurs enfans, ont appris que par la loy falcide, si le fils de famille, estoit condamné au supplice pour quelque crime, le pere estoit banny pour l'aparence qu'il y auoit qu'il ne l'auoit bien corrigé en son enfance, y prenant garde comme si elle se pratiquoit.

Nostre Socher y fit la descente de ses marchandises, y trouua la vente bonne comme aussi les troques, & moyen de faire sa nouuelle charge auecques grand profit, de sorte qu'il s'arresta là pour n'en partir, que nous ne reprissions la route du Iapon.

Quant à nous, puisque nous auions Melits, nous estions bien aises de nous promener, aussi desiroit-il, infiniment nous mener en son pays, & puis (lassez de la mer) sur laquelle nous auions couru quatre mille sept cens lieuës ou enuiron la terre nous estoit fort agreable: & parce

E iiij

qu'en tout le chemin nous n'auions trouué q̄ des Mores ou Bazanez noº croyons estre reuenus au Iappon, en voyant du peuple blanc : & retrouuant l'air de mesme temperature que le nostre, pour estre les eleuations presques egalles, il nous sembloit estre sortis de maladie & auoir recouuert vne parfaicte santé.

Nous laissames donc nos Cerdoens & souz la conduite de nostre guide, primes nostre chemin vers la terre Salieme, qui pouuoit estre à quatre ou cinq iournees de là, à la premiere desquelles estant au logis sur les six heures du soir, noº vismes arriuer vn de ces gens qu'ils nomment Gentil-home, dont ie fus bien ayse, car nous n'en auions point rencontré encores, il entra dās l'hostelerie auecques trois cheuaux, mit pied à terre & nous salüa à la façon du païs, & parce qu'on nous fit souper ensemble, & que nous estiōs estrāgers, il noº parla assez libremēt de la fortune, laquelle neātmoins il ne prit pas dés le cōmencemēt, il nous discourut qu'il auoit esté hōme de guerre, desireux d'acquerir du bien, ayāt pour cest effect forcé sō courage, que la fortune à la verité, luy ouuroit les bras, mais, q̄ la magnanimité auoit ployé souz le fais, fait bāqueroute au dessein, de sorte que ses esclats n'ayāt peu durer, l'inclination naturelle l'auoit emporté, & aduoüoit qu'il estoit deuenu Epicurien des premiers disciples d'Aristippe, de la bāde de ceux qui disēt qu'ils ne sont bons escrimeurs, bons Orateurs, bōs Magistrats, ne gouuerneurs de peuples, mais aymans à se donner du bon temps, à bailler tout contentement & agreable chatoüillement à leur chair, si que l'aise & le plaisir en regorge iusques à l'ame, qu'à la verité quelque chose logeoit en sa pensee qui le tourmentoit, à cause de certains maux qu'il auoit fait, & en enuie de faire, & sçachant biē que *Tandem iustitia obtinet*, que les Dieux cōcluent chez Homere, que

Ce n'est vertu de faire œuure illicite,
Car le boiteux attrape en fin le viste.

Il estoit tousiours en doute, tonsiours tremblant, & alloit en consultatiō pour apprendre quel seroit le succez de sa vie, à quoy Rophé luy dit, sans que vous despendiez de l'argent dauantage, ne que alliez plus loin, fiez vous sur moy, & ma parole que voyla vn liure qui vous dira infailliblement ce que vous desirez sçauoir: Ouurez-le & lisez au hazard de l'ouuerture, Ce que vous trouuerez, ce sera la responſe de voſtre demande, ce qu'il fit & les premieres paroles qu'il rencontra, furent celles-cy.

Chi noce altrui, tardi, ò per tempo cade
Il debito a scontrar, che non s'oblia,
Dice il prouerbio, che à trouarsi vanno
Gli huomini ſpeſſo, c'i monti fermiſt anno.

Dont il fut fort eſtonné, & pria Rophé qu'il fiſt encores vn eſſay, ce qu'il luy accorda & luy preſenta vn autre petit volume, où le panuret au commencement de la page trouua.

Non poterit fugiſſe Deos qui turpia patrat,
Sit licet Iphiclo multo velocior ipſo.

A ce ſecond coup fut-il ſi troublé, que ſes cheuaux ayant repeu, il partit ſans dire gaſre, & fit vn trou à la nuict.
Nous deſlogeaſmes le lendemain & trauerſaſmes vn païs fort agreable, prenans vn plaiſir extréme, de voir à toute heure quelque choſe nouuelle: arriuez à vn grād village où nous fiſmes noſtre giſte,

nous rencontrames encores deux Gentils-hommes qui voyageoient ensemble, dont l'vn portoit en son escu vn terebynthe, & les paroles estoient, *ecco mi*, sans autre chose, de l'autre la deuise estoit bien bizarre, car c'estoit vne ratte de quelque animal, qu'on appelle en langue Latiale *splen*, & les parolles *Thyrsigier nõ Bacchus*, Rophé philosophoit sur ceste ratte & n'é pouuoit rencontrer l'explication, tellemẽt que nº iugeames qu'il y auoit quelque sens mystique là dessouz. Ces deux hommes ne parloient que de combats en gros, en detail, à cheual, & à pied, & nº vouloient bien faire entẽdre qu'il auoiẽt fait de hauts exploits, bien que nº ayõs sçeu depuis que l'vn s'en estoit tãt soit peu meslé, & l'autre rien du tout que de parole: toutesfois il nous eussent volontiers, dit comme le Capitan. *E il mondo in periculo quando io torcio il muso, fuggino gli piu valorosi si io rabuffo le ciglia, facio venire il cacaro con l'arcigno del volto*, tellemẽt que les considerant, il me sembloit ḡ ie voyois la vanité peinte en vn tableau, que les vieilles bõnes gens ont appellee *Volupias scultè ostãtando que sua nõ sunt, aut iactando que minimè vera sint, & impudẽter mentiendo, vitium summæ stultitiæ argumentum*, A bon escient, Compere, ces compagnons, *Centones farciebant*.

Voyla d'estranges gens (disoit Opadin) ie pardonne dés meshuy à Clitus, qui pour auoir mis à fonds quelques galeres pres d'Amorge, se fit appeller Neptune & porta le tridét, A Demetrius qui se laisoit nommer Iupiter & les Ambassadeurs qu'on enuoyoit vers luy Theotes, à Lilymache qui disoit qu'il touchoit du bout de sa lance au Ciel, à Clearche qui porta en sa deuise la foudre, & appella vn de ses enfans le tonnerre, au ieune Denys qui se disoit fils de Phœbº & de Doris, & au venerable Salmonée, puis que ceux-ci de qui le nom n'est pas cogneu à deux lieuës de leur vilage, enfans de l'ignorance, osēt se mettre sur la presomption, & n'ont pas appris les pauures que, *A cader va qui troppo sale*.

C'est merueilles (Limne) de voir (cōme nous auons faict en nostre voyage) de ieunes gens qui ne sçauent pourquoy ils sont au monde, si mal nourris qu'ils ne pourroient rendre comte de leur nom auoir aussi bonne opinion de leur persōne autant de vanité & de gloire, que les plus suffisans du monde, faire aussi bône mine, que s'ils sçauoient tous les secrets de la bonne femme Egerie (car elle est vieille à c'est heure) appaiser les foudres, tirer Iupiter du Ciel, paures garçõs qui ressemblent à l'espi qui tient la teste haute, par ce qu'il est vuide de graï, aux vaisseaux qui retentissent, d'autant qu'il n'y a rien dedans, de ceux dont parle le diuin, quand il dit que, *Il maestro dalle ceremonie non sa tante pretarie intorno al Papa in capella quanti fanno atti col capo quando parlano ò ascoltano chi fauella*, bons grimasseurs.

Le iour d'apres nous allames disner au village de la dame Hinck ēde femme curieuse & d'esprit vif, laquelle ayans entēdu qu'il y auoit des estrãgers à l'hostellerie, des gens de l'autre môde, car quelques vns nous nõmoient ainsi, elle manda à nostre hoste qu'elle desiroit nous voir, & qu'il nous fit trouuer bon de l'aller visiter, à quoy nous ne voulusmes faillir soit par deuoir, soit par curiosité, car nous n'auions point enuisagé encore de femmes de qualité, nous y allasmes dõc auec la cõduitte de nostre Melits sans lequel nous ne pouuions entendre ne estre entēdus, Estant chez elle, & cõduits dãs

sa chambre, nous fusmes fort considerez
de toute la cõpagnie & apres nous auoir
reçeuz auec honneur elle nous fit force
questions de nostre païs, & de la situatiõ
d'iceluy, de nos coustumes & façon de
viure & ainsi continua iusqu'à ce qu'vne
Dame estrangere arriua, qu'on nous dit
ce me semble, estre de la terre Selieme à
l'abord de laquelle nous nous retirasmes
vers vne fenestre où estoyent quelques
gens à mine doctorale qui disputoyent
sur vn passage d'vn certain Cœlius Rho-
digius ainsi le nõmoyent il, & parce que
quand ils parloient leur langage ie n'en-
tendois rien, ains seulemẽt quelque mot
de Latin, ie ne peux bien comprendre le
fait, toutesfois il me sembla que leur question estoit si les cholosites ne sentoyent
pas aucunemẽt à la fleur de Harmon, &
pourquoy cela se faisoit (matiere Physi-
cale qui n'estoit de mõ gibier, c'est pourquoy ie ne m'y amusay pas) A peu de tẽps
de là elle nous fit raprocher & en sa pré-
sence il se meut tout plein d'autres disputes mesmes sur le sujet de l'amour, & parce, selon mõ aduis qu'elle se vouloit moquer de l'ignorance estrangere, elle me
dit se mettãt sur le bõ discours, Seigneur

Iaponnois ie voudrois bié sçauoir deux choses de vous, l'vne que c'est que cet amour dõt vous autres parlez, & l'autre s'il doit estre suiuy ou non: car quelques vns veulent persuader que c'est vn Dieu qui offence quand on le mesprise, que s'opposant à sa volonté il semble que ce soit repugner à la nature, que Venus fit venir furieuses les iumés de Glaucus fils de Sisyphe lesquelles le deschirerẽt à ceste occasion, que Callyrée & mille autres s'en sõt mal trouuez, à laquelle ie respõdis, Madame ie suis vn pauure estranger qui n'entẽs rien à ce que vous me dictes, mais elle repliqua, I'ay désja cognoissãce que vous n'estes pas ignorãt & puis c'est vne question qui se peut faire à gens de tout pays, aux brutes mesmes si elles auoient voix articulées pour respondre.

Puis dis-ie que vous me commandez de vous rẽdre conte de ma creãce sur ce subjet ie m'efforceray de vous representer ce que i'en pése bien que vostre presence soit capable d'alterer vn iugement bien sain & forcer la verité en ce subjet: Ie ne m'amuseray à vous representer les diuerses definitions que chacun a donné à ceste passion: parce que vous les tenez toutes sur le doigt, moins encores à vous discourir laquelle d'icelles ie iuge auoir plus d'apparēce d'autāt qu'il faudroit vn trop lōg-temps, seulement vous diray-ie que selon mon opinion l'amour est simplement vn desir & rien autre chose, lequel desir ie ne vo⁹ veux representer par des marques aussi expresses que celles de Baptiste chez Agricola, n'estant de la secte du portique pour ce regard, ains au cōtraire reprouuant les termes sales biē que significatifs: mais ie le vous designeray en ceste sorte, sçauoir que c'est celuy dont les semences sont en nous, & l'effet duquel le chef de la nature a rendu plaisant & agreable pour vne bōne & equitable fin, qui est qu'outre la volonté que nous deuons auoir à la continuation de l'espece, là delectation nous y portast, & parce qu'en ceste action vne aide estrangere & hors de nous est necessaire, c'est à la queste, & au choix de ceste aide où la fantasie iouë son ieu à bon escient, lequel choix estant fait la chose esleuë est celle que nous aimons & cherissons auec tāt de passion: Voyla comment ie tiens contre l'opiniō cōmune que l'amour est substance & non accident, qu'en iceluy parfait ils sont veritablemēt tous deux, mais que cestuy-cy ne peut estre principe de cestuy-là que seulement il l'irrite & eschauffe iusqu'à l'infini, or de ce qui fait que nous aymons & choisissons plustost vn subiet qu'vn autre, ie concede volontiers au Ciel, aux complexions, & à la cōuersatiō leur pouuoir, au dernier toutesfois plus qu'aux precedens: mais i'adiouste que par fois tel s'attache à quelqꝫ obiect, l'aime & le carresse, qui n'y est poussé d'aucune autre cause occulte ou apparēte que l'accés impetueux du desir dont i'ay parlé: & de là viennēt tant de bizarres affectionsqui se voyent desquelles on peut iustement dire que le Polype d'Agnes plait à Balbine: quāt à ceux qui ont moins d'amour rien n'altere leur iugement, ils font le triage tout à leur aise, & s'il aduiēt quelquefois qu'ores qu'ils soyenꝫ ainsi en bōne trampe & ayent tout loisir & liberté d'obter, ils ne tournent pas les yeux vers les plus beaux obiects, c'est par ce qu'en leur endroit les puissances de Physique ou d'Astrologie ont dequoy agir, & les attachent selon les vertus qui sont en elles, & de plus d'autant que la beauté se compose par vne conuenance mesurée de plusieurs bien-seáces concurrātes ensemble en mesme temps, il aduient que sur les diuerses opinions desdictes bienseances il se commet plusieurs erreurs au iugement d'icelle beauté.

Voyla quant à l'estre de l'amour en general, mais pour sçauoir s'il doit estre suiuy il y a biende l'affaire: Ie le vous ay dit q̃ ce desir que i'ay maintenu amour, auoit esté mis en nous à bōne fin, aussi est-il veritable, & celuy qui luy a logé est ceste premiere cause toute puissante, & toute iuste, de laquelle nous sommes l'ouurage, qui a voulu par sa sagesse infinie & pour mille sainctes consideratiōs, voire necessaires à nostre vie & repos qu'il fut circunscript, borné & reserré dans les limites du mariage, or cest amour là est fort legitime, mais tout ainsi que du boire & du manger necessaire à la vie nous nous laissons emporter iusques à l'iurongnerie & gourmandise, de l'œconomie à l'vsure, rauissement & larrecin, de la deuotion à la superstition & idolatrie, de mesme passans au delà ce legitime amour no⁹ nous allōs embourber dans le bastard que l'ō nōme paillardise & adultere, lequel cause, (& plus particulieremēt aux femmes) la perte de l'honneur, sans mettre en cõpte le déchoir de la santé & des biẽs qui sont des dépendances de ce vice, & que celle qui donne cet aduantage à quelqu'vn de la ruiner toutesfois & quátes il luy semblera bõ, peut dire qu'elle a perdu & l'asseurance & la liberté: tous ces incohueniens font qu'on dit communément que les amans ayant abandonné le port de la raison, accouplé les rames de leurs desirs, tiré les anchres de la honte, & fait voile dans les fleuues des delices n'y peuuent nauiger long-temps sans faire vn perilleux naufrage.

A chi in amor s'inuechia oltrogni pena:
Si conuengono i rèpi, è la catena.

Quant au deshõneur c'est vn nom que les anciẽs sages ont dõnés à la débauche des femmes de laquelle deriuoit comme encores, toute sorte de maux, afin qu'elles l'éuitassent, parce q̃ nous ne craignõs rien tãt que d'estre deshõnorez, comme au cõtraire ils ont nommé leur chasteté hõneur qui est la chose du mõde la plus desirée, & ont pris tel pied ses qualitez que celle est bien mal à qui ce vice est imputé.

L'alta belta ch' al mondo non a pare,
Noia te se non quanto il bel tesore:
Di castità pao che l'adorni e fregi.

Or de la cacher bien mal-aisé car quãd celle qui l'exerce pourroit vne chose impossible, sçauoir ne cõmettre iamais son secret à vn tiers de l'aide duquel on à la plus part du temps besoing, faire cesser tout soupçon, donner vn masque à son intention, oster du iour toute apparéce, & bref mettre ordre qu'il n'y eust que son fauorit au mõde qui y pensast, encores s'en sçauroit-il des nouuelles : parce que comme le sçauant veut que la sciéce soit cogneuë, le vaillant ses combats publiez, ainsi l'hõme d'amour que son bon heur soit apperçeu: la raison de cela estãt que la vaine gloire predomine toutes les autres affections de l'ame, & puis le bien n'est pas bien si quelqu'vn ne l'admire, l'ouurage n'est ioyeux & delectable à l'ouurier s'il n'est loué & estimé par autruy.

Ixion qui n'auoit embrassé qu'vne nuë
Disoit auoir iouy de Iunon toute nuë.

Ainsi les pauures ont beau donner leçon à leurs amis, leur enseigner le precepte,

Qui sapit in tacito gaudeat ille sinu.

Tout cela ne sert de rié la chose se sçait, & de plus le soleil suffit pour en faire la descouuerte & l'aller dire à Vulcan, le coq se peut endormir. Suit encores cest autre inconueniét que souuent elles deuiennent si esperduës d'amour que c'est pitié, ainsi l'esprouua vne gráde habille femme du Iapon quelques années auparauant mourir, ainsi Laïs quitta Corinthe pour suiure Hippoloche Thassalié, voyla Madame, ce que ie croy de l'amour & estime bien heureuses celles qui peuuent dire.

Que l'on n'espere pas en mon cœur faire bresche.
Car ie ne crains amour, ne son arc, ne sa flesche
I'esteint comme il me plaist son brandon furieux.
Les aisles ie luy coupe & débande les yeux.

Ceste femme ne fut pas cótente de mó discours, bien qu'elle en fit la mine, ny

Eraste aussi, lequel s'approcha d'elle & faisant les doux yeux luy dit que sa créace n'estoit pas semblable à la miēne: mais que i'estois le Momus du Iapon qui cēsuroit quelquefois les plus belles actiōs.

En ce mesme temps se leuerēt de leurs sieges vne troupe de ieunes Damoiselles pour dāser aux chansons, & comme elles nous coniurerent d'estre de la partie, ie pris la Dame Seliemite pour en estre aussi laquelle se mit à chanter d'vn air assez triste, & dire ces paroles qu'elle me donna depuis.

Malaisément ce qui fut variable,
Peut-il apres deuenir immuable:
Bien tard guerit vne grand maladie,
Il est aisé de tromper qui se fie.

Vn naturel qui le changement ayme
Aueugle au bien souuent se hait soy-mesme,
Et ne peut pas regler sa fantasie
Il est aisé de tromper qui se fie.

Foibles esprits vous estes miserables,
Vous vous forgez des maux innumerables:
Si vous suiuez le train de vostre enuie,
Il est aisé de tromper qui se fie.

Quel doux espoir qui mene aux noires om-
bres,
Et quels desirs pleins de piteux encôbres:
Sergens de mort & borreaux de la vie,
Il est aisé de tromper qui se fie,

Le remede est lors qu'on sent le mal nai-
stre:
De supplier deuottement le maistre
Vouloir oster de nous ceste manie,
Qui nous incite à tromper qui se fie.

Il estoit aisé de recongnoistre à la côte-
nance de ceste femme qu'elle auoit le
cœur marry, tellement que la danse finie
ie dy à Melits qu'il luy demandast de ma
part pourquoy elle estoit triste, & que
parauanture ie luy donnerois quelque
bon aduis, à quoy au lieu de luy respondre elle tourna les yeux vers moy & me
dit les paroles de Ludouico.

Che dolce piu, che piu giocondo stato,
Saria, di quel, d'vn amoroso core:
Che viuer piu felice, & piu beato,
Ce itrouarsi in seruitu d'amore,
Se non fosse ciascuno stimulato:
Da quel sospetto rio, da quel timore,

Da quel martir, da quella frenesia,
Da quella rabia detta gelazia,

Bien aise de ce qu'elle entendoit l'Italié pour discourir de la cause de sa douleur comme nous-nous mettions en train on porta le couuert pour le soupper de la Dame du lieu : de sorte qu'il fallut prendre conge dont ie fus tres-marry, car sa conuersation estoit agreable.

Nous nous retirasmes en nostre hostelerie, & parce que Melits reçeut ce soir-là vne lettre de sa maisó par laquelle on luy mãdoit qu'il estoit necessaire pour ses affaires qu'il allast en la cité de Canuphah, il nous fit quitter le chemin de la terre Selieme & nous mena en ce voyage, qui fut vne grãde couruee, car il y auoit pour huit ou neuf iournées de chemin : bien matin donc nous fumes à cheual pour passer ceste carriere & ayant trauersé païs vne semaine entiere nous-nous approchasmes de la ville le lendemain, à vn quart de lieuë de laquelle entre les choses rares qui sõt és enuirons, nous en vismes vne fort remarquable sçauoir vne garéne d'escargos lesquels auoient tout ainsi que les mouches à miel vn Roy plus gros que les autres

tres qui leur commandoit & portoit la mine d'vn escargot d'Esclauonie, mais cōme le Roy des Abeilles n'a point d'esguillon ainsi celuy des escargots n'auoit point de cornes: nous en voyons de plusieurs couleurs entre lesquels nꝰ remarquasmes que les blancs sēblables à ceux de Riety estoient presque tous femelles & auoient māque d'enbonpoint. Estōné de ceste nouueauté ie demādois à Melits si nous estiōs loing du territoire de Tarquinin où i'auois adpris que Fuluiꝰ Hirpinus auoit jadis dressé vne pareille escargotiere, mais il me dit que la distance estoit de plus de trois cens lieuës.

Entrās dans le faux bourg, nous trouuasmes vn homme à grosse mine qui auoit le viaire sēblable aux Tons du Bosphere de Thrace, & cōme ie m'ēquis audit Melitz quel homme c'estoit, il me dit à l'oreille *Triobolus non vates*, qui fut cause entendant ce qui vouloit dire que ie ne l'allay point salüer: ce que quelques vns trouuerent estrange, mais ie leur dy mes beaux enfans ie suis de ceux qui hōnorent les choses à cause de ce qui est en elles, ie croy que ce qui en est hors ne peut rien adiouter à leur pris, ie regarde

F

le dedans de l'homme & non l'habillement à l'imitatiõ de l'arbitre du Renard & du Leopard qui iugea lequel auoit pl⁹ de tauelures par la subtilité, & non par la peau, ie l'estime nõ pour ses beaux Palais, ses meubles & ses biens, ains pour sa suffisance & pieté qui sõt au dedãs. Agesilaüs disoit que le Roy de Perse n'estoit pas plus grãd que luy s'il n'estoit plus iuste, & souuẽt les richesses sont sẽblables à la robbe de Nessus elles rẽdent insensez, ceux qu'elles couurent, ainsi ie n'ay point d'esgard aux superficies.

Comme nous fusmes dãs la ville plusieurs personnes nous visiterẽt, car chacũ nous vouloit enuisager, & nous trouuasmes à force festins, Vint mesme vn iour vers nous vn hõme ayãt la mine sacerdotale qui no⁹ dit qu'il estoit de la part du Muphty: lequel no⁹ prioit d'aller disner auec luy, dont ie fus fort estonné, car cela estoit biẽ estrãge en ce lieu là d'oüir parler de ce nõ, & cõme ie luy demandois si le peuple de la ville n'estoit pas chrestien, il me respondit qu'ouy en apparence mais qu'en effect il y auoit plusieurs Mussulmans, ce qu'il nous disoit en secret sans qu'il fut besoing de le reueler, & que nous fit ceste decouuerte croyãt qu'estant Orientaux nous fussiõs de ces gens là: tant y a que n'ayant qu'à passer nostre têps, & d'ailleurs bons voysins de Miconie, nous allasmes auecque luy & rêcontrasmes iceluy Muphty bien accompagné dans sa salle, ou quelque heure deuant le disner fut employée en discours, eux à s'enquerir, & nous à respõdre, mais de nous tous nul ne receuoit tant de plaisir du discours, & de la communication que Rophé, car il y auoit en ceste troupe plusieurs Espagnols.

Au disner nous fismes fort bonne chere parce que tout y estoit gras, & viures, & parolles: nos oreilles aussi grassemêt repeües que nos estomachs: La nappe leuée Muphty qui s'estoit eschauffe à repaistre trouua bõ de s'aller rafraichir dãs vn cabinet: Mais voici merueilles, Nostre petit chozez que persõne ne s'amusoit à étretenir, fretillant cõme vn homme de son mestier, prist garde où iceluy Muphty entreroit, & de loing se mit sur ses pas, s'en alla dãs vn recoin obscur qui ioignoit audit cabinet & par vne commissure regardoit ce qui se faisoit là dedans, vit que ce bõ Seigneur ayant laissé sa robe & sou-

F ij

stane auoit par le dessus vne ceinture de cuir de leuāt, large & sur laquelle estoiēt escripts les petits vers Latins.

Cordi alij Sophian, alij tribuêre cerebro,
Inferiora modus nec ratio vlla tenet,

Attentif à considerer que cela vouloit dire la cameraire dudit Muphty se mit à denoüer de gros cordōs attachez à ladite ceinture, & luy osta des moules de iābes & pieds humains, de sorte que demeurāt nud de ladite ceīture en bas il descouurit que c'estoit vn Satire, non toutesfois Ægipane, ne fait comme celuy qui parla à sainct Anthoine, car il n'auoit point de cornes: mais vray & parfait Satyre, autrement, semblable à ceux que Euphemus rencontra, ou qui se trouent ēn la cōtrée des Cartadules : Ce compagnon fait cōme celuy que Midas attrapa l'ayant faict boire, sou comme vn galand se couche, s'endort, repose son citre, & iceluy dormāt ledit Ghozez peu de temps apres vit entrer dans ledit cabinet vne personne ayāt le visage fœminin, & la contenance Lydienne, ce n'estoit pas Echo ne Pitys, car ceste cy estoit vestue cōme les pieds de Coquinchine, moins d'apparāce y auoit-il que ce fut quelque nouuelle Posthumia qui vint entendre la sentence de Spurius Minutius, il estoit bien questiõ d'autre chose, tãt y a que sans mener bruit elle s'alla reposer sur vn lict de camp? Le compaignon vouloit bien attẽdre la fin de l'œuure, mais il entẽdit des gens venir par vne galerie qui luy feirent quitter son embuscade & retourner à nous qui demeurasmes longuement dans ladite sale auecques ce peuple presque toꝰ Satires ou Sileines à mon aduis: En fin & sur le vespre nostre hõme reuint, duquel nous prismes congé parce que Melitz auoit affaire, & fismes nostre retraicte au logis dõt ne noꝰ partimes de tout le iour.

Le lẽdemain allans à la promenade noꝰ trouuasmes quãtité de fẽmes vestues autrement que le commũ, & toutesfois cõme la personne que Ghozez auoit veuë chez le Muphty, la premiere desquelles marchoit à pas mesurés & d'vne contenãce graue, auoient presque toutes des paniers d'ozier dans le bras, que les bonnes gens du temps passé ont nõmé Canistres, & m'enquerãt de leur nõ on me dit que la principalle d'ẽtre elles se nommoit Patieren, toutes les autres Ieterenes ou Melierenes, or ainsi que nous marchions vne

E iiij

bourrafque de vent furuint, vn tourbillõ se renferma au lieu où nous eſtions, en telle sorte qu'il emporta la coiffure de trois ou quatre lesquelles nous viſmes eſtre ras tondus, ce que trouuans bien eſtrãge meſme au sexe fœminin qui a accouſtumé de nourrir sa cheueulure, nous raiſonnames fort là deſſus, & euſſions volõtiers creu s'il n'y en euſt eu qu'vne, que c'euſt eſté par ordõnance des medecins, mais elles n'auoient pas la mine d'eſtre malades. En fin chacun ayant dit son aduis nous conſentiſmes tous à celuy de Melits: auſſi ſçauoit-il mieux les couſtumes du païs que nous, son opiniõ fut q̃ pour oſter la vanité & le courage à ces fẽmes on les tondoit tout ainſi que les anciẽs grecs couppoiẽt le crain de leurs iuments & les menoient boire à quelque lac ou ruiſſeau afin que s'eſtant veuës laides & diformes elle perdiſſẽt le cœur & ſe laiſſaſſent plus aiſement couurir aux aſnes, gentil Melitz plus noble que Codrus: qui toutesfois n'entendoit d'offenſer perſonne.

Durant noſtre ſejour nous ne fuſmes point deſpourueuz de muſique: mais de gens inſolens qui ne chantoient pas de bouche iuste, comme és premiers siecles il estoit enioint aux ioüeurs de Cythre, aussi estoient-ils payez à la Dionysine, nous leur donnions autant de plaisir en esperãt qu'eux à nous en chantãt, chacũ n'emportoit rien de son compagnon.

Quãd à moy ie serois volontiers de l'opiniõ d'Euripide qui dit chez Plutarque q̃ c'est mal fait d'auoir des instrumens & de la Musique és festins & autres lieux où on n'est que trop en liesse, que cela nous emporte dans l'insolence, desbauche, & volupté, & faudroit plustost en vser en dueil pour nous resiouyr.

Deslogeant dudit Canuphah, nous reprismes nr̃e chemin vers la terre de Selieme & veniõs à grãd iournées, toutesfois quelques rencontres que nov̄ fismes nous amuserẽt vn peu, & entre les autres fut celle-cy, nous trouuasmes en trauersãs païs, vn certain Theatre pour des Dames fort bien accommodé, couuert, tapissé, entourné de barrieres, il n'y manquoit riẽ, & vne fort belle carriere preparée pour la course des cheualiers. En mesme temps vismes sortir d'vn parc. vn carosse plein de fẽmes fort parées, autour duquel y auoit quãtité de noblesse à che-

F iiij

ual par laquelle lesdites Dames furét códuites audit theatre où entra la premiere, la pl° belle & mieux parée de la troupe, qui auoit à la ceinture vn miroüer couuert d'ũ amathiste enrichi de Diamás de Rubis, & grosses perles & au milieu d'iceluy amathiste y auoit escrit en lettres faites de brillás, *Non smaragdus*, Elles n'eurét pas toutes ensẽble pris place qu'il arriua deux parties de caualiers pour courre de quatre à chasque partie. Les premiers estoiét vestus de blãc les caparassons blancs aussi, fors quelque broderie violete fort delicate, leurs lãces belles & toutes couuertes de la dixiesme lettre de l'Alphabet, 4. page Nimphes qui leur seruoiét d'Escuyers vestyes de mesme: Les autres q̃ venoiét derriere auoiét leurs habillemés tanez parsemez d'escharbots, leurs lãces couuerte de la seiziesme lettre, & quatre qui marchoiét à leur teste & portoiét lesdites lances; tout cela en bõ ordre: mais il arriua deux disputes la premiere que les Escharbots de qu'il failloit courre la bague plustost q̃ les Dames, cela fut cõtrouersé vn peu: La secõde biẽ pl° grãde, car les blãcs premiers arriuez auoient fait planter la po-

tāce, au lieu le pl⁹ à propos & vers le bout
de la carriere qui regardoit le soleil leuāt
ce que les autres ne trouuoyēt bon, opi-
niastroiēt qu'il la failloit remuer au costé
opposite qu'ils auoient tousiours accoustumé de courre de ce biais & ne vouloiēt
point changer de forme: Ils entrerēt en
grand côtraste & presq prests à se battre:
neantmoins bien que les blancs eussent
gain de cause par le iugemēt des Dames
les autres ne vouluręt point obeïr à leur
ordōnāce aimerent mieux quitter tout,
& laissans la place ausdits blancs allerent
courre seuls auec leurs escuyers en quelque autre lieu, dont lesdites Dames furēt
en si grande cholere qu'elles inuoquerēt
les ombres de Cratenas & Pythola⁹ pour
leur en faire raison. Zephire auecques la
dis que pour chastier les suiuās: mais parce que le temps nous manquoit no⁹ n'en
peusmes voir d'auātage & passame, outre

A deux iournées de là, no⁹ trouuasmes
vne belle Fontaine au deuant d'vn Chasteau, autour de laquelle y auoit escrit,
Olim, Accidalus, nunc Aganippe, & le lē-
demain parce que Melitz auoit failli le
chemin, nous prismes vn guide qui pour
no⁹ côduire à vne ville où il no⁹ dit que le

F v

couché seroit bon, nous fit prédre vne trauerse hors du grād chemin en laquelle nous trouuasmes vn parc bien renfermé iustement fait comme celuy de Cinoserges à Athenes, & ainsi nous voyons tousiours quelque chose rare.

Sur les cinq heures du soir nous arriuasmes à ladite ville, à l'entrée de laquelle nous fimes rencontre d'vn certain petit bon hōme Monocule à mine melācholique, assez pasle sa veüe fixe tenant à la main droite vn baston crochu ayant au pouce de la gauche vne Helitrope & au doigt ānulaire vne Synochite: d'aussi loin que Rophé le vit en ceste equipage, il noº dit Mes amis voycy Mitrebarsan le ieune s'il y a quelqu'vn de vous autres qui aye enuie d'aller aux enfers, celluy-cy nous y menera, voilà vn ioly petit Magiciē qui en aura affaire, & nous en enquerant à l'hostellerie on nous dit qu'il estoit vray que force malauisez luy demādoient des nouuelles du succez de leur vie, ce que ie creu beaucoup plustost que si on m'eust voulu persuader qu'il conuersoit auecques les gēns de biē, lesquels ont la vraie Antipates qui deffait tous charmes & sorceleries, sçauoir fiance en Dieu.

A dire vray, Limne, l'hôme creature de ce grâd ouurier est biē miserable de se mefier de luy, & ne se reposer pas en sa bôté qui fait tout pour le mieux, tout pour sa gloire, & le salut de ceux qui le seruent, veut pauure chetif avoir part en ses côseils, en ses determinatiôs pour y apporter quelque chose du sien. Il a fait ceste grace à ce ma. ɔtru de luy celer les choses futures parce que le mal luy seroit tousiours present, & le bien preueu de long têps ne luy apporteroit aucune delectatiô; ce neâtmoins au lieu de recognoistre ceste faueur il court le côtre pied, cerche la Charadre d'Oenoé : Mon amy, ce que disent ces petits Diables est vray ou faux, s'il est vray il auiêdra & vaut mieux l'ignorer que le sçauoir, l'apprehêsion est plus à craindre que le mal: s'il n'est pas vray la sciêce est fausse il ne s'en faut pas enquerir (Ces malheureux veulent donner des precautiôs à autruy & n'en ont pas pour eux-mesmes, ils mentent tousiours, si ce n'est que Dieu vueille par fois dôner efficace d'erreur à leur langage pour la côdemnation de ceux qui s'adressent à eux ainsi q̃ jadis aux oracles diaboliques, & leur peut-on biē dire comme Menipe à

F vj

Tiresias vous ne pronõçates iamais rien de veritable: ce petit ridé ne sera de lõg têps si bon maistre que la sorciere Ericho qui auoit asseuré Pompée qu'il gaigneroit la bataille de Pharsale, que les deuins d'Ariouistus, que les sorciers du Roy de Suede vaincu contre leur Prophetie par celuy de Dãnemarch, qu'Apolõ qui ne deuina pas qu'il tueroit son amoureux auec vne pierre, & q̃ Daphné le fuiroit encores qui fut si beau, ces sots ne prenoyent pas seulement les feux, les gehennes, & les supplices, qui les atẽdent & de fresche memoire ce maistre Diable les Heraux mourut d'vne façõ à laquelle il n'auoit iamais pensé: mais si nostre hõme vouloit faire parler de luy & auerer sa sciẽce vraye, il imiteroit Atti° Nauius auquel Tarquin ayant demandé si ce qu'il pensoit se feroit ou non, & luy ayant respondu qu'il se feroit, Tarquin luy dit que sa pensée estoit qu'iceluy Nauiº seroit escorché vif auec vn razoüer, à quoy pour montrer qu'il estoit maistre & bien entendu, il s'escorcha luy-mesme en la presence dudict Tarquin, ce seroit vn trait d'homme de courage s'il faisoit ainsi. Les gens de telle farine veulent couurir le plus souuent leur impieté par l'Astrologie, mais il est bien ignorant celuy qui ne considere que par l'horoscope on peut iuger quelque chose de l'humeur & disposition naturelle du corps, des choses accidentelles nullement, par ce que les astres n'operent rien en cela: d'autresfois ils disent que la magie naturelle, n'est que la pratique de la Physique, que leurs effects viénent de la force des plâtes, des animaux, des pierres, des mineraux, & des corps celestes, & neantmoins en ceste pretenduë magie blanche, ils viennent tousiours aux figures, aux characteres, aux paroles qu'autre que le Diable n'entend point aux inuocations des Demons, & le tout contre la pure volonté de Dieu se voulans seruir des choses licites, pour donner pretexte aux illicites viennent tousiours là, que pour-neát vse des choses naturelles qui n'aura inuoqué Satan: & pour preuue de cela qui penseroient-ils estre si idiot d'adiouster foy à plusieurs sortes de deuiner, qu'ils mettent en pratique du tout maifes & sans raison, s'il n'y auoit quelque chose de caché.

Quel fondement peut auoir la Chiromantie, puis que selon les outils qu'on a accoustumé de manier, les lignes se formét à la main q̃ qui en trauaille tous les iours l'a siuſée qu'il n'en a presque point, qui a la peau delicate en a dauátage, qui la plus grosse & rude en a moins? Quel la Geomátie & Tephramantie, faire des points par hazard & sans y penser, sur de la terre ou sur de la cendre, & vouloit tirer de là quelque certitude? Quel la Brotonomantie & Sycomantie, ietter la nuict des fueilles au vent, & faire iugemét de quelque chose, selon ce qu'elles se rencontrent? Ainsi l'Onomantie & Aritmantie fondée sur des nombres, encores les lettres numerales n'estant de la valeur du commun vsage: tout autant l'Alectryomátie, bien qu'elle aye seruy autresfois miraculeusement à punir les meschans, car Iamblique ce grád Magicien voulát sçauoir par icelle, qui seroit Empereur apres Valens, le Coq ayant marqué quelques lettres, l'Empereur en fut aduerti qui fit mourir plus de cét sorciers, & ledict Iamblique s'empoisonna luy-mesmes, estát à desirer que toutes operassent aussi bien, L'Orneomantie par le mouuemēt des oyseaux, La Daphnomantie par le laurier, & l'Astragalomantie, par les dés & les osselets: Ainsi il faut qu'il y ayt du Diable par la dessouz, tout ainsi qu'il paroist à descouuert en la Negromancie, Lithomancie, Necyomātie, Sciomanie, Leccanomantie, Catoptromantie, Cephalonomantie, capnomantie, Xylomantie, Gastronomantie, Onimantie, Axinomantie, Hydomantie, Aeromantie, & Pyromantie : encor malaisément peuuent ces malheureux, les mettre en vsage en la presence d'vn hōme de bien : tesmoing le Medecin de Thoulouse ès Gaules grand sorcier, qui par la Rabdomātie, ne peut faire baisser deux verges, disant que ceux qui estoiēt presens, n'auoient point de foy, & le plus souuēt ils se trouuent si mal de leur science, ils sont si tourmentez qu'il faut qu'ils quittent tout, comme le Citoyen de Nuremberg, qui vsant de la Cristallomantie, fut tant & si souuent battu du Diable, qu'il rompit sa bague: ainsi par ce mesme esprit malin fut emporté bien loing Pomport en la region des Pictes, ainsi auec sa Doctiliomantie fut Meron Chancelier de Milan depossedé de son

eſtat: Que les pauures femmes qui ont penſé lier leurs amans par telles ſorcelleries, & mis en vſage ce meſchant vers.
Flecter e ſi nequeo ſuperos Acherōta mouebo
Ne s'y abuſent plus.
Fallitur Æmonias ſiquis decurrit ad artes
Dátque quod à teneri frōte reuellit equi.
Iupiter chez Homere ſe courrouce à Iunon, d'en auoir ainſi vſé.

Par la loy de Dieu, tous ceux qui ſe meſlent de ceſte marchandiſe, doiuent eſtre exterminez, & ceux qui s'adreſſét à eux traittez comme Baſianus, qui fut puny par confiſcation de tous ſes biens, pour s'eſtre ſeulemét enquis à vn diſeur de bonne fortune, ſi la femme eſtoit enceinte d'vn fils ou d'vne fille.

Or, mon Limne, ie l'aiſſe la noſtre borgne chaſſieux, pour te dire que de ladicte ville en hors, nous allames par l'aduis de Melitz loger en vn certain vilage, où eſtát & cōme nous euſmes diſné, le Seigneur du lieu nommé Leon nous enuoya prier de le voir, mais comme nous tardions trop, il vint luy-meſme en l'hoſtellerie, nous fit tout plein de careſſe, & tira promeſſe de nous, que nous coucherions en ſa maiſō, en laquelle il ſe retira pour faire quelques defpeches auec affeurãce que deux heures apres nº l'irions trouuer defquelles courtoifies toute noftre troupe demeura fort fatisfaicte, d'autãt que nº n'en auions point encores reçeu de femblables, & comme nous en difcourions, Opadin me difoit.

Iacophile le nom de ce Gentilhomme, me remet en memoire Leon Bizantin duquel i'ay l'image & vous diray comment: Il y a enuirõ fix ans que i'allay du Iapon à Zeilan, & ayant trouué là quelques vaiffeaux de la mer rouge, qui eftoient venus querir de la canelle, ie me mis auec eux & vinfmes à Mugora qui eft de l'Arabie, où eftãt i'eu éuie d'aller par Mer iufqu'à Mucar, pour de là en hors m'acheminer par terre à la Meche, & vifiter le mont de Caph, lieu pretendu du Sacrifice d'Abraham, par le bon Prophete Muhamed, & de là en hors me rẽdre à Medinetalnebi, ou pour mieux dire Medinat, al Nabi qui fignifie la Cité du Prophete, afin de voir fa fepulture, ayãt mefme opiniõ, fi i'euffe peu trauerfer les deferts d'Ayama, d'aller voir Bagda la plus ancienne ville du monde, & vifiter ce beau païs, arroufé de l'Euphrate &

du Tigre, où le premier homme fut creé mais vn certain marchand d'Alcaire que ie trouuay à mugora me descouragea, me proposant mille incommoditez, & me persuadāt si ie vouloisvoir quelque chose de beau, de voyager à Stabol, où estoit la Cour de leur Empereur, auec offre si i'en voulois faire les frais de m'y cōduire, & me ramener audict lieu de Mugora ce que i'acceptay, de sorte que nous nauigeasmes dans la mer de Mecca iusqu'à Pozi, à vingt lieuës plus bas que Fara ou enuiron, mais de l'autre costé de la mer, lequel Fara est fort prés de l'édroit où les Israëlites passerent: audict Pozi nº mismes pied à terre, & allasmes au grād Caire la cité d'Ogdoüs, où mon conducteur me garda trois sepmaines, lesquelles expirées nous nous acheminasmes en Alexandrie, apres toutesfois auoir visité les entours dudict Caire, & veu ce qui reste des piramides & du Sphynx de Bousiri, comme aussi de l'ancië Labyrinthe, faict par Petescus & ses successeurs, qui est à quelques iournées de là.

Estans en Alexandrie, nous vismes aussi l'Isle de Pharo, dans laquelle Ptoloméephiladelphe fit bastir ceste belle tour de marbre, qui cousta quatre cēs quatre vingts mille escus, dont Sostrate fut l'Architecte, de laquelle tous les signals qui sont auiourd'huy cōstruits en mer, pour la conseruation des vaisseaux, portēt encores le nom de Phare: & apres quelques iours de seiour nous nous embarquames, & singlames droit vers l'Archipelago, dās lequel estāt entrez, & laissant Negrepōt & Sciro tout à la gauche, nous passames à Sio, qui a mieux conserué ses marbres q̄ sa chasteté, de là en hors costoyant Metelin, nous nous rendimes à Stalimene où nous fismes descente, & achetames prouisiō de terre sigellee, sur le lieu mesme où elle se prend, lieu auquel jadis le pauure Vulcan, fut precipité par sa mere & receu par Eurymone, lieu voisin de Hephestias où par vengeance il forgea les pantoufles d'aimant à sadite mere qui tant la mirent en peine, où il faisoit les foudres que l'Aigle de Iupiter luy portoit contremont dans les nues.

De là nous allames faire eau à l'embroucheure de Simeores jadis Scamādre iustement à l'endroit où le desloyal Cimon, rauit le pucelage de la pauure Callirhoë, Scamandre que nous trouuames plus vigoureux que lors que Vulcan le tormenta tant au siege d'Ilium, duquel Ilium nous vismes l'aciēne assiete maintenant assez esloignée de la mer, d'autāt qu'il s'y est faict croissance de terre, nous transportames au sepulchre de Protesilaus vismes ses arbres morts tout à faict, sans esperance de reietter & recroistre plus, de là nous entrames dans le Dardanelle, qui fut le destroit d'Helespont, passames entre Seste & Anico jadis Abide laissames à la main droite, l'endroit où fut la Cité du maistre Iardinier successeur en ceste charge de sa mere, comme l'a dit vn bon compagnon.

A la madre d'Amor Venere bella
La tutella de gli horti il mundo diede,
E non senza cagion si come quella
Onde in principio d'ogni ben procede,
Ma poi che quest'a Dia gia noua stella
Se ne portò nel ciel sua ricca sede
Perche non fosse in cio da ladri offesa
Lascio de gli horti al filio la diffesa.

Perçames la mer Marmora jadis Propontis de bout à autre, & estant entrez dans l'ancian Bosphore de Thrace, arriuames audit Stambol.

C'est de là (Iacophile) que ie portay plusieurs antiques, & entre autres celle dudict Byzantin, duquel tãt de gẽs la ont faict de si bon cõptes, que cela me l'a faict estimer dauantage, & d'autant que les discours de nostre Leon ont quelque choses de sẽblable, ils m'ont faict souuenir de ce disciple de Platon, qui toutefois ne fut pas si bon Philosophe en sa mort, qu'excellent Sophiste & de bonne compagnie en sa vie.

Le Discours d'Opadin finy, nous allames au Chasteau dudit Leon, où arriuãs nous trouuames ces Vers escrits sur la grand porte.

Quo te cumque die nil sancti egisse videbis
Hunc tibi vel penitus deperisse puta.

A l'entrée de la sale estoit peint vn Hippopotame & vne espée nue ayãt la pointe en bas qui le perçoit d'outre en outre, sur les gardes de laquelle y auoit vne Cigogne viuãte & au dessus ne sa teste estoit escrit Ἀντιπελάργειν, nous trouuasmes iceluy Leon, duquel nous fumes si bien receuz & caraſſes ce iour là, & les ſuyuās qu'il ne ſe peut dire, il nous adomeſtique en ſa maiſon, comme ſi nous euſſions eſté ſes freres, & nous obligea d'eſlire chez luy noſtre domicille, d'y faire noſtre retraitte, tout autāt que nous demeureriõs en ce païs là, tellement que c'eſtoit noſtre propre maiſon où nous ne dependions rien, y eſtions auſſi aſymboles, auſſi francs d'eſcot que ſes enfans: Ledict Leon auoit faict mettre ſur l'huis de ſa chambre vne plaiſante peinture, dont il rendoit bon compte toutesfois, c'eſtoit vne Braye autour de laquelle y auoit eſcrit, *Iuris non iniuriæ*, tellemēt que c'eſtoit *bragueta iuris*, & ſur le cabinet de ſa femme eſtoit vne Lucine de la bouche de laquelle ſortoient ces vers.

Vulnus Achillæ, quæ quōdam fecerat hoſti
Vulneris auxilium peliaſ haſta tulit.

Ainſi en pluſieurs lieux de ſa maiſon il y auoit de telles choſes, nous apprenions tout plein en ſa connerſation, car tantoſt il nous diſcouroit de l'eſtre du grād Roy & de ſes vertus, tantoſt des loix & police du Royaume, quelquefois il nous prestoit des liures, souuent nous proposiōs des questiōs & en discourions, nous faisions aussi des exercices de chasse & de bague, si l'occasiō se presentoit de quelque bonne compagnie où il y eust des gens de vertu nous nous y trouuiōs, tellement que nous passions fort bien le temps, & mesme Opadin, car il fit vne maistresse à dix ou douze lieuës de là, par rencontre il receuoit des lettres de quelques Dames, qui auoient l'esprit beau, lesquelles il nous faisoit voir ensemble ses responses, dont ie t'en enuoye vne seule pour te faire cognoistre le stile du pays.

Madame Meletine tres-suffisante, qui met bié par escrit, discourt en bons termes, abōde en memoire & en iugemēt, sçait toutes les reigles de la bié-seāce, est tres-docte en l'œconomie, faisoit faire quelques tétes de tapisserie sur du reseul où estoit l'image des plus excellentes fēmes qui eussét esté és siecles passez, auoit pris dudit Leon, le nō de quelques vnes, & desiroit sçauoir de luy quelles actions elles auoient produit en leur temps, sur quoy il luy escriuit celle qui suit.

MADAME, si toutes les femmes pouuoient côme vous (mieux que Tucye & sans charme) porter le crible plein d'eau, Vous n'auriez le soing de mettre l'image de plusieurs chastes Matrones dans vos ouurages, ne moy subiect de vous prier m'enuoyer le nom de celles, dont l'histoire ne vous est assez cogneuë, pour vous en esclaircir comme ie vous l'ay promis, mais la quantité de suburranes qu'il y a au mode, vous donne cest agreable exercice. Ie vous conseille de loger auecques elles la Princesse Ieanne imitatrice de ceste grande Valerie, femme du Consul Romain Seruius, ceste honorable vefue qui a eu tousiours en memoire les paroles du Poete.

E qual se lassa del suo honor priuare
Ne donna è piu, ne viua, è se qual pria
Appar in vista, è tal vita aspra è ria
Via piu che motte è di piu pene amare.

A vous, Madame, i'apprens dignemēt la cigue, les tourtourelles, les ramiers, & les lis, C'est.

Vostre tres-humble seruiteur, LEON.

Voylà comment ils escriuent, mais les bons maistres font mieux.

Or à fin de n'obmette rien, ie te diray que nous allasmes visiter la ville de Betah, toutesfois nous ne passasmes le droit chemin

chemin ains fiſmes vn grand circuit, & trauerſant païs rencontraſmes vne grãde troupe de gens entre leſquels ie vis vn homme qui eſtoit armé d'vne cuiraſſe, au derriere de laquelle y auoit eſcript en lettres faites auecques le burin, *Theaginis Hecateum*, tu pourras deuiner que cela ſignifie, nous demandames fort ſõ nom à Melite lequel il ne vouluſt dire, bié noº monſtra-il au doigt l'animal repreſenté par ſa nouuelle Sapho, que nous auions enuie de voir de pres mais il eſtoit ſi hideux & puant qu'il n'y eut moyen d'en approcher.

Paſſant plus outre nous trouuaſmes mille beſtes ſauuages, & entre autres l'aſne des Cumains qui trauerſoit païs, accõpagné d'vn Tragelaphe, allames de là en ladite ville, ſur le portail de laquelle y auoit engrauez en pierres les meſmes paroles qui eſtoient iadis eſcriptes en lettre d'Or au Temple d'Apollo ſçauoir, qui reſpõd paye, remarquaſmes que le peuple y adoroit beaucoup plus Camis que Fores & auoit ordinairemét à la bouche les vers d'Heſiode ſur le preſt.

En riant meſme auec ton propre frere.
D'y adiuſter des teſmins ne differe

G

Ont tousiours en memoire ceux d'Homere

C'est bien cas souuent calamiteux,
Que de pleger les hommes souffreteux.

Ate (me disoit l'vn d'eux) fut par Iupiter iettée du Ciel pour autāt qu'elle s'estoit trouuée presente à la caution qu'il auoit faicte de la naissāce de Hercules où il auoit esté trompé: Perseus prestant de l'argent à vn sien familier le fit obliger estroitement, & comme l'autre luy dit, comment Perseus ainsi iuridiquement, Ouy dit il afin que ie le retire de toy amiablement. En toutes les actions de ces gens nous y trouuasmes beaucoup d'auarice, & pour preuue de cela il y auoit entre-eux deux hommes des plus esleuez du troupeau l'vn desquels portoit pour deuise la pierre Amphytane, & les paroles *Quouis modo*, l'autre le serpent Dipsas auec le pentametre.

Quò plus sunt potæ plus sitiuntur aquæ

Il nous montrerent mesme vn homme de qualité lequel portoit dans son Ecussō vn Brodequin & au dessous *Vtroque* pour le desir de s'accōmoder disoiēt-ils, pour auoir du bien, tellement que quelques vns d'entre les Nobles ne sont pas exempts de ceste tache, desireroient du bon du cœur la Sisacthie de Salomon, & feroiēt volōtiers comme Phaulius pour augmenter leurs dignitez.

A bon escient, Limne, le Phœnicien Cadmus qui trouua le premier les mines d'or & le moyen de l'affiner & fondre aupres du mont Pangæus a bien donné de l'exercice à ces gens-là & à plusieurs autres qui disent auec Pindare.

Mais l'Or comme le feu qui luit,
Estincelant se voit de nuict :
Par sus toute autre chose beau,
Et par sus toute autre richesse,
Qui d'honneur nous donne largesse.

Ie croy qu'ils deuroient faire mettre à l'entrée de leurs maisōs des maledictiōs à l'encōtre de luy comme firent les Thebains au Roy Mimis sur la colōne quarrée, toutesfois quād il n'y auroit pas d'or l'auarice ne lairroit pas d'estre aussi grāde qu'elle est, de la philocrise on viendroit à la philargirie & de là en hors à tout ce qui peut enrichir, au sel cōme à Cain-du, au fer, comme en Angote, au papier cōme à Quinzay, aux coquilles comme en Tombotu, voire iusques aux testes des morts comme en Batech., & s'il n'y eust point eu d'Or Iupiter n'eust pas laissé de corrōpre les gardes d'Acrise par quelque autre chose qui eust tenu sa place. C'est pourquoy les loix de Licurgus qui abolit l'Or & l'argent, & permit seulement la mōnoye de fer seroient assez inutiles & incommodes, aussi peu seruiroit la façō de faire des Carmanes qui engouffroiét en terre ou en l'eau tous leurs mineraux. Quāt à cestuy-cy, il est en telle estime en la plus part de la terre habitable, qu'ō est reduit auiourd'huy à ce que dit le diuin: *E piu trionfo l'essere vn mezzoscrigno di ducati che vn huomo pieno di vertu tosto che si veggono i contanti, si dice che gli mi potriano far felice, que gli mi caueriano distenti, & que gli mi porrebbono in paradiso, ma nelo scorger si d'vno ingegno excellente ne sapre la bocca.* Et n'est pas le mōde de ce téps, de l'aduis du bō hōme Carō chez le cōpere Samosatois, car il dit que c'est vne grande sottise des mortels de cherir de si grand amour vne chose si pasle & si pesante.

Il est vray, frere, que qui mettroit en quatre parties égales to⁹ les maux qui se font au mōde on trouueroit que ce vice cause les trois pour le moins, vice qui se doit nõmer sottise si quelqu'vn ne rend conte du iusqu'à qrand, & du pour qui, car il est bien sot celuy qui tuë son ame & sõ corps, & ne sçait s'il possedera vingt & quatre heures les fruicts de sa peine, fort mal-auisé qui passe toute sa vie en trauaux & ignore si tout ce qu'il fait ne reuiédra point au proffit du pl° grãd ennemy qu'il aye, ou s'il n'imitera point Blepsias, chose qui arriue tous les iours par la permission de Dieu, qui veut que nous gouuernions ce qu'il nons donne en recepte, car la proprieté luy en appartient, auec les reigles qu'il nous a prescrites, distribuë ses biens entre les hommes selõ ce qu'il cognoist estre necessaire à vn chacun: & si en son conseil il luy semble bõ de diminuer quelquesfois la portion de l'vn & augmenter celle d'vn autre, il veut que ce soit par moyés legitimes, par voyes licites, lesquelles il produit luymesme & fait apperceuoir à ceux en faueur desquels elles sõt escloses, entéd qu'on s'en serue auec modestie, auec actiõ de graces, & qu'on n'approche pas la main pour les prendre sans auoir les

G iij.

yeux au Ciel pour benir de qui elles viennent.

Ceste conuoitise est vn double peché, l'vn de n'estre côtent de ce qu'on a, estre ingrat enuers celuy qui l'a dôné: l'autre de desirer le détriment de son prochain. Il faut que l'homme de biê se resolue en soy-mesme, Dieu m'a-il mis tels biés entre les mains, ie les possederay auec sa benediction, en repos & contentement, ie m'en seruiray pour me maintenir auec raison & mediocrité en l'estat ou côditiô en laquelle il m'a constitué, ie les mesnageray côme vn bon seruiteur & prudent œconome, ie les augmenteray en tant qu'il le permettra auec iustice, s'il les diminuë, ie l'en laisseray disposer comme du sien, sçachant qu'il fera tout pour le mieux: celuy qui procede ainsi porte au front les marques de l'esprit de Dieu, comme au contraire les auaricieux qui courent à toute bride pour accumuler, ont le mõde pour object vnique, ne sont iamais saouls, se faschent lors que Dieu leur dône ou plus d'enfãs qu'ils ne desirêt, ou quelq̃ succés en leurs affaires autre qu'ils n'ont esperé, biê qu'ils ne puissẽt iuger de ce qui leur est bõ; en ceux là

ne paroist aucun charactere de regenera-
tiō, & plusieurs ethniques leur font honte. Qu'on considere Aristides, Fabricius,
Epaminondas, Curius Dentatus, Valere
Publicola Menenius Agrippa, les Ælies,
les Tuberons & autres comme cela, on
trouuera qu'ils sçauoient bien que l'auarice estoit vne maladie incurable, que
ceux que ce mal possede ont beau boire
& manger, ils sont tousiours maigres,
tousiours affamez quoy qu'ils amassent,
& que quand à eux la raison estoit leur a-
liment, la vertu leur nourriture, qu'ils e-
stoyent gras & refaits quoy que leurs
greniers fussent petits & leur caues mal
fournies, auoient apris que les biés suf-
fizent qui administrent les choses necessaires à la nature, que le parsus qui nous
fournir dequoy faire excés est plus nuisi-
ble que profitable: Polixene châtre d'A-
thenes ne voulut pas vne maisō & force
biens en Sicile parce qu'il y auoit abondance de volupté: & ce gentil capitaine
Phocion quand Philippe Roy de Mace-
done luy enuoya de grāds presens, il ne
les voulust prendre, bien qu'il en fut prié
& que ses enfans en eussēt extreme besoin, s'ils me ressemblent dit-il, le petit

champ de terre que ie possede sera capable pour les nourrir, s'ils degenerent ie ne veux qu'à mes despens leur luxure & faineantize soit augmentée.

Or cōme le peché n'est volontiers sans peine occulte ou aparante il aduiēt presq; tousiours que celuy d'auarice est puni par l'enuie, les auaricieux en ont ordinairemēt sur leurs voisins, ce q̃ nous pratiquasmes en plusieurs, & des villes & des champs, & ceste punition est tres grande, car ils souffrent double affliction, sçavoir quād il leur arriue du mal, & lors qu'il auient du bien aux autres, estant fort à propos de leur demander quand ils sont tristes comme Publius à Minutius: As tu reçeu quelque desplaisir ou ton voisin aucune prosperité; on ne sçauroit dire lequel les fasche d'auātage: de plus ils ne disent iamais de bien de personne, & leur semble que les loüanges soyent de la nature de leur argent, que s'ils en donnent ils en auront moins, bref ils sont en grande inquietude, car disent les clercs.

Inuidia est animæ tineæ: hæc ceu vipera mordet.

Autorisque sui viscera prima ferit.

Tant y a que ceste maladie bien que commune est puremét diabolique, l'enuieux est ennemy du genre humain, par enuie mó amy, Caïn tua Abel, pour l'enuie que les Philistins porterét à Isaac ils estouperent tous les puits qu'auoiét cauez les seruiteurs d'Abraham, par enuie les freres de Ioseph prindrét conseil de le tuer, le mirent dans vn puits, & le védirent aux Ismaëlites, par enuie les sacrificateurs liurerent Iesus-Christ à Pilate, par enuie les apostres auoient esté mis en prison, lors que l'Ange leur ouurit les portes, par enuie les Iuifs esmeurent persecution contre Paul & Barabas en Antioche: ainsi ont esté commises les plus execrables meschancetez par ce vice, à la correction duquel les Bonzes de Betsaah n'apportent aucun remede ne ceux qui portét pour deuise des clochettes d'Or sans nóbre, faites sur le modelle de celles des Corybantés.

Or on nous dit mon amy, en ladicte ville de Betsaah qu'il y auoit quelque Amazones dans le païs, & des Geant malfaisás, des freres phlegrées, mais nꝯ n'é

G v

peufmes iamais voir, trouuafmes feule-
mét le pourtraict d'vne Geante chez vn
peintre, lequel eftoit hideux à meruicil-
les elle eftoit affife fur vne grande pierre
platte auoit vne afne auprès d'elle, & au
deffoubs eftoit efcrit, *Onobatis*, voylà vn
eftrange equipage: mais auprès de ce vilain tableau y en auoit vn autre d'vne
belle femme toutesfois au deffous e-
ftoient ces vers efcrits.

Des elements ce corps eft compofé,
Mais toutesfois d'vne façon eftrange:
Car chacun d'eux a fon fiege pofé:
Diftinctement & fans aucun meflange
L'air a choifi en la tefte fon lieu:
La terre aux pieds, & l'eau dans la poictrine;
Le feu qui prend fa part vers le milieu:
Brufle le cul & la piece voifine.

De Betfaah nous promenâs par le païs
nous alafmes vifiter certaine maifó où la
fefte Hybrifticque fe celebre, non pas le
premier de Hermæus feulement, mais
tous les iours, nous y trouuafmes la Dame Polemice galante femme au poffible
qui nous fit voir tous fes exercices de
chaffe de cheual, d'arquebufe & de traits

Ie haydisoit-elle, ceux qui ne sçauent faire qu'vne mesme chose de laquelle ils parlent incessamment & n'ont d'autres discours, ce sont des brutes qui ne peuuét aller qu'où la nature les guide, nous auons entre les autres en ce païs certains Prœmphaniens qui rompent la teste à qui les veut escouter ne chantent qu'vne note & la disent tousiours, ges qui se preparent eux-mesmes la sepulture des anciens Hircaniens: quand à moy i'ayme les diuerses occupations & bien qu'elles ne soyét toutes molles & fœminines il ne m'en chaut.

Arpallice è Camilla son famose,
Perche in battaglia erano esperte, & vse
Sapho, è Corinna, perche furon dotte,
Splendono illustri, è mai non veggon notte.

Sur ces discours arriua Rochil homme fort cognu en ce païs-là Rachil pourueu de nouueaux côtes qui a tousiours le pasquin ou le coq à l'asne dans la poche, & dieu sçais si apres auoir fait cognoissáce auecques nous, nous en eusmes communication, mais d'autant que ie hay la mendisance, ie n'en voulu prendre vne

G vj

seule copie, i'entends la medisance celle qui touche l'honneur par vne imposition fausse qui est la naïfue cacologie, & y cóprens encor la reuelation d'vn mal que personne n'a iamais sçeu, mais de celuy qui est descouuert, bien que ie ne doiue mespriser le fautif & recognoistre que ie ferois pis, si le maistre ne me retenoit: si est-ce que le vice estât à blasmer comme la vertu loüable, il est quelquefois à propos de le dire, & il se commettroit beaucoup plus de maux qu'il ne fait, si on ne craignoit qu'ils fussent publiez: quand à ce qui blesse la reputation d'vn homme ou d'vne femme de bié, cela est du tout abominable & ne se peut reparer, car bié que la plaïe guerisse auec le téps par le temoignage qu'ils donnent de leur probité a ceux qui les frequentent, il peut demeurer quelque cicatrice dans la fantaisie de ceux qui les cognoissent moins: on dit que sainct Augustin pour bannir ce vice auoit ces vers escripts dans sa table ordinaire.

Quisquis amat dictis absentum rodere vitam,
Hanc mensam indignam nouerit esse sibi-

Après la visite de ceste Dame, nous prîmes nostre chemin du costé de la cité de Hauel, ville pleine de Cercopez non encor metamorphosez, passames autour sans y entrer de peur de faire comme le cameleon, estions bien aises de visiter la campagne, & croyons que comme les aulx & oignons plantez auprès des roses & des violettes les rédent meilleures parce qu'ils attirét tout ce qui est de forte & puante odeur au suc dont elles sont nourries, ainsi nous trouueriōs force gés de bien dans ce voisinage, ceste bonne ville ayant attiré tout le mauuais air des enuirons, mais à dire vray, nous fumes bien trompez, car nous rencontrames d'estrange peuple, des ames extremes en toutes choses, mesme en l'amitié & la haine, y en a entre autres qui ne se contétent d'estre philadelphes simplement, ains sont philtatodelphes superlatifs & excessifs, enuisageames vn qui portoit pour diuise la perdrix, & les paroles: *Non Caunius*, y a aussi des echthodelphes que nous renuoyames à Eumenes & Attalus à Xerxes & Ariamenes pour prendre leçon d'eux, à Pollux, à Athenodore, à Luculle, pour les apprendre à viure: en ce ste mesme contrée trouuames quelques misogynes sauuages & desesperez, qui n'ont point de besoing de nouueaux Armozins, sçauët bien faire la iustice eux-mesmes.

Mais (Limne) si nous vimes du vice en cest endroit, nous rencontrames bien de la vertu ailleurs, nous visitames Aretipolis la belle, où le bon Leõ fut nostre conducteur. Aretipolis renduë telle par ceux à qui elle apartiët, par cest excellent couple Dicaiocrite & Agnocalie, dont ie garderay la memoire à iamais. Dicaiocrite des premiers hõmes du monde qui faict bien paroistre par le tesmoignage qu'il en rend qu'il n'y a quantité de biés, dignité & noblesse de sang, grãdeur, d'estat & d'office, grace ou vehemëce de parler, qui apporte tant de serenité, calme à la vie de l'hõme, que d'auoir l'ame pure & nette, de tous meschants faits, volontez & conseils, les mœurs impolluës non troublées ny infectées d'aucun vice: Dicaiocrite auquel sa charge & anthorité pourroit prester mille moyens pour entasser richesses sur richesses, & se plonger dans la volupté s'il s'en vouloit seruir mais il les refuset tous, dont ie peux rendre bō tesmoignage, pour l'auoir sondé à bon escient: Dicaiocrite sage en toutes choses, qui ayme vniquement & cherement son Agnocalie: aussi en a-il iuste raison & peut dire auec contentement.

E il viuer d'amore
Che nutrisce il mio core.

Car à la verité, Camma ou Emponine, n'aymerēt iamais tant leurs maris qu'elle faict le sien, ne trouue riē bon, que ce qui est à son goust, n'a aucune actiō, passion, ou affection que par luy, & de plus est telle que s'il y a quelque Dame au monde, de qui la Déesse doiue dire de nouueau, & en matiere de beauté:

Hæc & cæruleis mecum consurgere digna
Fluctibus, & nostra potuit considere concha.
C'est de celle-là,

Quante mai belle fur, quante saranno
O sono fra l'antiche è le moderne,
Quante son fra le nostre, o quante vanno
Prime d'ogni valor barbare, esterne,
Quante ne le memorie hoggi di stanno
Lodate, e viue anzi per fama eterne

Tutte son nulla al paragon di quella
Ch'on altra in terra fa parer men bella.

Toutes les parties dont ce visage est composé, sont si également belles qu'on ne sçait à laquelle en donner l'auantage, on ne peut attacher la veuë de dessus l'vne pour la transporter sur l'autre, où elle est premieremét appliquée, elle demeure là auec admiration, & si la curiosité la transporte ailleurs, elle trouue aussi cela si beau, qu'elles s'y arreste, & est ainsi subsécutiuemét detenuë par les choses plus prochaines en telle sorte, qu'vn iour employé à la contempler, ne dure pas vne minutte : dauantage entre tant de rares beautez, preside la chasteté qui est telle.

Que celle de Drias, Syrite, Sophronie,
Rhodogune, Baldraque, Euphrosine, Daphné,
Fare, Dule, Micca, Eugenie, Biblie,
Qui ont si sainctement le vice condamné
Ne surpasse l'honneur de nostre Agnocalie.

Mieux à elle qu'à celle dont parle le Poëte, se peuuent approprier ces paroles:

Le gratie, l'accoglienze, i risi & quanti
Modi son di vaghezza, e leggiadria,
Il suave parlar, gl'alti sembianti,
La beltate, il valor, la cortesia
Il senno, e li costumi honesti e santi
E tuto quel che di lodato sta
Con quanto di valor proueno i Dei
S'accoglie, e fa sol' vna lode en lei.

Or Limne à Aretipolis tout le monde y court, chacun va rendre son hômage à Dicaiocrite & à sa moitié: toutes sortes de gens s'y voyết, les plus beaux exercices de vertu si pratiquết, & pour les gếtilesses, les couremếs de bague, balets, cốbats à la barriere, carrouseles n'y manquent point, Dames & Cheualiers y abordent de toutes parts, & n'y a lieu au môde plus agreable: aux premieres parties qui s'y firent, nous y vismes vn monde infiny de galans hommes & gens de qualité, estất tres vray qu'il se peut malaisement rencontrer de plus belle noblesse ailleurs qu'en ce païs là.

On dressa vn beau & grãd theatre pour les Dames, à fin qu'elles vissent courre: Si Agnocalie paroissoit entre les belles, il n'en faut entrer en doute.

Soprale altre Agnocalia bella
Si come è bello il sol piu d'ogni stella.

Sur la teste estoiēt escrites en lettres d'or, ces paroles attachées à la couuerture du theatre.

Taccia chi loda Fillide, ò Nerea
O Amarilli, ò Galatea fugace
Che d'esse alcune si bella non era
Titiro é Melibeo con vostra pasce,

A son costé aussi estoit vn tableau du plus excellent esmail du mōde, dans lequel y auoit vne mer, sur les ondes de laquelle nageoit le nid de l'Acyone, & au dessous de ce nid estoit escrit *Symbolum*, De l'autre part & à sa gauche paroissoit Angelie sa fille, belle, de bon esprit & de bonne grace, ayāt au lieu d'vn esuentail & qui luy seruoit de cela, vne tablette de la pierre Hormesion faite en ouale, qui auoit vne poignée d'or garnie de pierrerie sur laquelle Hormesion estoit engrauée & representée naifuement, vne main gauche fermée auec vne fueille de pauot brisée dessus, & ces paroles *Virtus causa sortis*, sur la teste pareillement ces vers.

Di cui d'hora in hora
La belta, la virtu, la fama honesta

E la fortune, crescera non meno
Che giouin pianta in morbido terreno.

De suitte estoient toutes les Dames fort parées, vn monde de femmes de qualité, de bonne & loüable reputation.

Au dessous estoient milles & milles belles filles, entre lesquelles y en auoit bien par-auenture quelqu'vne de qui on pourroit dire auec le Poëte.

La virginella che sta fredda e sola
Si come in cella vn vecchiarel romitto
Percioche il tempo i fioriti anni inuola
Cerca esser madre e brama hauer marito.

Toute ceste troupe assemblée, il venoit assaillans de toutes pars, tellement que Dicaiocrite ordóna vne partie pour leur respondre, & mit Leon en son lieu. Or ledict Leon & les soustenans, pour faire entédre leur intention à toutes sortes de Cheualiers firent publier par vn Herault les paroles qui suiuent.

Ces braues dont les ames fieres
Cerchent l'honneur par les hazars,

Font voir par leurs dextres guerrieres
Q'ils sont les ministres de Mars.

Leurs bras sont du monde la foudre,
L'horrible effroy de l'vniuers,
Qui met les ennemis en poudre,
Et remplit d'hommes les Enfers.

D'vn torrent d'armes ils rauagent
Du noir Pluton les regions,
Les autres profonds ils saccagent,
Ils escarbouillent les demons.

Ainsi fiers, ainsi pleins d'audace
Ils meſpriſent les plus vaillans,
Et de ce pas vont prendre place,
Pour receuoir tous assaillans.

Portoient lesdits tenans, des Ponts en eurs escus & les paroles *Dextra & fortitudine*.

Et par ce que ceste partie estoit à Dicaocrite, elle luy presenta ce Quatrain.

Puis que vous auez ioinct dedans vostre
  maison
Pallas auecques Mars le Palais à l'espée,
Vos creatures ont vne iuste raison,
De se dire par tout les Paladins d'Astrée.

Et se nommerent depuis iceux renan[s]
les Paladins d'Astrée: comme toutes le[s]
troupes arriuent qui Iaunes, qui Blancs,
qui d'autres couleurs, ie me fourray dã[s]
ledict theatre, où estant & faisant semblant de voir courre, i'entendoy vn ga[l-]
lant homme qui disoit à la Dame du Zebub, Madame, si i'auois la puissance d[e]
donner loy à l'amour, ie luy commande-
rois non de m'exempter de ses blesseure[s]
mais de les faire telles que ie les peuss[e]
supporter; non de tüer ses feux, mais d[e]
les attiedir, non d'oster leur clarté, ain[s]
me donner le pouuoir de l'enclorre e[n]
moy sans estre apperçeuë, fors quand i[e]
le trouuerois bon, mais bien que me[s]
flammes soient causées par la Diuini[té]
elles sõt materielles toutesfois, & de le[s]
cacher en leur matiere n'y a poït de mo[-]
yé, c'est pourquoy la necessité veut q̃ vo[us]
les voyez, elles ne vous peuuét estre ce[-]
lées: à quoy elle repliqua: Mõsieur ie [ne]
vous respondray point, cõme ayant i[n-]
terest à vře discours, ie me cognoy tr[op]
pour croire qu'il me regarde, mais e[n]
termes generauz ie voº diray, que la m[a-]
ladie que les hõmes nommét amour, [est]
vne resuerie à mon aduis: ce mal n'e[st]

qu'vn desir, & desirer quelque chose a-
uec telle affectiō que cela oste le repos,
que l'ame en soit agittée & l'esprit troublé sont marques de foulie parfaicte, se
laisser emporter à ses extrémités, ruiner
l'enuie par l'enuie designe priuation de
sens & de raison.

*E qual è di pazzia segno più espresso
Che per altri, voler perder se stesso.*

De dire que vos feux ne puissent estre
[c]achez à leur matiere, cela est vray, mais
[a]bus d'appeller ainsi, ce que vous pour-
[r]iez desirer ce n'est pas mesme la cause
[m]ais l'irritation seulement qui la souffle,
[q]ui l'agrandit & la rend plus violente, le
[d]esir dōc peut subsister sans estre apper-
[c]eu de la chose desirée, puis qu'ils sont
[s]eparez, & vous n'estes forcé de descou-
[v]rir le vostre: Madame, dit-il, ie vous
[v]oy la matiere de mon amour, puis que
[ie] n'en ay que par vous & pour vous, vos
[y]eux me naurent, vos beautez m'es-
bloüissent, vos bonnes graces me char-
ment, vos paroles m'enchantent, ie ne
puis effacer ces characteres, & moins
[p]ous les faire mescognoistre, puis qu'ils

sont de vostre impression, hors vous, ie n'apperçoy que du vuide, c'est pourquoy ie suis forcé de vous dire mõ mal, agrées mes vœuz (Madame) & ie vous feray cognoistre par mes seruices, qu'il n'y a point de victime au monde si digne d'estre mise sur vostre autel que sa mienne, ne permettez que vos cheueux desquels la corde de l'arc de Cupidon est tissuë, pousse les fleches empénées de mõ martyre, iusques dans l'abisme du desespoir, entrez pour l'amour de moy dans le iardin des amours, où estant & cueillant les doux fruicts d'iceluy, vous direz sans doute.

Mà chi tant alto ben s'inmaginasse
E chi lo crederia ie nol prouasse.

Ie prenoy grãd plaisir à ces discours qui n'estoient prests à finir, mais vn caualier suruint, qui causa le silence, auoit mesme dessein que le premier, car s'approchant de la belle, il voulut mettre dãs vne bourse qu'elle auoit à la cinture vn poulet, & croyãt qu'il y fut il se trompa, par ce qu'il tomba à terre, de sorte que ie trouuay moyẽ de l'amasser, vois en cy les paroles,

Ma belle, vous ne voudrez pas
Fournir aux Chelbens de pasture,
Et que sur vostre cheueuleure
Vn Scyrthe cueillit son repas
Souffrez donc le Dieu approcher.
En ceste saison opportune,
Puis qu'à la fille de Neptune
L'esconduire cousta si cher.

Or ces Cavaliers riuaux voyans qu'ils s'incommodoient l'vn l'autre, allerent courre tous deux & se rangerēt dans vne trouppe: La premiere bague fut courruë & gangnée par les blācs, n'y ayant des autres parties vn seul qui eut dededans forts Leon: A la seconde, par ce que les Paladins d'Astrée iugerent qu'elle s'adresseroit à Angelie, pour laquellle force galās auoient de l'amour, soit en consideratiō de son merite, soit pour l'alliance du Dicajocrite, vn de leurs Escuyers prononça ces douze vers de leur part.

Nous conseruons de nostre chef,
La belle & pretieuse engeance,
Et portons l'espée & la lance,
Pour la garder de tout mechef.

Force

*Force braues qui dans son sein
Voyent d'amour les viues sources,
Preparent pour elle des courses
Et sur ses beautez ont dessein.*

*Mais quiconque aura entrepris
Quelque effect dessus sa personne,
Nous l'esprouuerons par Bellone
Deuant que venir à Cypris.*

Cela faict, vn Cartel fut presenté à Angelie & recōmença-on à courre, mais la partie ne fut acheuée, à cause d'vne grāde pluye qui suruint, & là remit-on au Dimanche prochain: tout le soir fut employé à danser & faire mille jeux, & par ce qu'Opadin qui s'é estoit allé en poste deux ou trois iours auparauant voir Socher, auoit fait vne maistresse en ceste troupe, qui estoit de mes amies, elle me monstra vne lettre qu'elle auoit receuë de sa part auparauant le souper, & vois en cy la teneur.

C'est assez d'apperceuoir d'vne veuë loingtaine, vos perfections (ma belle) pour souhaitter l'honneur de vos bónes graces, auéc vn extréme desir, mais vous cósiderer de prés, voir d'vn œüil arresté,

H

qui ne se peut rencōtrer qu'en vous, c'est perdre du tout sa liberté n'estre plus à soy, relascher ce qui tire vers les autres idées pour estre actuellement bandé à la contemplation de vostre merite, ie fais à bon escient ceste espreuue, & trompé en la creance que i'auois de demeurer en l'assiette ordinaire de ceux qui pour quelque autre subject ont semblable dessein, ie me trouue tellemét au de là & l'excez de mon affection si extréme, que si vous ne donnez vie à ma vie, elle ne peut subsister: conseruez-là puis qu'elle vous est dediée, & veu que dés meshuy ie n'ay autre soing que de vous, ayez agreable que par le retour de ce porteur, i'apprenne l'estat de vostre estre, honorant de vostre memoire celuy,

Ma belle qui n'adorant que vos beautez, demeure pour iamais tres-humble, tres-obeyssant, tres-fidele,
Vostre seruiteur,

M'amie (luy dis-je) il deuoit auoir mis ceste soubscription.

Pado, che sta per voi à pollo pesto
vi bra Ma far, quel fatto cito e presto.

Vous dites touſiours des folies (reſpōdit elle) mais ce ſont des licences du Iapon, vous eſtiez volontiers du conſeil de
ceſt autre inſolēt, qui au lieu de ſon nom
mjt au pied de ſa lettre,

  Ceſt Arion qui ſouſpire
  Tumbant auecques ſa lire
  Dedans la mer preſque mort,
  Soyez ſon Dauphin (Madame)
  Et pour conſeruer ſon ame,
  Portez-le dans l'heureux port.

 En ce meſme temps qu'elle acheuoit
de parler, nous ouymes comme vn vent
qui ouuroit vne feneſtre, par laquelle
entra vn Ange qui s'adreſſant à Agnocalie prononça ce Sonnet.

Ceſt œil touſiours brillant bel aſtre radieux,
 Ce poil tout friſotté, ceſte main potelée
Ferit lie, retient, d'vne force indomptée,
Le cœur, l'ame, les ſens, chacun à qui mieux
 mieux,
 Et ce trait, ce lien, ce tenon precieux,
De ſon pers, de ſon blond, de ſa blancheur
 laitee,
M'arreſte m'esblouit rend ma veuë attachee,

En sorte qu'autre obiect ne paroist á mes yeux.

Et quoy seray-ie dõc tousiours ainsi traité
Blessé, serré, tenu, priué de liberté
Sans reboucher, couper, ou me vouloir des-
pendre.
Nõ, toute fois bel œüil, beau poil, & belle main,

Vous estes si puissans que de ce fort destin

Le cœur, l'ame, les sens, ne se peuuent defen-
dre.
Aussi tost qu'il eut acheué, il reprit sa volee par où il estoit venu, à quoy tout le monde luy dit, qu'elle estoit aymee des habitans celestes, comme des terrestres: mais c'estoit l'Ange de Dicaiocrite. Apres les violons & cornemuses, les filles se mi-rent à danser aux chansons, & tout à la fin vn ieune Musicien qui auoit la voix fort bonne, dit celle-cy.

Ainsi qu'au beau Printemps fillettes
  Les Arbres poussent leurs bourgeons,
  Ainsi s'esmeuuent vos vegettes
  Et s'augmentent vos passions.
Et comme la terre desire
  De la pluye l'arrousement,

Ainsi filletes pour produire
Vous souhaitez l'humectement

Mais filles ayez patience
Tout vient à temps & à propos,
Il sort des fruicts en abondance,
Du champ qui a eu du repos.

Durant le long de la semaine, parce que Dicaiocrite a charge des affaires du gaand Roy, & à fin de ne l'importuner, nous fîmes d'autres visites, Leon nous mena accompagner des amoureux, & d'autant qu'il en auoit vn en main vn peu Saturnien, & qui eut eu besoin de la harangue du Begue, ledit Leon demanda vne bague pour luy à sa maistresse, & luy donna ce Sonnet.

Belle ce Caualier captif dans la prison
Où l'amour l'a conduit dont vous estes
   geoliere,
Vous demande congè d'aller sur la carriere,

Car voulàt, il ne veut qu'auec permission.
Tournez doncques les yeux vers son inten-
tion
Esclairez son dessein de leur belle lumiere.

H iiij

Afin que par l'effort de sa dextre guerriere
Il produise l'effet de son affection,
Vne bague est son but plus heureuse conqueste,

Que celle qui porta Phrixe deuers Æte
Faites luy esperer qu'on la luy donnera,
Ie iure quand à moy, certain de mon adresse,
Et m'oblige par corps à tenir la promesse
Que si vous la baillez elle s'enfilera.

En ceste mesme maison estoient aussi quantité de Dames & de Caualiers : mais de deuise bizarre, i'en vy vn entre autres qui portoit,

    Vn parchemin escrit,
Et les paroles,
    Si non sufficis euincor.

Vn autre,   Vn bouis,
Les paroles,
   Palleat omnis amans color est hic ap-
         (tus amanti.

Vn autre,   L'oyseau Asio,
 Les paroles,
    Halcri saccus

Vn autre,   Vn Erable.
Les paroles, *Nondum munus sacerdoti.*

Vn autre,   Vn Centaure,
Les paroles,   Inuito Propheta,

Vn autre,   Vne Panthere,
Les paroles,   Cothonisare,

Vn autre,   Vn Belier,
Les paroles,   Momar,

Vn autre,   Vne lire rompuë,
Les paroles.   Et mihi & Chirillo.

   Pour les Dames l'vne d'icelle portoit.
Vne Pyramide racourcie,
Et les paroles,
        Picciola belta piccolo guadagno,

La seconde qui suiuoit celle-là, la pierre
        Enorchis,
Les paroles.
        Dulçia solatia,

La troisiesme,   La Torpille,
Les paroles,   Sic & nos,

La quatriesme,   La pierre Diphris,
Les paroles,   Dempta linea,

La cinquiesme,   Vn Cacodrille qui mange
vn saule.

Les paroles,   *Natura victrix.*

La sixiesme,   *Vn Porphirion qui s'estrangle,*
Les paroles *Ny pour cela.*

Là dedans mesmes faisoit sa demeure, la Dame d'Opadin qui fut cause que de Schohama il s'y rendit, où estãt arriué & faisant fort le passionné, il se mit à luy conter les maux qu'il auoit soufferts en son absence, les peines qu'il enduroit priué de sa veuë, & luy disoit en souspirant.

S'el sol si scosta, è lascia i giorni breui
Quanto di bel hauea la terra asconde
Fremono i venti, e portan ghiacci e nieui,
Non canta augel ne fior si vede ò fronde:
Cosi qual hor auien che da me leui
O mio bel sol le tue luci gioconde
Mille timori, e tuti iniqui fanno,
Va aspro verno in me piu volte l'anno.

Moy aussi qui reçoy vn extréme plaisir à voir faire l'amour, prenois quelquefois occasion de parler pour mon amy, mais comme vn iour en me iouant, ie luy dy en la presence d'Opadin.

Belle ce Cavalier fils de Mars & Cyprine,
Dont le feu de vos yeux eschauffe la poictrine
Se prosterne à vos pieds, vous demāde secours,
Coniure vos beautez par les chastes amours
Qui le rēdirēt vôtre, attaché de cēt chaines,
Pitoyable à ses cris mettre fin à ses peines.

Ie recognu qu'elle iugeoit que c'estoiēt des passions feintes, vn dessein basty pour passer autant de temps, car elle me respondit froidement: si ce Gentil-homme est issu de là où vous dictes, il est bastard, & bien que vous me pussiez respōdre, qu'il vaut mieux estre tel issu des Dieux, que legitime des hōmes, ie vous diray que ce sont deux choses que ie hay extremement, que l'amour & la guerre, c'est pourquoy sans plus long discours, ie le supplie q̄ nous brisions là: à quoy Opadin respondit, Madame, si ma lāgue y est forcee, elle executera vos commandemens, mais mō affection ne peut obeyr, j'essayeray par mes seruices de chāger vos volontez. Surquoy i'interuins & luy dy, Madame, puis que pour ceste heure vous nous interdites la parole, pour le moins faictes nous l'honneur de nous donner vne bague, laquelle nous puissions por-

H v

ter au Iapon, pour y estte conseruee en
vostre memoire & gardee perpetuellement, vostre Cousine en a promise vne à
Leon pour son amy; accordez m'en vne
pour le mien; ce qu'elle ne me voulut re-
fuser, & montames à cheual; l'ayant cõ-
duite auec les autres Dames sur la carriere, où estant, & ayant pris nos lances O-
padin luy dit ces paroles.

Puis que pour rendre obeissance,
Force i'obserue le silence,
Sans montrer mon dessein au iour,
Il faut auoir recours aux signes,
Adorer vos beautez diuines,
Sous les sacremens de l'amour.

La course tesmoing de l'enuie,
Qui rend asseruie ma vie,
Monstrera ma celerité,
La lance ma force indomptee,
La bague mon plus grand trophee,
Le dedans ma felicité.

Elles furẽt trouuées extrememẽt bõnes
de toute la cõpagnie, & d'elle mesme, encores qu'elle n'en fit pas le semblãt, mais
pour continuër ses coups, incontinent

que nous eusmes mis pied à terre, elle dit à Opadin, Monsieur, vous auez mal iugé de mon humeur iusques icy, mais si vous me voulez bien cognoistre d'oresnauant, voylà qui le vous pourra aprédre, & luy presenta vn liuret de prieres, ouuert à l'endroit du dernier fueillet, où il trouua escrit de sa main,

Faux amour qui d'vn Dieu veux vsurper la gloire,
Ie cerche vn feu plus clair, que ton fumeux tison,
Pour iamais ie te quitte assacin de raison,
Scandale du sens, trouble de la memoire.

Monsieur, dit-elle, voylà le testament de vos affections, & la derniere volonté des miénes, ce coup là fut eschec & mat, ô bien Madame, respondit-il, i'aduouë que vous n'auez pas seulemét eu la vertu du Chalasias, ains de l'Hephetiste encore, aussi estes vous de sa couleur, mais bien que de vostre costé vous me faciez tenir vn flambeau renuersé, & que de ceste part.

Son carquois tout brisé, amour porte au costé,
En main l'arc tout rompu & le feu sans clarté.

Il me reste encores à la droicte, vne lampe bien allumée, vne lyre biéraison-

H vj

nanté, ie vous baise les mains, ainsi fur
leur separation: mais voylà des choses
bien bizarres, car en ceste mesme troupe
& aupres de ceste froideur estoit la Dame Pyrine, ceste braue Ippée si éprise de
l'agriculteur Capadocié qu'elle mouroit,
& comme on luy disoit qu'il se mit en
liesse, & la carressast il respondit froidement, Μὰ πῦρ ἐπὶ πῦρ ie sçay bien disoit-il, deliurer les filles des serpens, mais nō
pas les femmes de l'amour, & en fin
pour rompre les chiens il luy mit dans
le sein cest Antipoulet.

 I'ay fait ailleurs telle asseurance,
 De n'aymer point par fiction,
 Que suiure vostre intention
 Seroit offenser ma constance:
 Mais si d'vne triple puissance,
 I'estois semblable à Gerion,
 Nous changerions la passion,
 En vne douce iouyssance.

Ceste cy fut bien plus estōnée qu'Opadin, car l'alarme estoit plus chaude: Or
ainsi passasmes nous la sepmaine, qui çà,
qui là bien ioyeusement, iusques au Samedy que nous nous rendismes à la biē-heureuse Areripolis, où le lédemain la bague d'Angelic fut acheuée de courre en

honne, & grande compagnie: cela fait les Paladins d'Astrée, démasquez demāderent vne bague à Agnocalie, & luy donnerent ce Sonnet.

 Rien de deguisé, rien de feint,
 Soit en habits, soit au courage,
 Rien appliqué sur le visage,
 Que ce que l'audace y a peint.

 Vn dessein plus grand que contraint,
 Que prend sur tout autre aduantage:
 C'est le conuenable equipage,
 Que nous menons en ce lieu sainct.

 Lieu où nous faisons sacrifice,
 D'honneur, de deuoir, de seruice,
 Consacrans aux pieds de l'autel,

 De vous aussi chaste que belle,
 Tout ce que peut l'ame immortelle,
 Par le labeur du corps mortel.

Tout ce qui estoit de la noblesse eust permissiō de courre, tellemēt que pl⁹ de cinquante Gentils-hōmes monterent à cheual: & de pl⁹ il arriua à mesme heure plusieurs nouuelles parties, qui fut cause

que celles des Paladins enuoya ces dix
vers aux Dames en general.

 Beautez cogneuës, non cognettes,
 Beautez nuës & reuestues:
 Beautez qui nous font prisonniers,
 Vous attirez les Caualiers,
 Ainsi que Cæcias les nuës.

 Beautez tournez vers nous vos veuës,
 Car nos forces par vous acruës,
 Nous feront iuger les premiers,
 Entre tous les autres guerrieres:
 Qui sentent vos pointes aigues.

Et particulieremét ceux-cy furent por-
  tez à Angelie,
Comme vos beautez infinies,
Ne se peuuent pas definir:
Ainsi ne verra-on finir,
Nos enuies qu'auec nos vies:
Et nos vies au Ciel rauies,
Encores voudrons nous benir
Ce qui cau'oit nostre desir,
Donnoit à nos vies enuies.

L'vn des Caualiers mesme de la Dame
Zebub luy fit tenir secrettement par
vn page ce quatrain.

Ne lisez mes escrits comme choses friuoles,
Vous auez fait la playe & de vous ie me deulz.

Ie demande, i'attens, ie desire ie veux
Le remede d'effets non l'onguent de paroles.

Forces autres en firét autāt qui ne vint à nostre cognoissance. Or la bague apres auoir long-téps esté debatuë fut emportée par vn Baron de la partie de Paulin, lequel Paulin ce mesme iour porta vn Balet comme firent quelques autres, & de vray il faisoit bon voir les Dames aux flābeaux autour d'Agnocalie leur capitaine, laquelle Agnocalie auoir à sespieds vn petit Cupidon enchainé d'vne chaine d'Or, frizé, potelé, & ioly à merueilles, aussi beau pour le moins que l'éfant fait par Polyclet qui cousta soixāte mille escus, lequel chanta plusieurs parolles en attendant que les balets fussent prests & entres autres celles-cy.

Da lei piglia la forma ogni beltade,
Da lei tute le gratie hanno il valore:
Da lei quanta hog gi fois cose pregiate,
Prendon le forze el notural vigore.

Ce premier Balet fut fort bien & dura long temps, & comme il finissoit, leur musique dit ces paroles.

En Liban & en Ida,
Venus faisoit sa descente:
Diane le Ciel quitta,
Pour Carie estant amante:
Ainsi l'amour a pouuoir,
Les Deitez esmouuoir.

Rhée pour Atis mouroit,
Animant les Coribantes:
L'vn les membres se coupoit:
L'autre auoit les mains sanglantes,
Ainsi vous peut Cupidon,
Eschauffer par son brandon.

Mais ce fut merueilles, car la belle Angelie auec trois damoiselles de sa troupe, fit la response sur le champ, laquelle fut si bien chantee, que tout le monde en fut estonné, aussi fut ce vn trait d'esprit admirable, voycy sa replique.

Ces amours sont impuissans,
Sur celles qui nous ressemblent,
Et demeurent languissans,

Quand nos ames ils contemplent:
Cupidon ne blesse pas,
Ne les Muses ne Palas.

De sorte que la musique qui n'auoit point pésé à ce repart & n'auoit point vne autre Angelie auec elle, demeura muette. Or tant que cest excellent Dicaiocrite & son Agnocalie demeurerent à Aretipolis ce ne fut autre chose: mais parce que Leon auoit esté long-temps absent de sa maison, il nous y ramena: & faisant nostre retour, vn de la troupe fit les vers qui suiuent pour respondre à la Dame Bascane, laquelle faisoit la guerre à deux ou trois de nostre bande qui auoient la barbe grise, & s'estonnoit disoit-elle comment ils se trouuoient à toutes les parties de galanterie qui se voyent dans le païs raieunissoient comme Iolaüs, faisoient les nouueaux Vertumnes, leur replique fut,

Comme le Pyrauste, l'amour
Nous fait viure dedans les flammes:
Et le lieu de nostre seiour,
Est le seiour des belles Dames.

La Deesse de nos pays.

Prompte à receuoir nos prieres,
Ne manque à nous fournir d'aduis,
Pour trouuer les bonnes carrieres.

Mais nous courrons auec le feu,
Feu dont la flamme est espurée
Feu qui n'a rien de trop ou peu,
Feu qui ne rend point de fumée.

Estans de retour chez ledit Leon nous receusmes des lettres de Socher qui nous auertissoit de nous preparer, parce que dás quinze iours il falloit faire nostre retraitte: mais auparauát déloger nous voulusmes apprendre quelq̃ chose de l'estre du grand Roy tát pour nostre contentement que pour en dire des nouuelles à Voxequixama. Or Leon nous dit que pour le regard de ce nõ de grand, là vertu le luy auoit acquis & nõ autre chose, n'y ayát Prince au monde qui eust rendu pl⁹ de preuue d'icelle que cestuy là: Que tout ainsi que les Ambassadeurs de Perse ayant veu Alexandre aduoüerét qu'il se deuoit appeller le grád Roy, & le leur le riche: aussi tos̃ les autres Monarques denoient conceder cela à cestuy-cy, & particuliercmét ses subjets le pouuoiét bien

nommer tel, ny en ayant point au mõde
de si obligez à leur prince que les siens à
luy, de tant qui les auoit tirez de la misere profõde & extreme: & au lieu d'icelle
leur auoit causé vn heureux repos & tres-
grande felicité. Que si les Bactriens s'e-
stoient iadis batus à qui auroit les cédres
de Menandre, leur Roy pour l'amitié
qu'il luy auoient portée, ses subiets plus
obligez deuoiẽt prier Dieu iours & nuits
pour ne le voir iamais en cendre, employer vie & biens & tout ce qui est en
eux pour l'execution de ses ordonnãces,
n'honorer ne seruir pas seulemẽt sa qualité, mais aimer & cherir auec passion sa
personne Nous fit voir par les memoires
de ses actes, cõme bien que son estat luy
appartint iustemẽt, il l'auoit acquis auec
presque autant de difficultez, que s'il n'y
eut point eu de droit, cõme sa vaillance,
son experience, sa temperance & sa cle-
mẽce l'auoit traietté au de là d'icelles, &
peut on bien raconter de luy, nous disoit-il, cõme d'Alexandre allant en Asie,
que n'ayant viures n'y argent ne presque
point d'hommes pour chasser ses ennemis qui possedoient la plus part de son e-
stat, son esperãce auoit esté en Dieu seul

première de toutes les causes, & pour les secondes en la cognoissance qu'il auoit de soy-mesme, suffisante de peu, continence, benefices, mespris de la mort, magnanimité, humanité, facille accez, naturel franc, constance en ses conseils, promptitude en ses executions, vouloir d'estre le premier en gloire, & resolution de faire tousiours ce que le deuoir commande. Nous recitoit les trauerses qu'il auoit eu par les diuerses pratiques & menées de ses ennemis, en combien de sortes ils luy auoient voulu soustraire le cœur de son peuple, cacher ses vertus & mettre au iour ce qui sembloit estre cōtraire, luy representer qu'il estoit trop chargé d'impots, bien que sa Majesté, le soulageat autant qu'il estoit en elle, & que la necessité de ses affaires, & les grandes debtes que ses predecesseurs luy auoiēt laissé, le pouuoyent supporter, & bien qu'il ne fit pas comme aucuns de ses voisins qui tirent tribut de toutes choses sur leur peuple, voire des Sphacelles mesme, comme disoit le vieillard Athenien à Pisystrate, & que chez eux, ainsi qu'a dit quelqu'vn, le vice prenant sa course par la carriere de la iouissance, fit q̃ la cholere deuenoit aussi

tost meurtre, l'auarice cõfiscation, ce qui
n'auenoit point à ce grand Prince. Nous
fit recognoistre quelques seruices qu'il
luy auoit faits, & nous montra son por-
traict sur lequel il y auoit escrit E N V A-
L I V S, & au dessous.

Heureux, bon & hardi, actif infatigable
Grãd Roy, d'esprit tres-vif, de memoire admi-
rable.

Y vismes aussi celuy de ce bel astre son
successeur aux pieds duquel estoient ces
vœux.

Que d'icy à cent ans, & non plustost il puis-
se fermer les yeux du Pere, & regner en son lieu.

Qu'il face sainctement observer la iustice
Qu'il cherisse son peuple, & soit cheri de Dieu

Qu'il ayme la vertu, qu'il haïsse le vice,
Qu'il tourne au Ciel la veuë en tout temps
saison.

Qu'il approche les bons pour —
Et que les meschans soyẽt bannis

Que la Chrestienté soit iointe

A ce premier chrestien, obeisse à ses loix,
Que descendant de luy vne belle lignée,
Iu qu'à la fin des temps nous ayons des bons
Rois.

Mais pour mieux satisfaire à nostre curiosité, il nous donna de bons & amples memoires où il se voit les plus beaux actes du mõde que tu liras, Limne, & dãs lesquels il faut que tu remarques la fidelité, la suffisance, & le trauail de ce grand seruiteur, de ce fidelle Conseiller qui luy distribue de si bõs auis qui a si bien pourueu à ses finances, & à tout ce qui depẽd de la milice, tãt aporté de bien à ses affaires, Cõférme Maximiliam à qui tout le Royaume doit infiniment. Considere y aussi ie te prie entre les autres, le vertueux Dyname soigneux de la personne de son maistre mille fois plus que de la sienne, & qui a tant de bonnes parties qu'ily en a peu qui le ressemblent, Dynato qu'õ ne sçauroit assez loüer, Or nous estõs tous les iours solicitez par Socher [...] il nous fallust dire à Dieu à [...] mort de regret sans la promesse que nous luy fismes de le reuoir en [...] nous à faict le Iapon, menor nous & nos familles en ce païs là, mesme asseurance donasmes nous à Dicaiocrite & Agnocalie, de qui nous allasmes prendre congé, leur iurasmes que nous seriōs bien tost de retour, aussi est la frequentation si vtile de ce ministre de Dice qui n'ignore rien, sçait depuis le Cedre iusqu'à l'hyssope, tient l'encyclopedie souz son bonnet ainsi que Iupiter Minerue, & sa compagnie si aggreable à cause de sa riche memoire qui fournit tant de bons mets aux festins de la conuersatiō, qu'il se faut hazarder encores vne fois au peril de la mer pour aller à luy, nous reuinsmes donc prendre nos gens à Scohama où nous nous embarquasmes, & ne sçachant la routte du destroit de Magellan & de la Mer du Sur reprismes la nostre mesme, nous sommes rendus en ce lieu en bonne santé, esperons te voir dans vn mois.

Sauignac fut Areliphile,
Dés qu'il nasquit, voilà comment
Il est maintenant Iacophile,
Il ne se pouuoit autrement.

FIN.

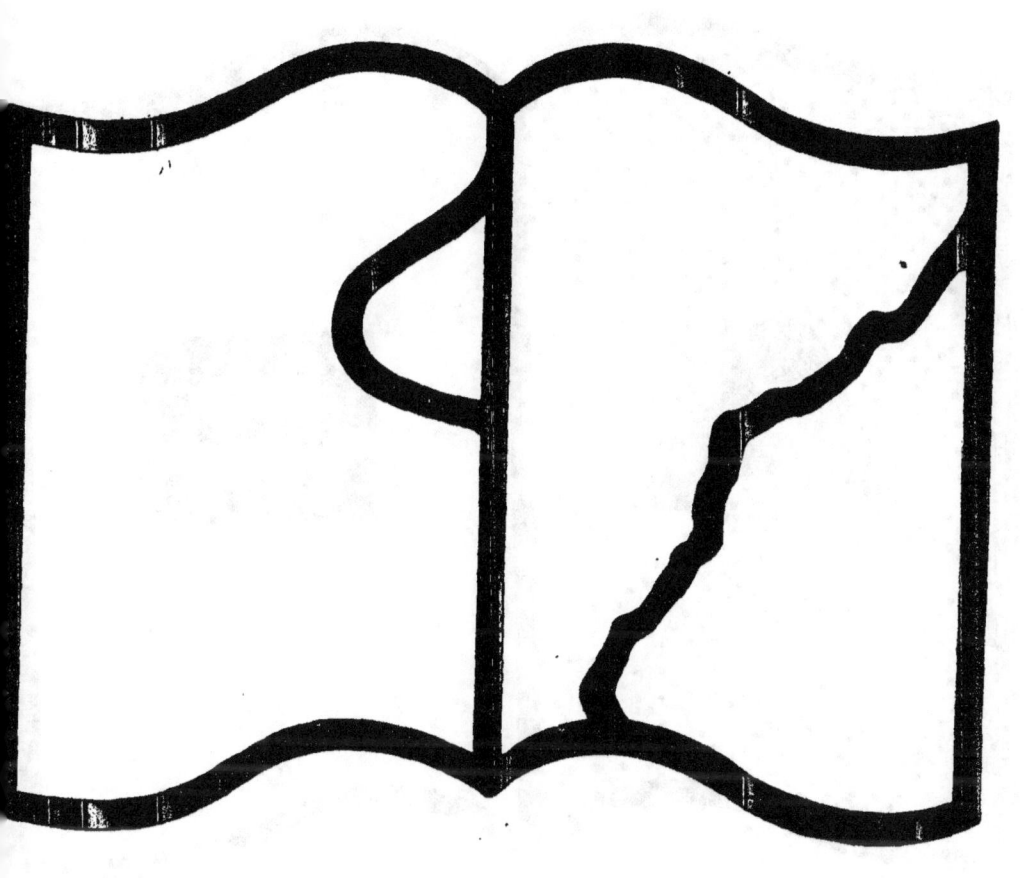

Texte détérioré — reliure défectueuse

NF Z 43-120-11

Contraste insuffisant
NF Z 43-120-14

Reliure serrée

www.ingramcontent.com/pod-product-compliance
Lightning Source LLC
Chambersburg PA
CBHW050909230426
43666CB00010B/2085